墨　白 主编

河南小说
二十家

郑州大学出版社

图书在版编目（CIP）数据

河南小说二十家／墨白主编. -- 郑州：郑州大学出版社，2024.6
（21世纪河南作家系列研究工程）
ISBN 978-7-5773-0136-5

Ⅰ.①河… Ⅱ.①墨… Ⅲ.①小说家 - 人物研究 - 河南 - 现
代 Ⅳ.①K825.6

中国国家版本馆 CIP 数据核字（2024）第 024095 号

河南小说二十家

HENAN XIAOSHUO ERSHI JIA

策划编辑	李勇军	封面设计	孙文恒
责任编辑	暴晓楠	版式设计	孙文恒
责任校对	孙精精	责任监制	李瑞卿

出版发行	郑州大学出版社	地　　址	郑州市大学路40号（450052）
出 版 人	孙保营	网　　址	http://www.zzup.cn
经　　销	全国新华书店	发行电话	0371-66966070
印　　刷	山东华立印务有限公司		
开　　本	710 mm × 1 010 mm　1／16		
印　　张	25.75	字　　数	370 千字
版　　次	2024 年 6 月第 1 版	印　　次	2024 年 6 月第 1 次印刷

书　　号	ISBN 978-7-5773-0136-5	定　　价	68.00 元

本书如有印装质量问题，请与本社联系调换。

21世纪河南作家系列研究工程

编委会

（以姓氏笔画为序）

21 世纪河南作家系列研究工程

缘起

20 世纪 90 年代，就有人感叹文学的衰落，可是 30 多年过去了，文学仍然是一道亮丽的风景线，一代又一代的作家、诗人、评论家前赴后继，因了文学是人类精神的本源，是我们的日常，是生命本身。所以，我们不能避而不谈；所以，对文学的梳理就变得重要，这种梳理能使我们清醒；所以，也就有了"21 世纪河南作家系列研究工程"的全面启动。我们集结了理论与批评的智者，对 21 世纪以来有创作实绩和文学追求的河南（河南籍）作家、诗人、评论家进行研究，展现河南（河南籍）作家、诗人、评论家的创作现状，来提升、改善我们的精神面貌。

这项工程将以"河南小说二十家""河南小小说二十家""河南散文二十家""河南诗歌二十家""河南评论二十家"等专题的形式，在文学期刊陆续推出，由作家生活照、作家简介、相关研究论文、创作谈及主要作品构成"研究小辑"，并结集出版。

河南省文艺评论家协会

河南省小说研究会

河南文艺出版社

郑州大学出版社

2022 年 6 月

21 世纪河南作家系列研究工程

总序

墨白

远在 20 世纪 90 年代，就有人感叹文学的衰落。仿佛是瞬间，时光已进入 21 世纪 20 年代，30 年过去，文学仍然是人类精神的本源，是我们的日常，是我们生命本身。现在，我们驻足回望，虽然世界有许多不尽如人意，但对文学的梳理仍然十分重要，因为这种梳理能使我们清醒。

最初，对 21 世纪河南文学现状的梳理由高校发起：从《平顶山师专学报》（《平顶山学院学报》的前身）率先开设"河南作家作品研究"到《郑州师范教育》的"中原作家作品研究"，从《周口师范学院学报》的"周口作家群研究"到《中州大学学报》的"河南作家评论专栏"，从河南大学的《河南大学学报（社会科学版）》到《汉语言文学研究》；从郑州大学的《郑州大学学报（哲学社会科学版）》到《语言知识》，从郑州师范学院中原作家研究中心的"中原作家研究论丛"到信阳师范学院（信阳师范大学的前身）的"中原作家群研究资料丛刊"，均结出了丰硕果实。当然，还有《中州学刊》《南腔北调》《莽原》等等，均表现出对河南当代文学现状的关注与研究。

所以，也就有了"21 世纪河南作家系列研究工程"的全面启动。由河南省文艺评论家协会、河南省小说研究会、河南文艺出版社、郑州大学出版社共同发起的这项文学研究工程集结了中国当代理论与批评的智者，对 21 世纪以来有创作实绩和文学追求的河南（河南籍）作家、诗人、评论家进行研究，展现河南（河南籍）作家、诗人、评论家的创作现状，来提升、改善我们的精神面貌。

这项研究工程以"河南小说二十家""河南小小说二十家""河南散文二十家""河南诗歌二十家""河南评论二十家"等专题形式，分别在《大观》《牡丹》《躬耕》《快乐阅读》等文学期刊陆续推出，每个研究小辑均由作家生活照、作家简介、相关研究论文、创作谈及主要作品构成，最终结集出版。

现在，展现在我们面前的"21世纪河南作家系列研究工程"丛书就是其研究成果。其入选的小说家、散文家、诗人、评论家均以2015—2022年八年的河南文学作品选及进入21世纪以来在《收获》《当代》《花城》《十月》《人民文学》《小说评论》《南方文坛》等国内重要文学期刊所发河南作家的作品为依据。《河南小说二十家》由墨白主编，《河南小小说二十家》由张晓林主编，《河南散文二十家》由李勇、王小朋主编，《河南诗歌二十家》由张延文、李大旭主编，《河南评论二十家》由墨白、卫绍生主编。

任何事情都不是孤立的，"21世纪河南作家系列研究工程"是在21世纪中国文学的大背景下展开的，与21世纪中国文学有着千丝万缕的联系。这里，仅以《河南小说二十家》为例。《河南小说二十家》分为"河南小说二十家"与"河南小说二十家（存目）"，其中选入"河南小说二十家"的小说家分1960年代、1970年代、1980年代、1990年代四辑，展示出不同年代出生的河南作家的创作实力。之所以把宗璞、白桦、张一弓、田中禾、孙方友、刘庆邦、周大新、张宇、李佩甫、朱秀海、行者、墨白、刘震云、阎连科、柳建伟、邵丽、李洱、乔叶、梁鸿、计文君放到"河南小说二十家（存目）"里，是因为这些作家都已有了相对全面的研究成果，这里我们只为读者提供每位作家创作及研究成果的索引，其目的是更完整地展现21世纪前20年河南文学的现状。

"21世纪河南作家系列研究工程"是21世纪中国文学现状的一个缩

影，任何关注这个时期中国文学现状的人都无法避开这个强大的事实。

2023 年 11 月 5 日，于郑州

目录

1960 年代

1970 年代

1980 年代

1990 年代

1960 年代

张晓林

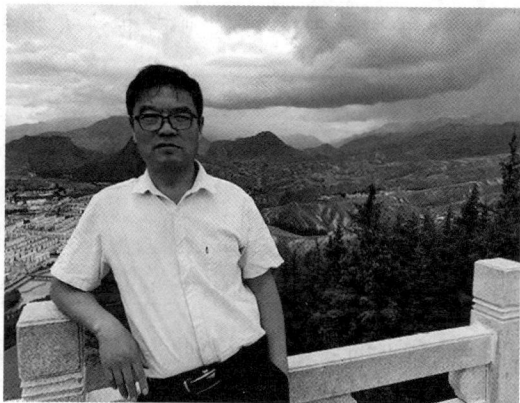

　　张晓林，1964 年 2 月生，《大观》杂志社社长、主编。开封市政协常委、文化和文史委特聘副主任。河南省小说研究会副会长，河南省作家书画院副院长。开封市作家协会副主席，开封市书法家协会副主席，河南省书法家协会学术委员会委员。曾任青海省第四、第五届书法家协会理事，第六届河南省作家协会理事。获全国书学讨论会优秀论文二等奖、《小说选刊》最受读者欢迎小说奖、河南省杜甫文学奖等。出版专著《书法菩提·民国河南书法人物志》《书法菩提：金明池洗砚》《夷门书家》等 10 余部。

传薪有斯人

——读《书法菩提·民国河南书法人物志》

吕东亮

张晓林先生的《书法菩提·民国河南书法人物志》是其"书法菩提"系列著述中的一部。他在书的后记中说写此书是"偶然冒出的念头",此书是"被逼出来的一部书"。现在看来,这种机缘成就了一部别开生面的著作。之所以说"别开生面",是因为这部书有力地呈现了民国中原士人之风骨、中州书法之传承,乃至中州社会之现代嬗变的轨迹,而这种呈现在此前的文学书写中是较为少见的。

《书法菩提·民国河南书法人物志》有志书的格调,也有小小说的风味,我们不妨当作志人笔记来读。关于志人的笔记小说,鲁迅先生在《中国小说史略》中说:"世之所尚,因有撰集,或者掇拾旧闻,或者记述近事,虽不过丛残小语,而俱为人间言动,遂脱志怪之牢笼也。"摆脱志怪小说的猎奇逐异、故弄玄虚,从寻常人事中彰显令人感动的精神品格,是这类文字的追求。《书法菩提·民国河南书法人物志》也是如此。作者说,书中的60多个人物不仅确有其人,而且时间、地点和重要事件都与历史相吻合,具有很强的真实性。这是"志"的严肃性所在,也是志人笔记之韵味的基础所在。如果基础就是逞意妄说,那就是另一种文字、另一种味道了。自然,真实性不是志人笔记的全部品格,它是基础,基础之上是所叙写人物的风雅逸事和其间焕发的人物风神。提起志人笔记,人们常常想起南朝刘义庆撰写的《世说新语》,进而联想到魏晋风度。读《书法菩提·民国河南书法人物志》,我也想起了《世说新语》,感受到了类似魏晋风度的民国中原书家的士人风骨。书中的人物无疑都是书艺精湛之人，但中原书法艺术的现代传承者并不以书家自限，而是在大时代的波澜之中活出了卓然不俗的人生境界。《蒋恢吾》《王友梅》《郦禾农》《靳志》等篇写书家们傲视公卿、自重自尊，写出了他们身上的浩然之气，至于书家们在抗战时期表现出的民族大义，书中多有书写，彰显出他们书艺内外的家国担当；《冯友兰》《董作宾》《朱芳圃》《于安澜》等篇写学者、书家，以平静的记述论证了他们的渊深学养对书法的滋润；《邵次公》《姜佛情》《卜亨斋》《张云》《顾渔溪》等篇则写了书家们的风流韵事和内蕴其中的哀伤与怅惘，令人感慨不已。《书法菩提·民国河南书法人物志》中的人物很多没有好的结局，不仅历经丧乱，而且自身的才名也为时代所掩，不仅得不到应有的尊重，而且常常遭到闾巷小人欺辱。《武慕姚》《石臣》《张铁樵》《李子培》等篇中的书家们就是如此。他们在纷乱时世中的日常生活不仅异常困窘，而且从事创作和著述的心志也受到邪恶之徒的摧残。他们看似有些乖张的行为和矫矫不群的书法完全可以视为对社会的一种反抗。从中可见，书家要留下一点有价值的东西有多么艰难，一个地方要培养一种艺术氛围有多么艰难。正因如此，我们不能不赞扬《书法菩提·民国河南书法人物志》打捞这些大历史中的"失踪者"的可贵。作者"护着那些被历史遗弃的人事，被前进的社会冷落的生命"，不甘心这些书法道统之传薪者的生命华彩被埋没，所以由书读人，在如实表现书家主要人生过程的前提下，对人物的生命片段进行了传神虚构。这是志人笔记应有之义，也不妨碍人们对历史、对社会、对人情的认知。其实即便是正统的历史书写，也不可避免出现如"骊姬夜泣"那样的虚构细节。总体上说，《书法菩提·民国河南书法人物志》既有史笔，又有小说家言，二者关系的处理是比较好的。我比较赞同书后所附小说家石舒清先生的意见，觉得该书脱离了为奇而奇的窠臼，如果对一些篇目中的传奇性再有所抑制，会呈现出更好的品质。

《书法菩提·民国河南书法人物志》对民国河南的书写，是我格外看重的。这不仅仅由于有了这本书，河南书法的谱系更完整了，而且人们可以更分明地确认今日中原书法之辉煌是渊源有自的。更重要的是，这本书对民国河南社会文化的书写十分精彩，对当下的河南文学创作具有重要的启示。在我的阅读视野中，新世纪以来书写近现代河南历史的文学作品，比较值得注意的是张一弓的长篇小说《远去的驿站》和南飞雁的长篇小说《省府前街》，前者记述的历史来源于作者的父辈，自有一种切身性在，因而小说对于开封及杞县革命人物的书写风神毕现，令人拍案，相信身为杞县人的张晓林先生不会陌生；后者以一个银行家千金的情爱传奇串联起近现代开封的风云际会，虽然因为没有人物原型支撑而有几分虚弱，但作者的案头功夫是扎扎实实的，小说对开封风土的叙述颇多可观之处。《书法菩提·民国河南书法人物志》因为书写的是书家，自然牵系着张晓林先生的情怀，也是有一种切身性在的。该书的案头功夫也异常扎实，作者不仅大量翻阅地方史志，而且频繁访寻相关的书家故旧，极尽所能搜求材料，对材料的分析也表现出做学问的意识。于是，我们在作者笔下看到了民国河南的官绅学商、五行八作，看到了民国河南的风花雪月、饮食男女，其中的故事真的是颇资赏鉴，也很耐考究。当然，作者集中笔墨书写的还是文人雅事、艺林佳话。民国河南省会开封城的几代文人跃然纸上，邵次公、姜佛情、高道天、申桐生等人成立"金梁吟社"，亦诗亦书，名震宇内；后起之叶鼎洛、刘景隐、陈禹臣等人成立"雷鸣诗社"，倡导新诗，开风气之先；武慕姚、李白凤、郝世襄、陈雨门等人诗酒唱和、时相切磋，这些诗人们的书艺在诗情滋养下精进不息；靳志、萧劳、张伯驹等人成立"夷门书画社"，饮誉一时；邹少和、祝鸿元、郑剑西等书家则对豫剧情有独钟，协力造就了陈素真等豫剧名家。这些书家群体或任教于河南大学等学府，或供职于《河南民报》社、河南省图书馆、河南博物院等现代文化机构，对于传承以书法为代表的传统文化、完成书法艺术之现代化（比如举行具有现代意义的书法展览）、促进河南现代文教事业之进步功莫大焉。他们的出处行藏、创作著述完全应该引起文学史家的注意。作为一名现代文学研究者，我读《书法菩提·民国河南书法人物志》，不时有受教之感。近年来，随着全球化的高歌猛进，文化同质化的问题加剧。很多有抱负的作家为了保护文化的多样性，选择地方史作为书写对象，尝试风土志、民族志式的文学创作，一时间佳作迭出，引起人们的重视。但是，目之所及，当代文学中关于河南近现代历史的书写还是太少了，引起关注的就更少。李凖的《黄河东流去》已不大为人所提及，刘震云的《温故一九四二》和电影《一九四二》让很多人记住了灾难，却忘却了河南。应该说，在风土志的创作潮流中，关于河南近现代历史的书写是严重不足的，这与近现代河南历史的丰富性不相称。在这种状况中，内容充实、意趣充沛的《书法菩提·民国河南书法人物志》的出现真的令人欣慰。

张晓林先生在《书法菩提·民国河南书法人物志》中书写了 60 余位民国年间中原书法文化的传薪者，他自己也是一位传薪者，一位不可多得的传薪者。他是一位书家，书法刚健遒劲、磊落不俗；他亦是一位书法评论家，遍阅碑帖、博览群书，作文一向自出机杼；他又是一位作家，创作经年，尤擅笔记小说。他作此书，缘于王宝贵先生的一声叹息，于叹息声中他担起传薪者的使命，孜孜矻矻行此"出力不讨好"之事，诚可谓"传薪有斯人"也。传薪者书写传薪者，自有会心。张晓林从相关史料的阅读中解读这些书家的生命意识和书法精神，增进了自己对书法的认知，又将这种宏通深切的认知灌注到书家形象的塑造中去，使得该书整体上显示出一种浑然之感。"丹青难写是精神"，这些书家留下的作品，我们从书中插图可以领略；这些书家的生命精神借助作者的妙笔，我们也可以充分感知。这些书家的生命精神也强化着张晓林的书法观，那就是技进乎道，书法的高格来源于书家的生命风神，这生命风神包含了书家的修为、学养、才情，也包含了书家在大时代中的人生抉择，是不可以等闲视之的。

历史的个性化书写

——《书法菩提·民国河南书法人物志》的先锋意蕴

刘亚美

　　书法作为文明载体之初，也许只是一种形式，伴随着传统文化求善求美的脚步，它在漫长的民族历史发展中继承、创新，自身的极大魅力也逐渐呈现在浩瀚的文明记录里。今天的我们依然能感知前人优秀书法作品穿越千年的感召力，《书法菩提·民国河南书法人物志》正是对这感召力的回应。这部小说集从距离我们比较切近的民国书法史写起，勾连起中国书法的历史脉络，通过为民国书法家立小传，以人物为线索呈现了民国文人风貌，展现了夷门书法家的风骨，正如系列书名"书法菩提"一般，中国人的精气神也在张晓林先生的笔下得到风虎云龙般的展现。张晓林借助书法这一媒介敏锐地捕捉到历史题材的创作空间，挖掘到带有民间野史性质的文学资源，将主观性、个性融入历史小说的写作中。他以历史的想象与虚拟填补正史框架下夷门书法界的缝隙，开拓了先锋小说的表现领域，并对现实、历史、文化、人性、欲望、存在等方面进行了深入的思考。

　　我们知道，小说写作在时间参照上通常有两种题材：现实与历史。书写历史、反观历史、思考历史拓展了先锋小说的审美表现领域。抟扶摇直上的想象力加上史学的缜密严肃，使《书法菩提·民国河南书法人物志》呈现出独特的先锋意蕴。具体而言，这部小说的先锋性主要体现在以下方面。

一、"空间化"的结尾

区别于传统小说，"空间化"是 20 世纪西方现代小说的重要艺术特征，作家打破常见的线性叙事结构，以取消时间的序列性和事件的因果联系为手段，呈现出空间的同时性、偶然性和生活与情感本身的多维性。《书法菩提·民国河南书法人物志》中大量篇目的结尾运用转折和留白的手法，呈现出空间化的艺术效果，将读者转换为积极的小说参与者。

（一）转折

《书法菩提·民国河南书法人物志》中不少文本在结尾处喜欢使用转折，使小说呈现峰回路转、柳暗花明又一村的别样景致。

有些转折是为了主题的反转、引申、延展，如《郦禾农》一文结尾陡转的神来之笔。该篇讲述书法家郦禾农从为官到赋闲的经历，其于夷门书坛重镇，以隶书为世人称道，一生无儿无女，侄子郦笃厚将其安葬在大梁门外。故事并未结束，作者安排了一个耐人寻味的结尾：清理遗物时，郦笃厚发现藏于漆匣之中的叔叔的手稿，封面有隶书四个大字"翰墨拾遗"，"郦笃厚来回地翻了翻，见里面也没夹带什么字据，就顺手卖给了小南门里收破烂的王老三"。结尾看似题外话，却意味丰饶。小说如何结尾，是一门别出心裁的艺术。再来看《宋问梅》一文的结尾。宋出生之时祖父已经去世，懵懂少年崇拜祖父，就照着照片里祖父的样子自我打扮，"若干年后一个偶然机会，他得知那不是祖父的照片，而是祖父的一个朋友"。这种反转消解了主人公个人崇拜的信念，有现实的荒诞意味。

有些转折是为了解构叙事。集子开篇的《王用吉》是较为出彩的篇目之一。文中有大量幽默夸张的类比、诡异恣肆的想象，如讲到王用吉抛弃妻子，爱上"来自金色世界德令哈的一个牧民歌女。歌女的声音高亢而华丽，每听一次，王用吉都会兴奋得浑身发抖，于这种天籁般的歌声里，恍恍惚惚看到石鼓上的文字幻化成一道道诡异的音符，在夷门的上空满天飞舞"。好景不长，一年后，王用吉在宿醉中醒来，发现歌女和她的帐篷都消失了，"他沐浴在温暖的高原阳光里。歌女抛弃了他，一去了无踪迹"。抛弃与被抛弃并存，本来充满无奈、残忍，这里却极为幽默。王用吉伤心之下跳河自尽，作者此时却有神来之笔："跳进河里不到五分钟，王用吉就后悔了。初夏黎明的高原河水依然冰冷得如针扎一般令他难以忍受……他开始大喊救命！"当然，转折还在继续，每一步都让读者意想不到。王用吉被一个画家救起。作者对这个画家的描述并不多，但作为配角，这个人物形象依然丰满："画家每次面对高原上的山峦时，都会激情澎湃，浮想联翩，认为应该产生伟大的作品。但一在宣纸上挥毫泼墨，这样的感觉立即消失得无影无踪，画面苍白而缺乏神韵。"作者以先锋的笔调不断解构叙事，不断产生浪花，又增添了些许黑色幽默。小说结尾，王用吉眼睁睁地看着视为珍宝的贝壳砚台被人横刀夺爱。作者并未再展开分析其心理或者给故事一个看似"合理"的结局，而是这样写："王用吉忽然看见，贝壳砚台上的两朵如玉一般的菊花一朵一朵变得乌黑乌黑的了。"此处仍是以转折的笔法暗示主人公的心理活动。在这篇小说中，无论写人、叙事都有明显的先锋影子，和余华的《现实一种》、格非的《褐色鸟群》都有共同之处。从另一层面来说，本篇作为本书的开篇，也很好地解了题。"菩提"，意味着觉悟、智慧，可以指人的觉醒、豁然开朗，突入彻悟途径，顿悟真理，达到超凡脱俗等境界。本篇即王用吉不断彻悟、不断觉醒的过程。此处富有神秘色彩，从而见出了人性的深度，也见出了主人公悲凉的被动命运。

转折手法的使用使小说骤然暂停，有"意在言外"的玄妙趣味，正如蘸满墨水的毛笔猛地扎入池水之中，荡漾出千丝万缕的黑色线条。这种回味无穷的飘逸空灵并不是来自生搬硬造的艰涩奇崛之语，而是以转折的神来之笔与丰满出彩的人物形象通过反转创设了情境。作品的艺术和内容呈现出一种言近旨远的境界，颇有魏晋志人小说的神韵。同时，故事结构超出前后因果逻辑，首尾的故事情节只是一种情绪的节奏，常常在写作时逸出旁枝，又兼得唐人传奇的玄妙笔势。

（二）留白

留白是中国书画常用的手法，即创作者有意留下空白，留下想象空间。运用到小说创作中，多在小说发展到高潮，并将拨云见日、柳暗花明的时候，用简约、凝练的笔墨戛然而止。《袁鼎》一篇写袁鼎因病要吃泥鳅，宰杀时却发现其中一条满肚子卵，顿时觉悟，从此弃吃。本篇结尾并未落在人物上，而落在泥鳅上："一个阳光灿烂的早晨，袁鼎发现瓮里的泥鳅死了一条，就伸手捞出来，扔进下水道。隔几天，发现又死一条，捞出来，又扔掉了。瓮里的泥鳅越来越少了。"这种结尾看似和人物传记关系不大，其实也是一种先锋小说的结尾之法。不再讲主人公的思想、心态，而落在看似无关的意象"泥鳅"上，留下余地任读者想象。巧妙、精致、有趣又有悲剧意味的留白也会带来一种荒诞感，一种迷雾似的混沌感，如《徐世昌》篇的结局："病逝的前一天夜里，徐世昌梦见刘夫人朝他慈祥地微笑。"小说一开始就写幼时徐世昌跟随母亲刘夫人到开封定居，与结尾照应。整篇小说都在写如大河咆哮般的权力的旋涡和官场之道，结局却笔锋一转，留下中国传统山水画那样的留白，言有尽而意无穷，给读者很大的想象空间。

这种留白形成独特的召唤结构，不仅仅召唤读者以自己的生活经验和想象积极参与小说创作，更多的是召唤读者以自己的情感经验来实现对小说的建构与想象，给予读者自足的思考空间。

二、"真实"外壳下的荒诞不经、鲜活生动

小说最早依附于子、史而存在，鲁迅在《中国小说史略》中概括道："诸书大抵或托古人，或记古事，托人者似子而浅薄，记事者近史而悠缪者

也。"小说与人物传记、寓言、物语纠缠在一起，也是史书的资料来源。钱钟书在《管锥编》中指出："《晋书》出于官修，多采小说；《南史》《北史》为一家之言，于南、北朝断代诸《书》所补益者，亦每属没正经、无关系之闲事琐语，其有乖史法在此，而词人之喜渔猎李延寿二《史》，又缘于此也。"从某种程度上来说，在文学发展的很长一段时间内，大量小说都和历史有着千丝万缕的联系，如以历史故事与英雄故事为原型的《三侠五义》，有着强烈的历史精神与现实精神的《水浒传》，写历史人物与历史事件的《李自成》，影射历史社会的《白鹿原》，等等。现实与历史的紧密关联使得文学在反观历史的同时也指向现实。加之小说与史学之间的历史渊源，使得传统小说的写作呈现出对历史的青睐，所有的历史叙述也都难逃以主观缀合、剪裁、修整历史的可能性。正是这种历史必然性与可然性叙述之间冲撞的张力，使得历史叙事更加立体鲜活，富有生命力与魅力，呈现出民间化、个性化与荒诞化的特征。张晓林的历史叙事在历史的"真实"外壳下荒诞不经、鲜活生动，有很强的个性与主观色彩，主要表现为以下特点。

（一）历史"真实"的个性化叙述：个人经验与历史勾连

民国夷门（"夷门"有三种意思，战国魏都城的东门、泛指城门、开封的别称。《书法菩提·民国河南书法人物志》一书中取第三种意思，专指开封）书法家的活动轨迹多以开封为中心辐射全国，开封厚重的文化积淀又以河南大学的气韵传承为轴心。河南大学的影响力在于强大的精神感召力和文化传承。《书法菩提·民国河南书法人物志》中提及的多为与河南大学有关的大师，有飘逸淡泊的道骨仙风，又有温润厚重的收敛含蕴之气，这些大师是为国为民的侠者，更是为友为邻的普通人，兼得儒道之魂魄，同时显示出菩提的境界阔大。书中提及的文化名家有："甲骨四堂"之一的雁堂——大师董作宾；与郭沫若、罗振玉、商承祚齐名的甲骨文专家朱芳圃；颇受文化名家施蛰存敬佩、被誉为"夷门三子"之一的武慕姚；河南民盟负责人、曾任河南大学经济系主任的王毅斋；著有音韵学传世之作《汉魏六朝韵谱》的于安澜；中国当代著名哲学家、教育家、1949年"儒莲奖"得主冯友兰……河南大学的文化底蕴正是通过众多大师的言传身教、立德树人滋养了一代又一代学子，构建起中原文化的宏伟大厦。在梳理这些大师的书法、文化贡献时，张晓林用民间视域拨开历史迷雾的遮蔽，生活琐碎的细节、个人烦琐的经验与宏大叙事并行不悖，共同构成对夷门书法史断点的缝合与修补。

《冯友兰》一篇就是"个人面对历史"的典型，小说中的大量历史事件都作为背景来揭开冯友兰求学、治学的道路，上篇用大量笔墨写其家庭环境、良好的教育等，下篇则以革命、抗战为大环境，讲其从教与治学。小说讲到冯友兰憧憬革命，准备离开夷门去广州，但憧憬很快破灭，张晓林戏剧性的艺术构思将冯友兰置于敏感微妙的境遇。在历史的长河中，个人只能是历史的隐喻，充满隐秘性与荒谬性。

此外，张晓林广泛搜集、整理大量资料，又精于选材，善于从逸事中刻画书法家的性格，同时在颇为神异的氛围中预示书法家的命运。他详细调查诸位书法家一生的建树，书中流动着浓厚的人文关怀，颇有一种"随风潜入夜，润物细无声"的感染力。一页一页翻动书页，摩挲着繁密的文字，每一篇人物小传的架构都展现出灵动的姿态。浮沉的命运掌握在笔尖的翻飞游走之间，深刻的人物塑造又显得历史厚重，空灵的姿态发端于充实的根基，颇有一股笔走龙蛇之势。遍览全书，不难发现，作者尊重历史，又不拘泥于历史，而是将历史作为背景加以改造，如《漫集梧》篇有一些正史的味道，写主人公在抗战期间刺杀伪市长高余海，行动失败。这件事很快出现在《河南民报》的醒目位置。故事以全知的叙事视角讲述了小篆家漫集梧的传奇往事。刺杀前一天夜里，漫集梧"做了一夜稀奇古怪的梦，梦见一些篆字在天空像鸟一样飞翔"。事败之后，他在懊悔和苦恼中病倒，"又开始做梦，梦到很多红色的鸟在天空飞翔……一个弓箭手出现了，弯弓对着飞鸟射出支支利箭"。"梦"作为历史的节点重复出现，构成话语的叙事频率。文本并未宏观叙述刺杀的惨烈，而是转向历史的局部和虚拟的细节，以隐喻的方式呈现。历史的厚重就这样蕴藏在一个个奇异的梦中，历史真相依旧深刻。不仅如此，张晓林还含蓄地写出了所谓历史的"遗留"，在将历史的细节堆砌、雕琢后，故事聚焦在 20 世纪 80 年代这一历史横断面上，漫集梧参加书法会议偶遇高余海，谈及那次刺杀，高余海满脸微笑表示已完全没有印象。两人偶尔目光相交，漫集梧却明显感受到"冷酷"和"丝丝寒意"。这里不难发现有很多意犹未尽的历史内涵，这种荒诞化叙述使历史在文学世界里可以无限敞开。历史由碎片和寓言填充，甚至充满了鲜明的荒诞性，充满了新历史主义的意味。

（二）天马行空的笔调

张晓林经常将看似毫不相干的事件、意象联系在一起，有滑稽、戏谑的成分，也有对历史的嘲讽，产生特殊的荒诞美学效果。《黄惇安》一篇的第一段："黄惇安出生在杞县高阳镇金鸡岗村，村里生长着一棵狗脊骨树。狗脊骨树全世界只有两棵，金鸡岗村的这棵是雄树，第二棵雌树在大洋那边的加拿大，不知道谁把这对夫妻树分得那么远。它们因不能授粉而断绝了后代。黄惇安的父亲是个牙医，在县城开着一家医药铺子。他的父亲有个癖好，喜欢收藏患者被他拔掉的牙齿，并按形状大小分类，然后装入锦盒。寂静的夜晚拿出来，对着这些锦盒长时间地看，冷冷地笑。高粱成熟的季节，这位有着怪癖的牙医被人从脑袋后面打了黑枪。牙医扑倒的刹那，子弹从鼻孔飞出，射中了一对正在草丛中快活的癞蛤蟆。"张晓林在这篇小说中将欲望、怪诞、仇恨、死亡等非理性因子汇集成主人公成长的特殊环境。按照一般小说的写法，这个成长环境其实很简单，主人公一出场即一个孤独无援、敏感的农村少年。作者却天马行空地从村里的狗脊骨树写起，"树—怪癖父亲—癞蛤蟆"三个相去甚远的核心意象被关联。这是一种荒诞的个性化历史叙述方式，作者有意遮蔽了事件的缘由，以无尽想象构成了叙事的张力，暗示主人公心灵上的敏感、受伤，为后文的一系列任诞埋下伏笔。《武慕姚》一篇同样精彩。武慕姚为编纂书籍殚精竭虑，却被同住在大杂院的程屠户挖粪坑掩埋猪毛血污的声音不断干扰。武慕姚"像发怒的豹子一般冲出屋门"，想要制止程屠户，却被扇落眼镜。作者写道："霎时，整个世界一片黑暗。这一掌雷鸣般地击在武慕姚的耳畔，瞬间让他明白了北宋灭亡的原因。当文明遇到野蛮的时候，就像美丽的冰雕撞上花岗岩，只会有一个结果：粉身碎骨。……粪便和血污的浊气在夏日的微风中肆虐飘摇。"武慕姚再也没有了著书的兴趣，一病不起。后又有著书的机会也被一一打破，他终究不再著书。本篇讲著书之难，读来令人唏嘘。程屠户的耳光、邵次公的自杀、典籍资料的被抄一次又一次打击了人的自尊、自信，毁掉了武慕姚作为文人的底线。再来看《金钟麟》一篇，金钟麟 21 岁中了举人，去看其偶像常茂徕的故居，作者用了一种戏谑的笔调写道："几只明头苍蝇见他眼生，立刻哼着小曲围住了他。金钟麟感到莫名的沮丧，便扭头走掉了。"将主人公的少年得志写得淋漓尽致。苍蝇与看望故居两件毫不相干的事件被连缀，这种断点与模糊的事件连缀在《书法菩提·民国河南书法人物志》中多有呈现，也是这部小说集的特点之一。在《姜佛情》中，这种怪诞感更强，写的是书法家姜佛情，却用了一半篇章来写妓女。来看首段："第四巷是开封上等的窑子铺。每到黄昏，满巷子的窑子铺门口都会挂盏粉红色的灯笼。"与姜佛情堕入情网的正是第四巷的红妓女金缕。爱情多舛，金缕自杀明志，被人砍下头颅，"剔除腐肉，用清水洗涤干净，再用红漆漆了，日夜对着鲜红的头颅吟哦，得了佳句，就刻在头颅上，刻满再漆，漆好再刻，痛哭，时而大笑"。这人却不是姜佛情，而是其好友叶鼎洛。姜佛情终于做了大相国寺的居士，终日诵经写字，作者极讽刺地说其"书法大进"。血腥暴力与爱情交织成虚幻无常的人生。

作者以戏谑的笔法看似在揭示历史的隐秘，实则是彰显人性的隐秘，在历史的虚构与想象中触及历史深层的隐秘带来的恐惧与震惊、血腥与真实，又有着滑稽、戏谑的成分。名人、书法家的神秘性与崇高性被颠覆，而世俗化、生活化的细节却被刻意勾画，被世俗的常人形象代替。

三、神秘色彩

很难具体说明张晓林偏爱哪些西方现代主义文学，却能明显发现他写作的现代性特征和本土化特色，他善用传统文学主题探索书法的非理性世界。遍览《书法菩提·民国河南书法人物志》一书可以发现，作者善于写"命运""梦"与自然意象，与传统视野中的主流文化有着审慎的距离，造就了小说神秘的美学特征，这也是张晓林小说写作先锋性的一大体现，是对书法史非理性、非现实、重感性、重想象的特殊表述。

（一）"命运"主题

"命运"主题其实是先锋小说家常用的一种叙事策略，目的是传递人物命运的荒诞、无力。先锋小说多以架空、虚构的姿态写现实，以先锋笔法写传统文化、写确有其人的书法家们确实是一个不小的挑战。按照序言中何弘所讲，既要张扬中国文人精神，自觉承担文化责任，又要继承古典笔记小说的美学精神，以人道的、文化的视角来写意，这本身就任重而道远。中国传统文化和西方文化中都有神秘主义的"宿命论"，如"生死由命、富贵在天"，即人的生死富贵、祸福贫贱都存在着先天的预定性，所谓冥冥之中自有天意，在天意面前，人多被动地接受命运安排，这种超自然力量神秘且难以抗拒。毛峰在《神秘主义诗学》中道："相信宇宙有不为人知的、更不被人操纵的生命规律，也就是说，宇宙是神秘的。宇宙的神秘性就是拒绝听命于人的变幻无常的意志。宇宙的神秘性就是它的不可利用性和不可操纵性。"在张晓林的笔下，很多人物的命运都有一定的预示性，并由此来表现其精神世界。

首先，张晓林善于使用预示命运的意象。他对自然的关切，将时间和空间无限充盈，赋予文字矫健的身姿。在给书法家立传时，作者特别注意书法家艺术生命的现实灵感来源，这些细节给人物形象增添了多维度的鲜活色彩。书法理论家张枨在获嘉武王庙外，见到有一老妪身姿矫健地挥舞着杏黄旗，场景壮观，这种飘扬飞舞的气势给了他新的书法观念取向；王羲之从鹅的起舞中领悟笔法和笔势，给了少时陈禹臣极深的印象，那只大白鹅经常会在他的梦中出现，这种灵性的感召和执着的追寻塑造了楷、行、草兼修的陈禹臣；苏轼从自然万物中领悟到"随物赋形"的文学创作哲理，民国书法家也从自然万物中领悟到"以形鉴体"的书法创作哲理。正是书法家们的这种求索与坚持，成就了更广博的艺术境界。书法之外的流动气势给了书法家灵感，这是民间和自然对书法家的奉献和滋养，是书法家以脚踏实地来仰望星空的价值选择。如此选材创作，也展现了张晓林对于延续文化生命力的深刻理解。

其次，他还善于用"预言"营造一张命运的大网。"预言"多不是由作者直接说出，而是以故事来暗示，作者有时会直接说出这是一种"暗示"。来看《韩吾经》一篇的开头："韩吾经自小是个双重人格、浑身充满矛盾的人。"讲韩吾经儿童时代用铲子将田间老鼠洞挖开，捉住大老鼠，把黄豆塞进其肛门，用针线缝合起来使其发疯咬死洞里其他老鼠。大老鼠死时非常痛苦，眼睛整个凸出来，"看着这惨烈的一幕，他突然落下眼泪。他把这些老鼠埋在一起，然后，跪在地上，给老鼠磕了三个响头"。其父感觉恐惧，就将韩吾经送进杞县城郊的寒召寺做了小沙弥。韩吾经的父亲是神秘的预感者。这个故事读来似曾相识，司马迁在《史记·李斯列传》里也是同样的笔法开头，少年李斯见到仓中鼠与厕中鼠生活状态的不同，领悟到人生的哲理，从而奋发图强。少年往事有一种冥冥之中的暗示。《董作宾》一篇也是如此。上私塾时，董作宾叫董作仁，私塾老师陈文斗对这个名字很不满意，"脸色一下子变得苍白，对董作宾的父亲说：'我要给这个孩子改个名字！'于是董作仁就改成了董作宾。若干年后，董作宾一个名叫董作义的弟弟在夏季溺水而亡"。作者甚至直接明说："董作宾从上私塾的那天起，就如同跳进了一个巨大而怪异的旋涡，每一次的旋转都让人感到惊心的疑惑，因为其中蕴含了某种暗示。"《李子铮》一篇依然如此。李子铮出生那天，家乡的河流受到"暴雨的侵袭，浑浊的河水咆哮着、翻滚着，宛如一匹受惊的野马，撒着欢儿地从村边呼啸而过。大自然或许常在无意之间给人类留下某种暗示。李子铮自幼表现出了对'水'的极大兴趣，五岁的时候，李子铮经历了第一次与'水'有关的冒险"。这些"预言"仿佛一张无形大网，牢牢罩住每个人，给每个人标注了命运的轨迹，甚至还有宿命循环的意味。来看《李子铮》的结尾："1938 年的夏天，年逾八旬的李子铮再次去东坝头的时候，不慎跌落到翻滚的黄河水中。""水"贯穿人物的一生，冥冥之中在出生时就暗示着结局。本篇的开头与结尾形成一种循环，"水"是人生的起点，也是归宿，神秘而传奇。李子铮为治水而死，带有命定与悲壮色彩，作者曾多次明言洞开的水窖口像"怪兽的血盆大口"、外放祥符县令"依然与'水'相关"、李子铮"在'水'方面的超人才能"……难以逃脱的神秘宿命循环，匪夷所思，又是命中注定。

（二）造"梦"

《书法菩提·民国河南书法人物志》中还能明显看出张晓林对西方文学的借鉴，如《李子铮》篇和卡夫卡的《审判》都是对传统宿命论的探讨，写法也有大量相似之处，这是张晓林对中西文化资源的整合与再造，是对传统笔法的继承，也是超越。《书法菩提·民国河南书法人物志》中，作者极善造梦，大体分为三类。

第一类，用梦境寄寓人物情志。一个个的梦使我们大致能读出在动荡不安的民国一个人内心深处所思所想却无可诉说的执念，作为中国文人，书法家常怀兼济天下之志，对民族命运的关切甚至达到日思夜想的程度。丁豫麟作为民国夷门书法八大家之一，以楷书名世，书法师法颜真卿，每每在临颜真卿行书《祭侄文稿》后都会梦到颜真卿在荒野里狂奔；被刘春霖称为"中国第一书法家"的郭风惠文武双修，有时整夜整夜做梦，都会梦到于战火纷飞之际抗击日寇侵略。书法家首先是文人，中国文人的忧国忧民思绪跃然纸上，虽是文人，却有一股纵横天地之间的侠气，正所谓"侠之大者，为国为民"，筋骨遒劲的书法也在另一个维度传递了书法家对沉重现实的深切关注。书法在此俨然不仅仅是为艺术而艺术，更是为生命而艺术，为天下苍生而挥毫落纸，为人类命运而卧龙跃马。侠者的身躯拔地而起，侠者的生命在接踵传递中得到无限延续。如此，我们便可清晰地看到张晓林先生于激昂文字之间矗立着的飘逸空灵的民族魂。

第二类，用梦营造神秘感进行隐喻。《韩吾经》一篇中，韩吾经的父亲"做了一个奇怪的梦……梦里，一个玄衣老者对他说：'只有将你的这个儿子送入禅院，才能化去他满身的暴戾之气！'韩父呆坐良久，接连抽了数锅旱烟，烟雾缭绕中，这个中年壮汉一下子苍老许多"。以梦来规划人生，充满了神秘气息。张晓林对神秘世界的编织本质上是借助了书法这个媒介，表面上在写书法家，在写传承，其实是在解析世界的荒诞。《金钟麟》一篇则善于用梦来隐喻。少年金钟麟崇拜常茂徕，甚至以梦到他为荣，"在金钟麟的梦境里，常茂徕是个身材修长的老者，穿一袭褐色的长衫，长须飘拂，手中握一支毛笔，硕大的头颅高高仰起，这样的梦金钟麟一直做到他 21 岁那年的秋天"，"成年后的金钟麟喜欢读一些晦涩深奥的书，然后将那些怎么都弄不懂的句子背下来，说要到梦境里去寻找答案"。《姜佛情》中说，"金缕杏子一般的眼里便蒙眬了，梦是金黄色的，有铜锈一样的花边，且有洁白的鸟儿依偎在垂杨柳柔软的枝头。以后的日子，金缕再不愿意接客"。金钟麟对常茂徕的崇拜、自身的蠢钝都是人生的一场春秋大梦，正如妓女金缕一文不值的痴情一样。张晓林这种结构叙事的技法使整部小说集具有写实的意义。

第三类，噩梦一般的自然意象。张晓林写得最多的意象是预示悲剧命运的暗示意象，如"巨大而怪异的旋涡"、"冷血的毒蛇"、"身着缟素的妇人"、"黑色的夜鸟"、被泼上桐油烧掉的"一百多双绣花鞋"、破败的"一件丝绵长袍"、"散发着桀骜气息"的古琴、"成群的乌鸦"、"青丝如乌云般飞舞"、"大梁门外衰草萋萋的荒野"、"危险的火焰"、"金黄色的，有铜锈一样的花边，且有洁白的鸟儿依偎在垂杨柳柔软的枝头"的梦、刺破咽喉的银钗、"秋雨连绵的黄昏"、"门紧锁，门厅颓坏……衰草萋萋，有狐兔出没"的故居……《书法菩提·民国河南书法人物志》一书中充斥着类似的意象，传递着宿命般的神秘感与暗示人物命运的征兆。这些意象大多是中国传统意象，如绣花鞋、乌鸦、青丝、垂柳等，传递的却是现代意识，由此，张晓林打破了先锋与传统的对立，以继承、转化的姿态重新赋予它们先锋精神。这是张晓林在对书法和传统文化探寻之中的大胆尝试，是对超验世界的探索。

总之，历史题材拓展了《书法菩提·民国河南书法人物志》的审美表现领域；先锋笔法和史学的缜密、严肃使这部小说集呈现出独特的先锋意蕴；"空间化"的结尾、个性化的历史表述和神秘荒诞的艺术风格多维立体地描摹了夷门书法大家们的风姿，也展现了作者想突破自我个体意识面对历史的努力。作者又并非完全以民间立场或纯粹历史化叙事，而是以民间化、个性化的眼光呈现出一部独特的夷门书法史。他以报刊、史料为基石，重构了夷门特色的书法史、个性化细腻化的书法史、民间性的书法史，提供了感受书法、感知历史的多重审美维度，继承了优秀的历史资源。历史真实的个性化、个人化、先锋化表述也是《书法菩提·民国河南书法人物志》的贡献之一。

蔡京的墓志铭

——《书法菩提·遗落的〈宣和书谱〉》创作谈

张晓林

北宋靖康元年（1126 年），蔡京暴病亡于潭州（治今湖南长沙）城外的昌明寺，终年 80 岁。死后，数日难以入殓。门人吕川卞为其作墓志铭："天宝之末，姚、宋何罪?"仅此两句，甚是晦涩，且不着蔡京姓名。蔡京一生五次为相，在相位长达 17 年之久，就这样给盖棺论定了，定得闪烁其词，不明就里。

然而，定论的仅是蔡京的肉体，精神和道德的法槌近千年来则从未为蔡京落定过。

蔡京在北宋后期尽管登上了权力的巅峰，一人之下，万人之上，享尽人间荣华。据典籍记载，他家的厨子分工细密，连切葱丝都由专门的妇人负责。但从历史的角度看，蔡京又是一个悲剧，被钉在耻辱柱上近千年，几乎所有听到他名字的人，都骂他为奸臣，视其为误国罪魁，北宋书生陈东更是把他列为"六贼"之首。

毋庸多说。

说蔡京是个悲剧，除了他的子孙被赐死的赐死，被贬谪的贬谪，无一能逃脱厄运外，还有后人无休止的讨伐，进而又感到蔡京很可怜，可怜到本应列入"尚意"书风"宋四家"行列，却因了奸臣的缘故，选他堂哥蔡襄取代了他。蔡京一生为无数权贵书写墓志铭，他死后，却连个真正属于他自己的墓志铭都没有。自然，还有那部《宣和书谱》，很多学者都不愿承认是蔡京所编纂的。更为荒唐的，有人宁相信是米芾所为。毫无疑问,《宣和书谱》成书于宣和末年,而米芾却在大观二年(1108 年)就驾鹤西游了。这种不顾历史真实的一厢情愿,显得滑稽而可笑,但不能不说是人们对蔡京的一种道德厌恶。

当然,还有一些说法,也都难以经得起推敲。

写作《书法菩提·遗落的〈宣和书谱〉》这部小说时,因采用的是第一人称,用了蔡京的口吻,自然就有了一些"魔幻"的色彩。这样说,大量的资料都指向了一个事实,蔡京本身就很魔幻。蔡京少年时残忍地杀死了一窝蛇,而他最终死于带毒的蛇羹。千真万确。南方存在着一种复仇之蛇,为复仇,它能追随你一生,如果复仇不成,它宁愿粉身碎骨,撞物而亡,这或许是自然界对人类的一种报复。还有,在第一次做宰相时,蔡京在京城内外设置了居养院、安济坊和漏泽园。收养、医疗、殡葬都由官家包办,这在古代历史上是罕见的,蔡京死后葬于潭州漏泽园,真是令人惊叹的巧合。据资料记载,"六贼"之中,蔡京是唯一一个"全身"而死的人。

还有那个北宋末年,更是一个令人瞠目的"魔幻"时代。换句话说,"魔幻"就是北宋的现实,至少二者之间没有不可逾越的鸿沟。我不认为这是一种单纯的迷信,而是北宋人(包括蔡京)认识世界的一种方式。

无论如何,北宋的繁荣(或者说奢靡),是经蔡京的手推向了极端。花石纲、艮岳、樊楼等成了这一时期奢靡的符号。铸九鼎,建明堂,设辟雍,礼制和教育也是这一时期完备起来的。蔡京的另一做法,就是设立了皇家书画院,置书法博士和画学博士,培养了大批书画人才,极大地推动了北宋书画艺术事业的繁荣。我们谈及这些的时候,似乎看到了蔡京另一个复杂的侧面。

蔡京已矣,那些带给人们恐惧的阴谋、倾轧、陷害、暗杀等都已烟消云散;同样令人战栗的刀剑、铁骑乃至皇权也都化作了尘埃,而蔡京、蔡卞、苏轼、宋徽宗等人的书法却流传下来,受到人类永远的珍爱和敬重,还有那部饱经坎坷的《宣和书谱》,时至今日已然成为中华书法文化宝库中一颗璀璨的明珠，滋养着一代又一代文化人的艺术细胞和躯体。

而蔡京本人，其书法则同样被打上道德的烙印，被目之为奸臣，作为文化耻辱的存在，昭示着"艺以载道"的准则，成为艺术美与丑的分界线。从中可以探寻一个民族的文化传统、社会结构和民族特性。

蔡京的墓志铭说明了其中的一切。中国文化的灵魂就蕴含在这样的一块墓碑中，一千年来毫无改变。文化、道德、传承，这种精神力量约束着人们的行为，让人们恪守价值准则、廉耻底线，远离愚昧和暴虐，推动了社会文明的进程。

这是蔡京存在的价值，也是《书法菩提·遗落的〈宣和书谱〉》得以问世的初衷。

张晓林主要作品

长篇小说

《书法菩提：金明池洗砚》，长江出版社，2015 年 7 月。

《书法菩提·蔡襄帝京翰墨逸事》，《书法报》2018—2019 年连载。

《书法菩提·遗落的〈宣和书谱〉》，《书法报》2020—2021 年连载。

《书法菩提·隶书志》，《书法报》2023—2024 年连载。

中短篇小说集

《宋朝故事》，河南文艺出版社，2009 年 5 月。

《围镇笔记》，河南文艺出版社，2010 年 4 月。

《谗言》，光明日报出版社，2010 年 9 月。

《书法菩提》，现代出版社，2016 年 10 月。

《宋真宗的朝野》，现代出版社，2016 年 10 月。

《灯影下的篆书》，河南文艺出版社，2017 年 4 月。

《书法菩提·民国河南书法人物志》，长江出版社，2017 年 5 月。

《夷门书家》，人民文学出版社，2018 年 7 月。

《味象》，郑州大学出版社、河南文艺出版社，2021 年 2 月。

散文随笔集

《美术文化》，河南人民出版社，2015 年 10 月。

《铭记：豫东 40 名党员烈士的故事》（陈广西主编，张晓林、周婷婷、王文鹏著），河南大学出版社，2022 年 6 月。

长篇纪实文学

《天矿》，河南文艺出版社，2021 年 7 月。

赵兰振

赵兰振，1964年11月生，河南省郸城县人。1983年毕业于南阳卫校大专班。19岁立志写作，26岁发表处女作，此间一直做医生。1998年赴京，改行做文学编辑。2003年到《十月》杂志社任职，曾任《十月》副主编、十月文学院副院长。1991年开始发表小说，出版有长篇小说《夜长梦多》，中篇小说《溺水者》，中短篇小说集《草灵》《摸一摸闪电的滋味》。

创伤是一只搁浅于麦地的红兔

——读赵兰振《溺水者》

肖涛

是一种记忆捕捞，也是一次倒逆成长；是一瞥原乡回望，也是一剂叙事疗伤。既交织着爱与死的回响，又缝入自我与切身的密藏，《溺水者》重拾近些年缺失颓靡的乡村题材，却又是赵兰振祭献给生身大地与母语故土的一阕麦穗如簇涌现的哀歌。小麦文化哺育的语言织品，缥缈着槐花与蒿草的蓬勃香气。

机灵黠慧的兔子、此起彼伏的蝉唱、游弋倏忽的蜥蜴、跳跃闪动的蜻蜓……诸种儿童画般的象喻，演绎着农耕文化日趋荒芜的感伤民谣。继邵振国《麦客》和海子诗歌中的"麦子"意象后，赵兰振又一次催动了汩汩流淌的诗性麦香，并将其调弄成熏染盛夏光年的麦田挽歌。

毕竟蜥蜴之类的爬行动物经由肆意施加除草剂，而今接近灭种了，反正我多年未见过，要么它们变种了。而那池塘翠柳、河堤槐荫，俨然中原大地小麦种植区才有的自然风光。此中丰饶多产的地域风物，如今尚存多少，不得而知。但麦子意象绝非现实的饰品，而是赵兰振回味个人经验事物的具体形式，是一种记忆书写范式和话语表意方式，也是一次想象力对真理寓所的反复投射。

赵兰振这一代的经历，大致为成长历程中的高淘汰率和"跳农门"所遭遇的磨难障碍。"吃商品粮"俨然成为农家子弟的政治无意识，即意味着身份经由一个抛物线式的上升下降之变后，人生从此堕入了或城或乡、成王败寇的二元背反。赵兰振《溺水者》的叙事策略，表面看似解开了一个令主人公螺号耿耿于怀、念念不忘的魔怔心结，其深层主旨则寄寓于主人公螺号为摆脱死亡阴影的束缚而产生的诸种变态意识，从此勘探地方性知识所塑形出的一代人——他们如何为卸载自身灵魂深处烙印着的本土文化密码而导致生活与命运的多重变轨。唯有在死亡阴影里，命运才成为纠缠着主人公沉溺于"罪与罚"体验的咒符，并成为使之服膺于土地与泥沼的沉重磨盘。

谷米—大雨、冬生—螺号，两组人物对子，构成了不是矛盾的矛盾。死亡暗中操控了叙事话语。死亡分蘖衍生出了小说欲望叙事的相关符码，最终耽美况味十足的抒情语体成了表征无意识这一欲望区域的显性装置。主人公螺号身上凸显出来的纳喀索斯式"自恋情结"才是《溺水者》的隐形主题。为表征这一主题，《溺水者》大致囊括了三种语式。

一种是不确定副词。《溺水者》存在着"我觉得"的否定与肯定的辩证法。这种辩证法，犹如英文"I think"（我认为）+宾语从句的否定句和反义疑问句，纠缠着主人公螺号的经验世界和体验世界。

另一种是动物意象。兔子或与月神崇拜有关，即意味着大雨也成了男孩心目中的 Anima（阿尼玛，男性内心的女性化意象）原型，犹如令无数诗人念兹在兹的月宫嫦娥。蝈蝈、蝉、蜻蜓等夏日的精灵意象，实质统归于少年田园诗世界的视听符号。当它们进化为兔子的时候，少年已是青年，新媳妇则成了风韵犹存的少妇。

最后是感官修辞。赵兰振是写味道的好手，槐花香、麦子香，甚至灰尘和黄土以及裹挟它们的风，也播撒着醺醉魂魄的梦幻香味。播撒死亡和爱欲的诗性话语由此浮现出来，交织成文本主旋律。鼻子同时承载着感官交往的渠道，它附属于眼球，而最终却独自开掘出一条记忆暗沟，创伤开阖张弛于鼻子，欲望则暗中编码，并导演着爱与死的剧情。

关乎鼻子所操持的感官叙事，《溺水者》开头即以气味抓住了视线，犹如马尔克斯笔下"世上最美的溺水者"沉落前目光所截留裁剪的一角天地玄黄。这个段落体块很大，信息量丰盈，确实像一块石头。沉默的石头，分泌出冷漠的菌丝；苍翠的苔痕，又染上了隔膜的墙影。从此，你不难发现这种暗含陌生化叙事技巧段落的隐喻功能。而从鼻子这一转喻空间中又生成了富蕴厚重隐喻性的象征体，是否意味着小说大容量语言织体的"石头记"？而叙事与其说是捕捞记忆，毋宁说叙事本然具备的自我治愈功能，并在各种互动性的诉说与聆听中，卸载了压在心底许多年的"石头"。

冬生死于"抱石头过河"的象征叙事，追忆者螺号也沉陷于裹挟自责与愧疚的创伤记忆之深河而难以自拔。《溺水者》催开了我们共有的源自乡村生活的创伤性记忆，或者说，这本薄薄的小说"唤醒"了乡村出身者遍体被沾满月光的麦芒扎伤的共有成长经验。螺号为何偏执于那些令他不快的梦，螺号为何费尽心机要挖掘冬生的死因以及螺号成长期的强迫性重复症，俨然超越了寻常人生的快乐需求，而更多出于死亡本能。正是受死亡本能的召唤，螺号各种不可理喻的行为和人生走向，才对内表现为回归从前、趋于平静，对外则是各种破坏——学习成绩、高考、婚姻生活、人际交往、社会关系等，这又让小说故事弧画出了一个呈螺旋式向下无限坠落的悲剧主题。

《溺水者》之所以能唤起读者如我及共情者的 13 岁的记忆，并使我等以自身经历将接下来的阅读流程斩断，进而衍化出别异故事空间，继而绵延不绝地拓展续写下去，或许昭示了一个交互叙事时代的到来与盛行。文学阅读的缅想体验，又从另一角度印证了小说不朽的记忆价值和叙事疗愈功能。

阳光明媚得让人想落泪

——读赵兰振《夜长梦多》

陈锟

　　"阳光明媚得让人想落泪"，出自《夜长梦多》末节第四段。

　　创作这部小说，赵兰振几次落泪，落过几多泪，我不清楚。我亲眼所见，1994年秋天，一个阳光很好的下午，我们在鲁迅文学院进修的一帮人去中国美术馆看画展，在罗中立的油画《父亲》面前，他凝视良久——生活于贫困、苦难中的老农，黄土般的脸面、沟壑似的额头——走开没几步，又回过来凝视良久——老农略微开裂的嘴唇、手中粗劣的饭碗——走向展厅一隅，低头流泪。咦，兰振为啥哭了？这是包括我在内几个人的惊疑。读《夜长梦多》，读到有关嘘水村村民习惯到屋外凑热闹吃饭的"饭场"之描写，看到他们干的是牛马活儿、吃的是猪狗食之情形，我明白了一个生长于中原农村，一个已成为当地小有名气的骨科医生的农民之子，彼时于美术馆里与自己的"父亲"不期而遇——兰振为啥哭了。头一回读兰振的作品，便是在鲁迅文学院期间。好像是一个小中篇，发在《莽原》上。是那种描述加交代，事件带出人物，矛盾冲突显示人物性格，乡村生活气息弥漫其间，最后露条光明小尾巴的小说。在鲁迅文学院，我们经常聚于一起聊文学、谈写作。兰振的宿舍里还住着个年轻神父——据称小说、散文、诗歌样样来，在我们聊文学的空隙，神父就抓紧时间捧着《圣经》向我们布道，希望我们早日投入上帝温暖的怀抱。兰振的写作导师是托尔斯泰和福克纳，他谈起两位大师来一套又一套；讲到前者——作品是文学面包，双眼充满崇敬；说到后者——作品为文学牛奶，满脸洋溢喜悦。面包加牛奶，吃得他肚皮鼓起，应该正在慢慢消化，一点一点吸收营养。读他的这部呕心沥血之作《夜长梦多》，透过行文气韵，在字里行间，我们不难闻到牛奶面包的香味儿，一丝丝一缕缕。进修结束之际，兰振有过请我到他老家去走走的邀约，可惜后来我由于种种原因没能成行，否则可以看看令他魂牵梦萦的"嘘水村"，领略那个鬼魅出没的"南塘"之神奇。兰振还有副讲鬼故事的好口才，讲起来严肃认真，讲得又活灵活现，好像他真的跟河水鬼、枪毙鬼、吊死鬼、饿死鬼、冤死鬼打过交道。那两年，由云南人民出版社引燃的拉美"文学爆炸"，在全国各地的文学圈里溅起绚烂火花，使得兰振暗暗兴奋——这不，写小说的导师又将增添几个。其实，拉美小说导师的导师，要么近在美国，要么远在西欧，兰振因此又对法兰西文学产生了浓厚兴趣。发现《夜长梦多》中那些精灵鬼怪到嘘水村来有影去见踪，它们借那个南塘兴风作浪，影响着父老乡亲们的生活，甚至改变了某些村民的命运，我不禁会心一笑——兰振同志书写比口述来得精彩，精彩得多。在乡镇医院，忙着为农民兄弟捏骨头的日子，兰振给我寄过两部中篇稿——用五百格稿纸誊写，厚厚一沓；小说呢，使的基本上仍是老套路。我奉还时，感到沉甸甸的，不是双手，是心头。

那时，赵大夫可能正背起那只将出现于《夜长梦多》中的仿牛皮药箱，往白大褂口袋里别上一支写现实主义小说的钢笔，准备去往"嘘水村"出诊——不知头天夜里有没有大红鲤跃出"南塘"，带起的水花溅湿其梦境？

《夜长梦多》第一部

现实主义小说在叙事中追求的是对生活本来面目的真实再现，以塑造典型人物、把握历史事件来表现作家的审美理想。进一步说，随着现实主义创作道路的不断扩展，作家写作技艺、审美趣味的不断丰富和提升，现实主义小说早已不局限于老一套的叙事形式，它更多地表现在对现实生活的理解、思考与表达上的深入和独特。我们不难看到，很多举着现实主义旗帜的作家，已不再着重描摹生活本身的外在形态，而是努力通过一切变化着的生存场景，进入对人物生命状态的追问，对人性内在状态的省察，对人的命运和精神内核进行细致观察。

正如《野性的呼唤》的主人公是一条通人心、懂人语的狗，《夜长梦多》第一部的主角也不是哪个人，而是嘘水村的南塘。这口表面波澜不惊的普通大池塘，内里却隐蔽着一个残酷的时代，藏匿着一群由那个时代孕育的妖魔鬼怪，包含着与妖魔抗衡的神灵、与鬼怪搏击的生灵，滋养着生死相随的苦难以及水汽般升腾不息的生命传说，它们使得这部小说具有当时社会残忍的一面，也有人们在残忍的环境里变得麻木或癫狂的一面，更有家人之爱、邻里之爱的温暖一面。一切现实、超现实、现代、后现代的因素各就各位，相得益彰，而魔幻的表现手法尤其突出，进一步张扬了生命的蓬勃气象。它主要以同情怜爱、亦庄亦谐的笔墨书写了形色各异的小人物——我们的父老乡亲艰难的生存境况和困苦悲叹的生命情状，以及被严酷的现实困守的精神状态。

"南塘的开挖，不是为了灌溉，当然更不是为了养鱼，而是为了向一个重要会议献礼。这个会议的芳名叫'三级干部会议'……当时的公社领导脑子被大年夜的鞭炮声炸得洞开，突然想起要在嘘水村村南的这片旷野里开挖一口池塘，向十天后召开的三级干部会议献礼。"

这部小说的主角就这样以"献礼"的形式被塑造了出来。它让我们看得十分清楚，没有主角南塘，哪来水拖车这个可笑的人物——二流子似的"渔夫"？他在这个主角南塘身上网得"一片鱼鳞，有巴掌那么大，呈半透明状，下半部分红得滴血"。这枚粼光闪闪的大鱼鳞简直就是《百年孤独》里头的那个"冰块"，它像一面魔镜，一下子映入整个嘘水村，映出一个又一个人物，一张又一张嘴脸，还有许许多多天灾和人祸、疾苦与悲剧，以及若隐若现的灵魂。

映现于我们眼帘的大队干部老鹰，代表权力和正义，更代表邪恶与残暴。他对举着那枚大鱼鳞"宣传迷信"的水拖车道："你是不是又想上上绳啦?!"听似玩笑般随口一说,实则是发自冷酷的内心——多么渴望随意捆绑一个村人,置人于生不如死的境地。这个老鹰,捆绑人,他真像只可怕的老鹰,时时刻刻盘旋于村子上空,俯视着逮获鸡崽的良机。喏,机会终于来了——翅膀,一个年仅 13 岁的男孩,夜里在南塘边的露天场上睡着了,"孩子不是一个人睡的。嗖嗖的寒风比横飞的乱石更凌厉,没有死透的灰堆的皮肤被蹭开,丝丝点点的血光一疼痛,就能看清沉醉不醒的翅膀和他紧紧搂抱着的一条大鱼!他痴迷的小脸依偎在大鱼的脸上,就像一片窄窄的花萼"。就这样,以老鹰为首的"几个人都看见了这个'阶级斗争活教材'的抱着鱼睡觉的作案现场……在手电筒的锥形光域里,翅膀仍然在幸福地沉睡!他一只手抚着大红鱼的胸鳍,屈起的膝盖棚在鱼腹上;他的小脸蛋仍然亲密地依偎着鱼脑袋。在几个粗壮的声音爆发的同时,老鹰的脚抢先一步,咣地把孩子踢离了大红鱼"。接下来,翅膀戴着"下流坯""小反动"等"一顶顶沉重的桂冠,被绳捆索绑",被押去游街示众,胸前还挂着"一块用农药的包装箱做成的牌子,黄不拉碴的带骷髅的背景上赫然趴着一堆大字:社会主义淡水鱼/强奸犯",最后被押送到公社派出所。所幸的是,这个遭受"人祸"的小男孩得到了刘所长的及时解救。

在这部小说中,写到老鹰的文段不过寥寥几处,着墨并不多,但这个以粗线条勾勒的人物形象给人印象之深刻,如同我们走在乡间路上,突然发现一条眼镜蛇迎面昂首竖立,芯子一伸一缩,咝咝作响。

有一点必须承认,那就是在一道强行命令之下,几百双白天劳作农活儿或操持家务的手,夜里被迫去开挖南塘,让我们见识了人原来还有这种死法:

"那个人是死了……没有看见他的头,不知道他的身子哪端是上哪端是下。后来人们才呀怔过来:他的头早没了,被不知多少辆架子车或独轮车的车轮碾掉了。他或许困得厉害,想在车路一旁打个盹,不知怎么身子一歪就倒在了地上,蜷蜷而睡,没在意脖颈横在了车辙沟里……架子车的车轮不客气地从他的脖子上经过。也或许他是低血糖休克，一下子晕厥，因为工地上伙食并不充足，不可能人人都能吃饱。他可能剧烈挣扎过，但半睡半醒干活的人们谁也不会在意。"

假如没有主角南塘，那就幻化不出像六月里苍蝇、蚊子那么多的鱼儿，吸引不来十里八乡一只只黑猫、白猫、黄猫、虎斑猫，也捎带不出楼蜂、项雨这两个很有意思的男青年，其中一个有双会把毛线衣织得花样百出、灵巧得堪比小姑娘的手，相貌好得"身上生的虱子都是双眼皮"——黑色幽默运用得恰到好处。这样的后生在嘘水村可谓绝无仅有。他俩结伴来到窑厂干活儿，夜晚摸黑到村里庄外去偷鸡，胆子大、办法好，屡屡得手，而烧鸡吃的窍门，可能与生俱来。这对后生在烧窑期间不幸双双变成了"烧鸡"，究其根源，还是在主角南塘身上——没有开挖出来堆积如山的泥土，何来打大量砖坯的原料；没有它去填充那座精怪般的老窑，怎能点火烧窑？请看老窑局部爆裂之后的场面：

"这窑砖已经开火五天，要不是出事，马上就可以截火了……烧透的土覆裹着楼蜂、项雨……人们用棉手套蘸饱水，拨拉出土堆里的两个人时，两个人的身子已不能用手碰，一碰肉就从骨头上剥落，就像焖过头了的烧鸡。最后晾晾热气，用被子贴地裹撮着，才算把骨肉早已分离了的烧熟了的两个人收在了一块门板上抬走。"

两个后生就此在人世间和文本里消失得无影无踪，连同无数只双眼皮虱子。需要指出的是，描写南塘里的鱼儿源源不绝地进入村子，来路不明的猫儿多得数不胜数，以及与之相关的人和事，篇幅过于繁复冗长，夸饰有余节约不够，而对那两个人生如此短促、生命结局惨不忍睹、很有说头且值得说道的后生之处理，又过于简单和仓促。

"多少年后那座窑仍那么孤零零地站立着，站在旷野之上南塘身边，像是一个忠诚的卫士，像是在诉说着什么。"

事实上，主角南塘不会道破天地间的任何秘密。

的确，这部小说让传统的阅读期待步步落空，而强烈的审美愉悦又令人久久沉浸于一幅幅虚构和想象相混合的画面之中。类似于奇书《作品第一号》,《夜长梦多》第一部也是作家自己设计的一副有四种花色的扑克牌,我们可以从中抽几张编排为一把顺子,或合成一枚炸弹,或成双结对延展为一溜大拖车,其目的在于使现实主义的幻想更具说服力,在于把直视现实生活和客观世界的感觉更有效地传达给读者。整部小说就是一副扑克,一把顺子便是某个人物的生活碎片,一枚炸弹分明是其中一个人物的悲惨结局,一副副小对子就是一个个一闪而过的形象(景物),它们共同组成一幅巨大的拼贴画:原生态的嘘水村。每个篇章看似信手拈来地书写开头和结尾,来去的人物并没有完全附着于某个完整的事件上,因而不能使我们更全面地了解任何一个人物,更深入地探视其内心世界,这一切似乎都是叙事较分散、跳跃较随意而造成的结果;而事实上,小说的叙事隐藏着一定的秩序和意图,叙述的不是局部而是整体,是那一连串的局部构成了那个庞大的群居实体。

值得称道的是,这部小说彻底回避了有些作家惯用的写作把戏——将苦难多于幸福、凄凉超过温暖的农村描绘成一个"鸟语花香,风情月意"的乌托邦之乡,它更多地揭示了我们的父老乡亲"无奈活着,痛苦煎熬"的残酷真相,这实际上是对现实主义文学精神的一种发扬光大。

遍布小说的生动感人的细节在幽暗的生活中闪闪发光,是这部作品的一个重要特征,也是成功之处。正是这些细节,构成了小说人物独特而残缺的心灵世界,一切都是那么富有人性(反人性),尽管扭曲和压抑,尽管有些构件还可以或者说还应该做得更完整、更考究。

阅读这部小说,我们注定要体验一种孤独感,还有恐怖的悬吊感,不过,只要我们的艺术直觉还没有被遍地流淌的心灵鸡汤淹没,我们个体的审美还抵得住那种文学品相破烂、艺术质地粗糙且千篇一律的小说之侵蚀,便能欣然迎接作家有意打出的一手牌,亲历一场精神磨难而获得非同一般的阅读快感。

《夜长梦多》第二部

有些作家习惯于通过对一个人、一个家族或一个村庄的命运的叙述，来反映多少年来中国社会的历史演变，揭示人性内在的诡异和芜杂、生命的错位与荒凉。这样的作品还算说得过去。更多的小说则以某某为故事主要发生地，既反映了某某历史，又反映了新中国成立后直到改革开放以来的农村建设成就，以一个村庄的历史折射整个国家波澜壮阔的历史进程；突出某某地域文化特色——历史气息浓郁、民风民俗独特，既是对某个历史事件的真实见证，又是对某地风土人情的细腻展现。这是写农村题材长篇小说的一种模式。而《夜长梦多》绕过了这种出产文学产品的模子，它的第二部在人性的发掘上，在人的精神层面的探究上，在命运与现实、伤害与救赎的冲突表达上，都有着上佳的表现。

《夜长梦多》所传达的时间跨度，应为20世纪60年代中期至20世纪末。30多年时间，毫无疑问，足以让整个社会和一处乡镇发生巨变，也能叫一个人从思想到言行、由外貌至心理焕然一新。

新的叙述者"我"——在第一部小说中差点遭受灭顶之灾的翅膀，在这部小说里自始至终担任着叙事主角——悄然上场，以一个35岁中青年的沉稳之态，为我们推开一扇无形之门，时而引领我们步入现实的表层，看他念过书的小学之形貌，认识他少年时代的偶像——天使般的少女何云燕，在乡镇学校的舞台上，看到他与同学、校长之间紧张的关系，以及"有趣"的飞刀表演，展示了其部分成长历程；时而又牵扯着我们的视线缠缠绕绕地进入他的思想、想象、梦想、幻觉和内心深处。

回望那个时代，让我们有种春回大地之感，使遭受"十年严寒"的人们感受到了丝丝暖意和些许希望，而被摧残的心灵、冰裂的情感尚需漫长的时日，在追忆中反思、疗伤，在日常生活中化冻、修复。综观《夜长梦多》，这种时间和空间的跳动运用得非常纯熟，以至于我们几乎察觉不到时代悄悄变化，但我们能察觉到这些跳动在叙述中产生的良好的艺术效果：人物有运动的感觉、生活在前进的感觉、时间不停顿的感觉，从而联想到正在叙述的生活本身和人物自身之命运。

"我一直以为我是一个真正的孤儿，从精神到实体。我没有妈妈，没有爸爸，相依为命的奶奶也离我而去……我是一个没有亲人也没有故乡的孤儿，我的故乡已经被一个黑夜残酷抹杀。现实的故乡早已消遁死亡，故乡只在我心中，在我的回忆中。"

于是，小说选择了另外的方向，朝着一条和解、救赎之道延伸而去——别离嘘水村之后 20 年里从未返回过的翅膀，大学毕业留城工作，这次在清明节前夕终于踏上回故乡之路，开始了一趟精神之旅。他回村给曾十分疼爱他、在贫寒的岁月把他抚养成人的奶奶上坟烧纸，是一方面；而另一方面，他带着礼物主动上门去见正义叔，并在他家住下——"正义叔是我家门最近的亲戚"，诚心想和这位叔辈——上个时代和时代之人的代表达成和解，因为在 20 多年前的那个黑夜，就是这位他亲近和信赖的正义叔，自告奋勇地去找来一根绳子，成为凶残的老鹰绳捆索绑他去游街示众的帮凶。这是全书最出彩之处，光彩闪亮于精神领域，它使整部小说的文学品位噌一下上升到了一个崭新的高度。衡量和判断长篇小说的价值有一个重要标尺，那就是它的精神格局。

翅膀选择半夜三更去给奶奶扫墓，也许不为别的，正是想避开白天正义叔及其家人有可能一道前往墓地，有劳人家而过意不去。出乎他的意料，在墓地发现了正义叔已先他来为奶奶烧过纸的迹象——两个时代两代人，在月光普照的坟场，在众多灵魂的监督下，在跟踪而来的正义叔的小儿子（一个有语言障碍的可爱形象）于暗中默默地见证下，无声地达成了和解。这让人想起被囚禁 27 年后的曼德拉，一个晚上穿上棒球服，独自从容地步入白人狂欢的棒球比赛现场，与那个白人球队队长握手拥抱的感人场景。曼德拉的伟大，不在于领导一种肤色推翻另一种肤色的压迫，而在于一手促成了种族的和解。

至此，那条捆绑于翅膀身上的绳子，在20多年后的这个月夜才算真正落地，它像插在墓前的一炷香，化为了一缕青烟。要是那个老鹰还没上西天，在村子里偶遇，相信翅膀也会朝他投去一道原谅的目光，并像对待其他乡亲那样递上一支香烟。说到底，老鹰不过是笼罩于那块土地上的特有气候之产物，如同江南的梅雨季，平民百姓家里总会长出令人厌恶的霉毛。

"我想再次聆听麦子拔节的声音，那细碎的声音像一根一根丝线，牵着我的心，让我总听不够。只有静坐，只有屏住气，才能听清那种奇妙的音乐，越听越清朗，仿佛只有你倾听时它们才响起，它们为专注倾听的心灵弹响。……'咔叭''咔叭'……于是你的灵魂和肉体都开始荡响，此时你才觉得原来你就是声音，生命本身就是一群聚结的美妙音符。"

听得出麦子拔节声响之人，其感觉是清亮月光，其情绪是丝状薄雾，其思想是碎片云朵，在流淌、在弥漫、在飘飞，它们最终凝滞于心灵，试图一点一点化解一具枷锁——由那块挂于胸前的"强奸犯"黑牌，历经20多年的演变而成——不如干脆去找把钥匙，小小的一个物件，咔嗒一下，便可打开。

这把钥匙在哪里？

来到镇上，翅膀得知这位救命恩人早已过世了。找他何事？"仅仅想满足一下心愿，他曾经帮助过一个不相识的孩子，让他摆脱困境，让他活下来并在多年之后等他死了以后再来打听他的下落，如此而已。即使他不死又能如何呢！"——钥匙又不在刘所长的手里。也许根本用不着什么钥匙，也许，只需一只出众的小手，像羽毛般在他心口轻轻柔柔地一撩拨，枷锁便打开了。这是可能的。不是说一切皆有可能吗？翅膀在集市上漫无目的地闲逛，在一家超市门外的人群里，无意之中发现了那只似乎能打开他心灵枷锁的小手——还得仔细辨认：

"……女人短暂一愣，接着伸手朝腰里探去……极其迅速地抓住了一样东西，又顺手朝男人的脸上或者是头上一糊……人群哗啦趔开，躲开他扔掉的那堆毒蛇——那不是毒蛇，而是滴溅着污血的一团淡绿色的纸，有人迟了好一会儿好一会儿才说，啊呀——是月经纸！是的，女人拽出了她血呼淋啦的月事纸巾，像贴膏药一般糊在了男人的头顶。"

辨认得再清楚不过了：

"何云燕，我少年时代的偶像，我曾为之日夜不眠、曾为之痛苦得死去活来的那个女孩，现在是这个小镇超市的女老板，是一个在恶打恶骂的吵架事件中能够随手拽出身体隐秘角落里的纸巾当武器的女人。"

运动中的小说之夜已走向黎明，作家凭借神来之笔，让这位昔日天使般的少女当街当众达到了一次"高潮"。世道的样貌，人间的真相，令人目瞪口呆。这股犹如飓风裹挟海浪涌向滩头而迅猛腾起的高潮，倾倒下来，砸向翅膀，完全淹没了他心中的美好世界，使他"既无感觉也无思想，看不见眼前的人群，听不见吵嚷声……一切夷为了平地，仿佛从来没有存在过，只是虚妄的想象的产物，或是一场迷梦"。

返回嘘水村，翅膀感到心灵枷锁非但没有打开，反而越发沉重。

钥匙肯定是有的，这把小钥匙没准就别在主角南塘的裤腰带上。

"于是我站到了南塘上，一次又一次走进我梦里的波光粼粼的南塘。尽管现在已经没有一滴水，只是一片司空见惯的略微低洼的田地……我站的位置就是那个黑夜里我与鱼共眠的地方……远远近近声势浩大的麦苗欢呼跃动，仿佛在传布消息：'看，他回来了，他真的回来了！'"

读到这里，有一句诗不由自主跳跃出来——

钥匙在窗台上，钥匙在窗前的阳光里。

阳光明媚得让人想落泪。

心灵史

——《夜长梦多》创作谈

赵兰振

　　《夜长梦多》的写作始于 1998 年秋天，当时我刚来北京，住在景山后头一座堪称雄伟的大楼里——那座楼属俄式风格，有点"金玉其外，败絮其中"的味道，看着富丽堂皇，但其实就是一座办公楼改成的筒子楼，去一趟厕所要疾步快行数百米，两旁挂着帘子的或闭或张的门列队监视着你。我住在五楼（顶楼）一处只有七平方米的用垃圾间改造成的空间里——是的，我不知该如何称呼它，因为那并不是一间房，而仅仅是一处呈"L"形的盲道，像是手枪的形状。当躺在床上睡觉时，我想象自己是枪膛里的一粒铆足劲儿的子弹，要是某一处神秘的扳机扣响，我会飞射出去，掠过景山上空，掠过故宫中轴，掠过大前门……朝着故土的方向一路飞往昏冥的梦乡。

　　当然，飞翔的不是我的身体，而是想象。我每天清晨五点起床，顺阶而下，出门绕着尚在睡梦中的景山公园跑一周，回到那处狗窝一般的住处，趴在木板搭起的书桌上让笔尖与白纸亲吻，发出吱吱的不停歇的诱人声响。我想写一部中篇小说，写写我生活过的村庄，写写村庄田野里的那一泓清澈的池塘，写写围绕这口叫作"南塘"的池塘所发生的一切……语言照亮记忆，记忆的纷繁密集令我吃惊，小到一株庄稼、一只昆虫，大到一个季节、一座房屋，物事犹如洪水，犹如满天的星辰，朝我涌来，覆盖了我。想象裹挟着我凌空而起，我只有顺应着语言的意志写下去，但肯定已不是一部中篇小说的容量。

　　当时我一个人在北京，举目无亲，两眼一抹黑，属于我的世界只有语言，只有想象，不可能再有一丝多余的干扰。我白天去一家出版机构上班，仰人鼻息，拿到手少得可怜的薪水作为我逃离的自圆其说的理由——之前我一直在故乡的一家乡镇卫生院工作，安安稳稳地做一名骨科医生，而且小有名气，算是那一方土地上的"名医"，天天求医者盈门，让我不曾拥有过一天不被扰乱的时光。有一天晚上，我去镇外的田野散步，突然听到镇上的高音喇叭在喊我的名字，吓我一大跳，侧耳细听才明白是有病人找我看病，喊我快回。我不想如此热闹，也不想被盛名之下的责任重担压死。我想逃开，想拥有吃一回安稳饭、睡一场囫囵觉的生活，想静静地读读书写写我喜欢的文字。于是阴差阳错，我就钻进了北京城里的这管枪膛之居里。

　　写作伊始极顺利，我一口气写了十多万字，天天意犹未尽。我沉浸其中，有说不完的话。对着白纸倾诉是我那个时期的基本生活内容。但好景不长，我就搬离了那处枪膛，不再是一枚子弹，而成了一个为谋生而奔波在北京街头的匆忙男人。我住进了更宽敞的房子，但不再拥有美好的孤独时光。因为好马不吃回头草，我决计不再回返，不再重新让听诊器圈住脖颈，全家人就只能随我北迁。在北京这样的大城市，一家人的生计绝非小事，我只有放弃一切，拼命做事挣钱，好让家里的米缸常满，尽顶梁之柱之重任。我没有一天、没有一小时不想着我的小说，却很少坐下来痛痛快快地写作了。再说，要走进我的小说世界也没那么轻易，没有整块的时间，没有深深的孤独长廊，那个世界不可能打开它的大门。

　　但其实这些生计之虞仍然是借口，让我举步不前的最重要的原因则是我对小说的审视。我在重新认识小说，试图通过写作这部作品来探索小说深藏的奥秘，从语言，从叙述，从艺术真实乃至思想性……从各个层面抵达小说的内部。我借助不懈的阅读，借助反复的思考和琢磨，一点一点地在解开纠结，解开小说之谜。但对小说的考量越多，写作进展就越艰难迟缓，有点像在缺氧的高原上攀登山峰，到了一定高度想再往上前进一厘米都困难重重。总是眼高手低，这一次我觉得已经通过了某处隘口，解决了某个难题，肯定能够写出另一种面貌的文字，抵达理想的高度，让自己激动不已；但事实总是在唱反调，折腾来折腾去，我不过是在原地兜圈子，我觉察出的毛病只是换了一种方式，仍然顽固地站在那儿，阻挡着我前行。

　　生活在悄悄出现转机，终于有一天我不再被谋生之事困扰，可以坦然地将精力投入小说写作中去了。这时候我似乎也解决了写作的诸多难题，能够写出让自己满意的文字了。我开始着手完成这部延续经年的小说。我磕磕绊绊，没有再一再二地毁掉写好的文字，而是将片段连缀一体，算作漫长劳役的终结。

　　集体的历史和个体心灵的历史压根儿就是两码事，是两个面貌迥异的世界。但历史只关注社会事实，从来不去探究心灵风暴，而恰恰是个体心灵的微妙变幻在决定社会历史的走向。在《夜长梦多》里，我试图写出一个村庄的历史和一个人的心灵历史，让两者共同构建历史真相。但我明白这种努力也是徒劳的，因为每个人都有自己的心灵史，不可能以蠡测海，繁盛茂密的真相是永远无法穷尽的。

　　一件经过锻打的铁器，早已褪去烫红，早已成为沉甸甸的黑冰。让该使用它的人使用它，让该拥有它的人拥有它，现在我只想扔开它，彻底忘掉它，就像狮子用牙齿撵走成年的孩子。写作的兴奋与沮丧皆成往昔，我已经厌倦，不想再多提这场苦役一个字。

赵兰振主要作品

《家务事》（中篇小说），《莽原》1991 年第 4 期。

《夜长梦多》（长篇小说），作家出版社，2016 年 6 月。

《草灵》（中篇小说），《人民文学》2017 年第 5 期。

《溺水者》（中篇小说），漓江出版社，2018 年 3 月。

《草灵》（中短篇小说集），四川文艺出版社，2020 年 11 月。

《摸一摸闪电的滋味》（中短篇小说集），四川文艺出版社，2020 年 11 月。

赵大河

赵大河，1966 年生，河南省内乡县人，北京大学中文系毕业，现供职于河南省文学院。2021 年入选中原文化名家。作品见于《人民文学》《十月》《中国作家》《花城》《山花》《美文》等刊。作品多次被《小说选刊》《小说月报》转载及收入年选和其他选本。出版有中短篇小说集《隐蔽手记》《北风呼啸的下午》《六月来临》《撒谎的女人》、长篇小说《我的野兽我的国》《侏儒与国王》《燃烧的城堡》等多部。话剧作品有"开心麻花"系列《想吃麻花现给你拧》等多部。影视作品有《四妹子》《湖光山色》等多部。曾获全国"五个一工程"奖、杜甫文学奖、"曹禺杯"戏剧奖、《中国作家》短篇小说奖、河南省文学艺术优秀成果奖、《莽原》文学奖、金盾文学奖等。

大河汤汤　逐梦前行

孙晓磊

一

赵大河当初的创作起点有相当的高度，不仅因他毕业于北大中文系，还缘于他的天赋和文学创作的努力，这有《紫葡萄》和《隐蔽手记》为证。

北大学历当然光荣，但大河低调、淡然。尽管他最初的文字与其外表一样平实、朴素，但字里行间透出内心的激情并在文学创作的端口喷发。于是，他的创作从《紫葡萄》《隐蔽手记》开始一发而不可收，它们成为助推他登上文坛并向社会发言的发轫之作，也由此他放飞自由的心性，在文学的天空自由翱翔。

可以说，大河初期突出表现人性恶的作品是《紫葡萄》《苦艾》《白雾》，而尤以《紫葡萄》体现人性丑恶最为明显。小说叙述冷峻，人物矛盾尖锐复杂，不可调和，结局惨烈。语言的老辣、情节的把控、故事的铺排、欲望的张扬及人性扭曲阴鸷而变态失衡表现得淋漓尽致。叙事对人性的挖掘呈现他作品的纵深感和厚重性，他说："人性太复杂了，所以我需要不断用写作来探讨……人性既没变得更好，也没变得更坏。"于是，从《苦艾》《白雾》直到现在的作品，他准确把握人性的深刻得以继续。

"文学是我人生的重要追求……"义无反顾的追求使他的写作与日俱

进并获得各种奖励。比如由他担任编剧的电视连续剧《湖光山色》获得中宣部"五个一工程"奖、短篇小说《回家的路》获得《中国作家》短篇小说奖、中篇小说《灼心之爱》获得河南省文学艺术优秀成果奖、中篇小说《把黑豆留下》获得公安部金盾文学奖、话剧《大魔术师霍迪尼的最后遁逃》获得"曹禺杯"戏剧奖等。有足够理由自豪的他曾说,"有北大这碗酒垫底,人生何所惧"。其实,承认"北大,就其基因来说……更有自由的因子"才是他的本意,他更渴望自由创作,想要不断摆脱羁绊。多面手的大河尤其痴迷小说创作,并认为"最需要知识含量的是小说",所以,我们得以看到他之后尝试的各种小说式样。

我真正系统地研读他的小说,是2022年9月从他的长篇小说《燃烧的城堡》开始的。在我有限的阅读范围内,《紫葡萄》《隐蔽手记》《北风呼啸的下午》《拉差到天边》《侏儒与国王》和《燃烧的城堡》应是上乘之作。

用既定故事参与者来叙述(第一人称)的作品有《隐蔽手记》中的贼人和《侏儒与国王》中的侏儒。《隐蔽手记》以一个贼人冒充北大学子展开故事,贼人的猥琐勾当被隐去,堂而皇之地过上北大学子自信满满的光鲜生活。这个贼人漫游在中国高等学府中蔑视秩序、无视权威、肆意妄为,如同孙悟空大闹天宫一样,干预、编派、导演、放大学生们的放荡之举并参与其中,他狂妄到想用恶作剧把"北大变成疯人院"。他的颠覆和推波助澜使天之骄子的自信和傲慢超浓度发挥,使他们在激素和私欲的刺激下被野心和自命不凡支配人生。这些北大学子中有追求精神的诗人,有对金钱兴趣盎然者,有采花情种,有执着于旁门左道的学霸,有欲做学生会主席的官迷,等等,他们这种追逐也是精英内心放任自我、追求自由天性的显露和标榜,消解了在生活观念、价值取向、行为模式等方面与贼人应有的区别。更具讽刺意味的是,贼人的无所顾忌与北大学子的"目中无人,狂妄自大"如出一辙、不谋而合。

小说的真谛是什么?看了《夏天的霍乱》,我对此命题有了新的认识。

它用当下、幻术、梦境创作了虚幻与现实交错接续的故事，笔记的表层是不加评述的时间、地点、人物的平铺直叙，而主叙则是开放、多歧路的貌似叙述的圈套。旅游的偶遇、未露面的摄影师及霍乱、怀孕、溺水、私奔等敏感字眼，若干意象纷乱、情节迷离使小说的探索味道更浓。对此文看好的林苑中说："（它）的确渗透了一个小说家对真实、时间乃至生命的领悟。"

与生活的距离感、丰富的想象力、不倦的创新性、不动声色的叙述风格、对人及万物平等的悲悯情怀构成大河小说的基点和特质，大河有天赋，但不走捷径，作品有韵味而不浅薄。《北风呼啸的下午》把几个颇有意味的故事杂糅其间，写法虽然传统，但真切、鲜活，充满沙愣愣的苦涩感。北风呼啸，刮来人间冷暖的病亡之痛、不公之愤和凌辱之怒等种种来自乡村的不幸、艰辛和无奈，但村庄也在抵御北风的过程中成长进步，有人性的温暖、感动、希望、担当和情怀，还有乡村特有的地域生活气息扑面而来。

大河说过，"小说有无限的可能性，这就是后现代主义给我们的启发"。正是这种思想开阔了他的视野，才有"开心麻花"那三部话剧和《侏儒与国王》的新突破。《侏儒与国王》以文学的因缘对故事进行拆解、对时间进行解构，演绎缥缈历史，注解世相百态，并以文化的名义矫枉过正，让述说揭示真相，使激情燃放人生，赋予既往历史社会、人生命运新的精神内涵。呈现庙堂的虚伪、无情、冷血的权力之争与民间人情味形成鲜明的对比，用历史转换引出更多思考：有道义和践诺，也有江湖人的仗义和真情奉献，更有寡情薄义和阴谋、杀戮、淫乱及玩弄权术、祸乱朝纲，原本刻板、索然无味的历史因人文情怀的现实观照而变得生动有趣。同时，反讽的后现代主义消解了传统文化中的糟粕并给以质疑、匡正和价值评判，映照出历史的纷繁复杂。大河也因此在"果戈理也是我的最爱"的创作底色上挥毫泼墨，铺陈出更艳丽的色彩和新的元素，引发新的感知。侏儒的添加把历史富有道义感地串联起来并以艺术手法呈现，真实性、趣味性、烟火味油然而生，历史被催化发酵挥发出酸甜苦辣，这种夸张、变形和创造发掘出更厚重、更有时代意义的特征。侏儒视角的插科打诨丰富了作者意图和小说的表现力，故事别开生面而更加鲜活、开放，使本就说不清的历史蒙上绚丽多彩的面纱。由历史而戏仿，由戏仿而探寻事件情由，由情由而揭示人性，由人性而阐释文化，在文化差异性中阐发了思古之幽、承载了万世春秋、抒发了当今豪迈。特别是"弑君者"令我们看到史官秉笔直书的职业操守和他书写的片面历史，增强了错位的滑稽感和不确定性。这告诉我们，所谓真相其实是人的主观对客观有选择性地接受。大河说："人，及所有的生物，都是生和死之间的一个过程。"这可看作他对过往悖论和无奈的一种生死观。还好，我们不是历史虚无主义者，即便它遗失于众说纷纭中，辩证唯物主义也会让我们在尘埃落定中探寻真相。

他的《三姐妹》和《我想把孩子生下来》表现了男女两性关系。《三姐妹》以岚岚的视角来看待上海青青、深圳芳芳的婚姻家庭，反映出男女对立、不可分离的状态。实际上，很多时候男女对抗现实的武器并不都是婚姻之外的性爱，转瞬消失的性爱是情感的所有，但不是婚姻的一切，更不是社会属性的男女关系的全部，它最终只会降格并流落在一地鸡毛中。如果这三姐妹的生活可以重来，她们无论怎样选择，我们都不能用简单的标准评判是非。《我想把孩子生下来》是有关欺骗、报复、欲望、占有的故事，故事里的男女主人公有金钱、性爱和家庭，唯独爱情丢失了，在爱这个真假难辨的命题中，他们只贪恋实物和欲望，而生的意义、活的价值则湮没在空虚、无聊中。所以，庸常的生活中人们若不是被崇高和利他激励，那必定被狭隘和琐碎束缚。作品塑造了女性主义者眼中的几位女性，既不是父系社会维护男性权威的形象，也不是阴险刁蛮、不可理喻的角色，而是有着男女平等意识，在性、生育、家庭、社会中追求与男性完全平等的人。

同样是写女性，但与《我想把孩子生下来》中的都市女性不同，《苦艾》讲的是与乡村贫穷相连的受难和愚昧，塑造了一个逐渐觉悟的受辱女性。她追求自我，并且在性别觉醒中没有利用身体成为男人的附庸，也不谋求用性来换取虚荣、金钱、权力等利益，只为摆脱命运而欲赢得女性自尊。无论都市也好，乡村也罢，实际上生活中的男女对立很难体现女性尊严，也无法掩盖男性践踏女性自由的丑陋。大河描写的男女之情没有露骨的感官刺激，也没把爱欲引向极端，而是在人之常情与人性交集上张扬对立深度，瓦解隐匿空间，引导我们用存在审视这个充满欲望的男女两性关系的不同走向。所以，我们即便可以拔高爱和性在两性间的实质地位，也依然无法在命运与观念、理性与感性、世俗冲动与潜意识之间做出更多的选择。这道出了爱情与婚姻的悖论，而悖论的普遍存在值得探究。

　　小说《少女和摇滚》把爱情写成绝唱，令人感慨。同前述作品中的爱情相比，这里的爱情更深沉独特，更有情感意蕴和精神层面的感情基础。在情理中、意料外的爱情自私的天性中营造的为对方着想的无私结局值得尊重，而反叛精神却落实在各得其所的大圆满中，由此看到真心相爱的双方高尚、纯粹的人格魅力。大河的平淡叙述下包裹着一颗火热之心，在奉献与爱情救赎中开启一个沟通心灵的通道，独到，深切，与众不同，令人唏嘘又让人遐想。最后，主人公打开心结，心情轻松愉悦，也抚慰了读者的内心。

　　此外，即便平实的手法，大河也总想超越自我。如《瞧，我的外公》，叙述甚至以死亡为临界原点向两边推进展开，接续到距离死亡越来越远直至青年，前后反向对比来反观青年外公的种种举止，以当下看待死亡再观其生前言行的表达更为新奇，人"死而复活"更彰显描述的张力和达观看法，既是对传统伦理价值的多重反思，又凸显作者关于形式、内容及小说本质的观念思想的诸多探索路径。在作品《受伤之后》中，大河的语言干净简练、规整节制，对话没有豪言壮语，但有儿女情长，内敛沉静，却有柔情担当。选取立体、多角度叙事手法的近、远景，使得画面感极强，透视、聚焦不同视角及想象的异质同向推进，过去、现实与未来的交替、心绪波动和当下对话相伴而行，把一个歌颂正面英雄不易出彩的小说创作写得耐人寻味。

《白雾》《魔镜》是大河渴求小说形式、内容更加多变的创作实验。他说："白雾是我的创造，寓意事件真相往往是朦胧的，仿佛大雾笼罩。"《魔镜》中，镜像的两边是肉体与灵魂、欲望与理性、丑陋与美好、人性与兽性的对决，梦境、现实的时空交替叠加使文本有了更大的思想载量，小说也因拥有更为宽广的场地而表达出复杂的人生感悟和精神期许。

《拉差到天边》除了苦难还是更大的苦难和血泪，但我总想在沉重的文笔中找寻受难之外的东西，即大河是怎样书写苦难的。他关于苦难的叙述收放自如，作品中情节设定和内涵的丰富，人物众多但不凌乱，描述准确而对话精到，每个人物个性鲜活、栩栩如生，语言鲜明而有特质，人性善恶的想象风韵饱满，内在地体现当时全国军阀混乱的局面和南阳自治的特殊背景，表现悍匪的猖獗残忍和民不聊生等，有平凡人物的传奇、典型事件的交错、人物性格的生动呈现，也有阵营不同的错综复杂较量、现实对历史的观照性，还有以平等的眼光看待一切生命以及救赎的理念，更有人心向善的公序良俗令我们趋向文明进步的最终价值。

二

大河是南阳作家群中很有文体意识和追求个性风格的一位作家，不仅如此，他对小说叙事也是高度关注和自觉的，他说："人性是永恒的……人物和故事精彩固然重要，叙事技艺精湛更是起到至关重要的作用。"可以说，他深谙小说叙述技巧并熟练把控，总能把叙事的情节讲得一波三折、波诡云谲。无论何种题材，采用什么叙事手法，大河都能把自己对人生、人性的思考与自己的小说艺术追求结合起来，去关注生动具体的人，去表现现实生活的问题，在想象虚构中写就独具特色的文化思考。他最初的作品对叙事已经是不着痕迹的经心，如《隐蔽手记》，讲述者以参与者的视角，代入感很强地把大学中的光鲜和不堪一一呈现，使读者看到更为可信的真实。之后，大河尝试了更多的小说叙事手法，有现实主义的《北风呼啸的下午》《苦艾》等，选取农村日常生活中有质感和清新气息的素材来打动人心；还有后现代主义戏仿的《侏儒与国王》，而《杀妻案与拼贴游戏》中虽然用了拼贴手法，实则是历史与现实两个独立案子对比的交替推进。《带向日葵图案的笔记本》是读者可以参与作品创作的最具探索精神的文本，更多是零星、片段和碎片化。《白雾》的叙述有点朦胧，但描摹本身还是有现实客观性的。有荒诞感的是《大象》，以时间的维度切入物质的块垒中，在饰以大象的意象中去撞击生活的庸常。另外一些，有的是观念上的新颖，如《我想把孩子生下来》；有的比较深重，如《拉差到天边》深刻揭示人性；最具都市生活情调的是《面向大海的诗朗诵》；而有缥缈之感和浪漫主义的是《以河流命名的童年》。总的来看，大河作品中现实主义到现代主义、后现代主义都有尝试，且都有一个从自发到自觉逐步提高的过程。

其实，从《紫葡萄》到《侏儒与国王》再到《带向日葵图案的笔记本》，都是把不确定的缘由依次植入读者的思维，充分依赖通感、想象、虚构让思想驰骋的时空拓展得更宽广、深厚一些，在艺术创造中呈现想象力的无限包容性和形式变换的各种可能性，调动读者共同参与思考和创造。费希特说："世间唯有想象：它们是唯一存在的，它们以想象的方式认识自己。"想象和虚构不仅是创作文学的基本表现手法，更对作家开掘思想资源、拓宽创作空间、认识文学世界、锚定文化自信具有重要启迪意义。大河更是如此，他把想象和虚构看成构建故事情节、预定人物形象、展现叙事技巧、经营小说之道的最大利器，是他协调写什么和怎样写的最重要的创造手法。

虚构和想象的真实可信是小说家的基本功，他们唯恐自己叙述不真实，缺乏可信性。而大河的故事讲述并不都是一气呵成的，他一边用自己的创造使你确信所描述内容的真实性，一边又劝告你相信他文学世界的虚构性，拒绝读者沉湎其中而不能自拔，让叙事打上他"讲述"的烙印。他用笔力证明"小说有其自身的命运""一切都是真实，他看到了真实"，并且把真实传递给读者。

大河的小说耐读，除了他对后现代主义武器的熟练运用外，还与他表面不苟言笑但内心追求自由的本性有关，更与他多年冷峻沉静文字风格的历练有关。他言语表达的个性化、独特性更多体现出简洁、朴素，白描不动声色，言语本身主观性不强、摒弃评判。而且他的观念性、系统性、整体性的语言模式从不出格，追求陌生感，但不奇异，干净整洁、不枝不蔓，虚构但不言过其实，想象而不信马由缰，总能贴着故事的内核相伴而行。他语言的情感性表现是不浅薄、不喧嚣、不张扬、不偏颇，做到禀赋之外、内蕴其间，温暾、纯朴的后面是哲理和优雅。即便他自认为是快节奏的《隐蔽手记》，也感受不到语言汪洋恣肆和不着边际的语言蛮力，词语色彩从不以强势和热烈刺激感官，而总是娓娓道来。

从 20 世纪 90 年代直到今天，大河的作品中都不乏魔术师、易容者，他对此类人物的追踪和描述从不缺席且显得尤为熟稔、灵动，从而看出大河对虚构和想象的创作手法的得心应手，字里行间透出他的兴趣，故事也因之更为生动。这既有写作需要，又有社会意义，不仅好看、有趣，又凭此可解决写作难题，还说明世事难料，真假虚实不必当真。作家想象和虚构对事实的描摹和随心所欲地创造文学，原本就像魔术师和易容者一样可以虚实相间或错乱真伪、莫辨真假。同时，他的每部小说中几乎都有梦幻和想象的心理活动，很多地方用到了弗洛伊德的梦的解析和梦中潜意识的欲望冲动的手法，依靠它们使叙述的层级和不同叙事界面交叉叠加、融会贯通，极大丰富了小说人物的内心世界，呈现了一个个潜意识中被压抑的欲望冲动侵袭到意识领域的生动个例。梦帮他解决了叙述视角、小说观念和生活逻辑等诸多难题，这些圆梦之作用梦幻和想象改变原来的讲述思维，在新轨道上开启新的叙述。

用结构主义文学批评的三种文学视角来看待大河的作品，他的叙事视角随事件、人物、情节的变化而变化：在全视角的后面观察中，文学和现实的疆域有了分明的界限，如《拉差到天边》；在等于人物的同时观察中，如《隐蔽手记》叙事自然、真切；在小于人物的外部观察中，如《带向日葵图案的笔记本》的故事有意识显得不完整和碎片化。当然，这种阐释和归类未必合适，仅是一种见解而已。

三

大河的小说多有题记且多引自其他书。《燃烧的城堡》也不例外，题记或抽象或具象，有的直白，有的含蓄，有的直奔主题揭示事由，有的意象悠远昭示理念，有的意味深长象征隐喻，有的蕴含复杂带动情节……它们导引出一系列相互牵连的全部故事的方方面面，最终构成一部完整的长篇小说。我以为，《燃烧的城堡》因思想资源的丰富宽广、对众多人物刻画更生动形象、对战争灾难的思考更为敏锐深刻而成为他各种小说技巧手法的集大成者。它全景式、多角度、多层面呈现了腾冲人民反抗日本侵略者的全貌，再现了人们面对战争与死亡、身处民族危亡之际时的不甘、痛楚和愤懑。小说中有人性的挣扎，还有国仇家恨的正义与邪恶的较量，更有家国情怀的伸张和民族脊梁的担当；有战友情、夫妻情、兄妹情、父母子女情的充分展现；有整体对敌国策和正规军战略重点的进攻，还有民间迎敌谋略的单打独斗，更有民众拒做亡国奴的同仇敌忾，特别是留守腾冲民众与敌周旋、提供情报、救护人员的艰苦卓绝的斗争而形成全民抗战的局面。把战争机器对人的戕害和碾压、对人性的扭曲和撕裂及对人的精神的摧残写得无以复加，内在、本质、深刻、曲折，同时也蕴含着对日本军国主义奉行的丛林法则、强权政治、双重标准的有力批判。

《燃烧的城堡》以胎儿方捷的眼光透视世界开始讲述，人物的意念、情态及场景的设立在想象中被观察、臆想和猜测，大河的创造力由此可见。但小说就是小说，虚构和想象包括语言涵盖的一切，都是小说家理所当然的特权。而且大河绝不滥用特权使语言不着边际，他的叙述有朴实自然纯真之美，无虚饰渲染奢华之嫌，它脱离了冷冰冰、没深度、无同理心的故事图解，拒绝脸谱化、概念化、类型化。讲述大、小日本兵对话的只言片语便使人物跃然纸上，惟妙惟肖。父母子女怎么想、游击战士怎样做、日本兵汉奸如何办，这些取舍成为大河采访实录、传闻秘史、人物塑造、情节设定、人性思考的有机融合体。

一个作家能走多远与他的精神能量有关，而视野、境界、作品的深度和广度及艺术追求的维度则决定精神能量的大小。所以，写作如果没有广度就不会有大境界、大胸怀，写出的东西格局不大；如果不触及人性和灵魂则深度不够，不涉及人类命运共同体的价值体系就不能撼人心魄、动人心弦。大河笔下的故事从人性出发，写出复杂性格和对善恶的悲悯情怀，人物才越发生动鲜活而直抵读者内心。特别是他着墨不少的方渡、方捷、寸绍锡、田岛等不以外在言行和阵营来站队而简单化处理，不仅对方渡浓墨重彩倾力表现，也把握有生杀大权的日本侵略者田岛写得既歹毒阴险、虚伪狡诈，也有野心、知怀柔、懂得王道与霸道。

《燃烧的城堡》中，大河始终坚持的沉静但不冷漠、恬淡而有温度的表达得以持续，驾驭文字既驰骋想象又注重内涵，既抒怀家国又悟透世道，既感情细腻又豪情壮烈，做到虚构合理、想象真实。他努力避开把英雄置于"高大全"的圣坛，在述说张问德与寸绍锡的初次谋面中颠覆传统观念，见面即问寸绍锡性方面的问题，把英雄的平凡和食色性的人间烟火之气大方呈现，把一个真实可信、有担当、有作为的张问德鲜活地呈现在读者面前。

不仅如此，《燃烧的城堡》依然有超现实、超自然的后现代主义色彩，故事情节和语言的妙趣横生，沉重的话题、严酷的现实被大河叙述得轻松、多彩。把严肃而悲伤的东西转化为富有幽默感的艺术作品，不是消解神圣和崇高，也不是对艰难困苦视而不见、置若罔闻，更不是言不由衷和文过饰非，而是体现了作家驾驭文学的创造性。他节制语言但从不节约风趣，这是智慧和文字的魅力，也是思想通达的外化。

《燃烧的城堡》中同一事件，大河总让方捷的看法与其哥哥的记忆存在偏差甚或大相径庭，不尽相同的两种对照体现人性的复杂，差异说明小说探索真相的另类模板，但不同记忆不尽然都是"罗生门"，而提供适时的佐证使我们看到相同事件的不同解读，既达到滞迟叙述的目的，又改变原有叙述的方向和速度，让叙事改换门庭，免除不间断阅读带来惯性思维的疲劳；还使我们感知不同叙述人的视角被虚构和想象的一切可能。谁都不是绝对真理的主宰者，这就是小说昭示的真谛，也再次证明"这个世界远比你想象的要复杂许多"。

小说对善良的认可与善恶对比一以贯之。以善意祝福美好，如方捷在其母亲肚子中为母亲祈祷等。寸绍锡释放日本兵，即便重复农夫与蛇的错误，但绝不意味着对善的漠视和嘲弄，而是体现出中国人善良、厚道、大气以及日本官员的凶残。如果说，方渡不做汉奸是知识分子的骨气和抗争，而百姓魏学仁的"死要有尊严"则彰显了中国人向死而立的坦然和对侵略者的蔑视及体面就义的大义凛然。而日本官兵把杀人当成游戏并挖出人的心肝"拿去炒了吃"，可见其暴虐，大河的愤怒和仇恨没有呼天抢地和悲痛欲绝，反而显得更加意味深长。

生的留恋、死的遗憾被灵魂出窍记录下来，每个阵亡之人的背后都有令人心酸的故事，所有的命运不公、世事无奈都与人的本能、本性相连。那种生死疑问和遗憾无一不在考量人心、拷问上天。大河对此吃透人性、看透生死，在展现日本兵那些令人不齿的恶事中，让我们看到战争是如何"让人变成野兽"的。

经过残酷的战争，人们对世界有了全新的发现和认知。从张问德的眼光看"战争是一头野兽，要吞下无数鲜活的生命"，人与"任何泥土相比，多么微不足道啊"。关于战争的一切，大河在作品中几乎都写到并予以艺术呈现和表达，大河的宏大叙事交织了战争的惨烈和人性的复杂深刻；同时，他用小说创造的不可替代性告诫我们要敬畏生命，珍爱和平，要拒绝和远离战争。

　　总体上说，长篇小说《燃烧的城堡》在观念、语言、手法、风格方面，特别是思想的广度、深度上较之前的作品都有更大提升，但我仍然期待并坚信大河将来在文学创作上会有更大的进步。

羔羊：作为欲望的战争垃圾

——关于赵大河小说的几点断想

周冰心

　　大约二十年前，我第一次看了赵大河的小说集《隐蔽手记》后，就由衷生发出高人在民间的感觉。那一批小说有理想信仰，有文体意识，有传承创新，在那部小说集里，集曩时风潮之大成，可以看到西方百年文体演变的影响因子，唯一遗憾的是，那只是影响的焦虑的一代产物，浪潮过后再掀波澜而已，但这是他个人小说现代意识面世的嚆矢，彼时他寂寂无名，如地火般在南阳积蓄经年。那时，我写下了一篇长文《文学"疼痛感"的复归》，对其不吝赞誉，并将他纳入 20 世纪 60 年代出生却迟至 21 世纪后才浮出地表的一群作家研究，称之为《边际与突围——一个正在崛起的文学"代内单元"现象研究》（《当代文坛》2004 年第 4 期），我也许是第一个关注他小说内质的人。

　　之后，时间"逝者如斯夫，不舍昼夜"，赵大河一路狂奔，从《隐蔽手记》到长篇小说《刀口上的蜜汁》，再到《黄雀》《我的野兽我的国》，直至《羔羊》，题材广泛，意味丰饶，都发散着阴幽和吊诡、秘境回转、未知结构、花园路式的哥特小说氤氲，这与他沉潜、拙朴的外表大相径庭。但无论小说叙事外衣如何披挂，他沉潜于文体实验变幻能力和追问现世本质的方向都没有丝毫改变。

　　对于文本实验，赵大河二十余年的写作生涯几乎演尽了各种可能性，从早期充溢想象力叙事游戏的先锋文本，到根据经验逼问现世、身世的现实主义；从智性结构出发，处处张扬智慧叙事的现代主义文本，到外在裹以哥特小说通俗元素，内里追问普遍人性、世风、世相，这些都在他近年来创作的小说、诗歌、话剧、影视剧中多有展现，这样全面、成熟地驾驭各类文体的作家，在中国当代作家中是很罕见的。

如果说赵大河前十年的叙事作品着眼于打量人生局部、经验片段、地域主义的话，后十年的他则开始思考人生的整体处境和追问时代本相、本质。《黄雀》和《我的野兽我的国》两部长篇小说较有代表性。

在《黄雀》（2006 年）中，作者还沉浸在思考"中国经验"，满足于小说写得外表如何好看、内里如何烧脑，在考量"中国问题"和"小城罪恶"的意图下，将哥特小说"叙事侦探式、怪诞的哥特罗曼史"特质发挥得恰到好处，使本文演进、闪回都氤氲在旋涡式的谜团里，而小说家本人可以一层层剥开阴谋果核。但这种叙事的危险性，也往往在迂回曲折的恣意叙事中迷失方向，而坠入故事性离奇上，脱离文学作为消费时代减速器和告诫器的功用轨道。

在后十年，赵大河在小说创作上注重文体实验，走出经验、地域场域，面向内在的和阔大的历史场景，思考生存上的终极意义（价值）。

长篇小说《我的野兽我的国》（2015 年），在文体实验上和浮世绘展示上则走得更远。在这部小说里，文本叙事上，每个主体视角都一一出场讲述，内心丰赡的隐秘动机、心机滥觞一地，而戏中戏、文中文、想象中想象、思考中思考的叙事包裹更是建立起立体、多维的多棱镜，烛照每个人堆砌的容颜、脆弱的内里。作者的全知视角、全能叙述口吻使得这部小说的智性写作特点呼之欲出，即依赖书本知识获取灵感，讲述思辨，思维对接，直至转呈二手经验。他用一个好莱坞式的迷人花篮，盛上所有消费社会发酵到此的中国时代病，审视、展览这些病的各种症候。

最后，当一连串欲望破灭，情色诈骗现形，精神软骨、软弱、应声虫、抄写员原形毕露，作者痛快地展示当代知识分子下坠的轨迹，可谓手术刀式解剖肌理。

2018 年以来，赵大河又酝酿思考战争的核心问题，即何为战争？战争对于一个个鲜活的个人而言是什么？长篇小说《羔羊》即回答了这些核心问题，战争中的人，均是以欲望化作为掩饰护体垒起的一个个战争垃圾沙袋，有的被枪击得千疮百孔，有的压实在下方苟延残喘得以活命，但不管是哪一种，各自都是任人宰割的羔羊，没有完美心灵的幸存者。这是赵大河第一次以历史真实作为经纬来叙事，所写围绕腾冲战役人物皆有史有据有实。抗日战争无疑是近现代中国最为惨痛的历史，早期抗战各个条线的战役都极为惨烈，后期 1941 年日本发动太平洋战争后调整战略，想从东南亚缅甸入手，攻入云南，直插国民政府"陪都"重庆，南北两端两边夹击，彻底灭亡我中华民族。而 1942 年 5 月腾冲沦陷就是国家、民族面临生死存亡的关键时刻，日军若盘踞腾冲，继而突破怒江防线，中国将陷入万劫不复之境，小说叙事就在此沦陷之际启端，中国存亡到了"至暗时刻"。

腾冲沦陷前夜，留日医生方渡带着临盆的日本妻子山口晴雪及长子方小山尴尬地居住在城内，身份和现状使得去留都是尴尬问题。当方渡的朋友——爱国主义者寸绍锡也无法改变方渡留下来的决定时，只能怅惘地劝方渡明哲保身，不要做汉奸。自此，两个留日学生的道路在腾冲沦陷面前分成了两股轨道：一股是寸绍锡在后方找到腾冲流亡县长张问德，与之游走在高黎贡山间奔走游说土司刀保民武装抗日；一股是方渡以为不问中日战事就可以超然世外，然而，日军司令田岛却是昔日留日同学，以怀柔术掩藏着极度残暴，视中国人为草芥，步步紧逼，日杀一人想逼方渡出任伪职，方渡面对腾冲即将沦为"羔羊之城"任人宰割的局面，为制止杀戮无奈做出违心之举。

故事进一步深化、演变，张问德、寸绍锡带着土司武装艰难地抗击日军，几次生死咫尺，最关键的一次，寸绍锡为腾冲女人瞿莹莹所救，埋下报恩的情意，还成功地将方渡召回抗日爱国阵营，使得方渡主动与日军周旋，源源不断地输送日军情报给抗日军队。而另一边，田岛为欲望驱使强占瞿莹莹，瞿莹莹与方渡一样都本着救人和减少杀戮无奈屈从田岛淫威，忍辱负重的特殊使命并没有改变两个人在腾冲人眼里令人不齿的汉奸印象。从某种程度上来说，被裹挟进战争里的弱小的瞿莹莹、方渡以及依附日军的汉奸们，甚至包括日军，还有腾冲光复时散轶出的日军慰安妇们，都是一样的战争垃圾，被各个层面的欲望岩层支配，这是无人道的战争性质所决定的。

最后，光复腾冲的枪声打响，屈辱怀孕的瞿莹莹和救人暴露（为救张问德狸猫换太子）的方渡都被扔进了绞肉机般的腾冲绝境里，二者都成为战争垃圾，听凭战争摆布，结果是，仅有他们两个活了下来，大批的战争垃圾都灰飞烟灭了。

小说绝不仅仅是描述一场正史中的惨烈战争故事，作者只是借助真实名姓编织的史实，输送进夹缝里生存的战争遗民挣扎群像，他们都是一群即将成为战争垃圾的人，为他们的大义、大爱立传，为民族危亡之际明辨薰莸的志士立碑。

在这部小说里，赵大河的文体实验更加恣肆汪洋，全时空、全时态、全景式、全人称的立体叙事亦庄亦谐，所有有生命的东西都在抢着发声，一切都在一个婴儿的视野、腹诽之内，叙事也在一种民主叙事里保持双向互动，绝非单向道的给予式武断叙事，给人亦真亦幻、无从辨别情境的感觉，使得高压的战争绞杀场面被解压不少。

我要挖出他们灵魂中的火

——《燃烧的城堡》创作谈

赵大河

　　我要挖出他们灵魂中的火。挖出他们所有的软弱。挖出他们的羞耻。挖出他们的疯狂。挖出他们的绝望。挖出他们的勇敢。挖出他们的希望。

　　世界被打翻了。他们眼中的景象是颠倒的。他们必须选择，死与耻辱一步之遥。

　　他用头撞墙。巨大的墙，铜墙铁壁的墙。南墙的墙。不撞南墙不回头，撞了南墙也不回头。

　　他们在废墟上奔跑，炸弹像从天空倾倒下来的洋芋。

　　医院是疯的。奄奄一息的人在歌唱。思乡的曲子催人泪下。

　　女人比男人多一重耻辱。多一重死亡。

　　黑暗中，炮火下，新生命也在诞生……

　　这是天上掉下来的一部小说。它在计划之外。它强劲地要求诞生。它自己从黑暗的产道里滑出。

　　无论就时间还是空间而言，这头小兽与我都显得遥远，但它一头拱进我怀中，不肯离去。这种神秘的缘分无法解释。

　　它呈现的比我想说的更多。

　　人物，那些人物！方渡、寸绍锡、张问德、瞿莹莹、方晴雪、刀刀、刀铃子、刘满仓等，用尽力气撕开黑暗幕布钻出来，仿佛在缺氧的环境中待得太久，要畅快地呼吸新鲜空气。他们一出场就具有强烈的自我意志，倔强地往前走，任性地选择道路。顺逆、成败、善恶、生死、荣辱……锤击他们，锻造他们。哦，成为你自己，成为你自己吧！

他们，用行动写下自己的故事，在苍茫大地上签上自己的名字。

有朋友说，这个小说的突出特点是，就连那些次要人物都写得栩栩如生。

我说，每个人物都是一个活的生命，不是布偶。

"死亡的悲剧在于它将生命变成命运，而且在它的基础上任何事物都得不到补偿。"马尔罗如是说。

那么战争的悲剧呢？它将生命变成了无。可是，"无"中并非空无一物，有尊严的拯救，有道义的坚守，有家国情怀的弘扬，有对死亡的蔑视。

书的秘密心脏在书的胸腔中。在那最重要的位置，铿锵地跳动着《答田岛书》这篇雄文。战，有武战，有文战。腾冲之战，武战全歼日军，国人皆知；文战也胜得痛快淋漓，不能不宣扬。张问德此文，抗战时即风行大江南北，国人争相传诵。如今，和平年代，读此文仍然痛快淋漓，十分提气，可以浮一大白。

此书中，我最为服膺的人物就是张问德。在他身上，中华民族那种"天下兴亡，匹夫有责"的精神，那种"抵御外侮舍我其谁"的气概，那种赴汤蹈火、一往无前的勇气，那种不屈不挠、任劳任怨的坚韧，那种不达目的誓不罢休的决心，那种光明磊落、义正词严的浩然正气，等等，都值得我们学习和发扬。

重要的事说三遍。此书中，《答田岛书》就说了三遍，两个通俗版本，一个典雅版本。通俗版本，或曰口语版本，活泼，直接，可博人一笑。典雅版本，可以传诵，可以收入各种选本。

有时，我想，我写这本书，大概就是为了传播张问德的《答田岛书》吧。如果能做到这一点，我会非常高兴。

这是一本关于选择的书。每个人都在做人生的选择题。这些选择都极其重要，极其艰难，要承担的责任也十分沉重。比如方渡，先是要在已知危险和未知危险之间做出选择，之后，又要在屈辱和死亡之间做出选择。方晴雪要在贞节和丈夫的性命之间做出选择。寸绍锡要在恩情与爱情之间做出选择。瞿莹莹要在放弃父亲与牺牲自己之间做出选择。就连只露了一面的人物魏学仁也要在一线生机和有尊严地死去之间做出选择。人，一生难免要做出许许多多选择，可是关键时候的一两个选择将定义你是怎样的一个人。

　　说说插入的一章。没有这一章，这本书也是完整的。也就是说，读者跳过这一章不会影响对整个故事和人物的理解。可有了这一章，瞧，这本书完全不一样了。它打破了某种东西。它屹立在均衡故事之上，突兀，嶙峋，一柱擎天。它是战争的一斑。窥一斑可知全豹。

　　这是一部关于记忆的书。那些确定的和不确定的记忆，经过岁月的发酵和勾兑，变得辛辣醇厚，成为液体火焰，一杯烈酒。记忆从来都是主观性的，是有选择的，也是会变形的。在记忆中，最大的变形是时间。记忆中的时间与我们通常理解的物理时间迥然不同，是非线性的，更像是水流中的踏石，只有部分显现。有的记忆如一滴墨在水中洇开，不断扩大。有的记忆如黑洞，不发出一点光。更多的记忆，则如烟一般飘散在时光中，了无痕迹。本书中兄妹俩的记忆如同一个事物的正反面，是那样不同。"事实"看起来摇摇晃晃，可是在运动中保持了平衡，没有倒下。所以，何为真实，何为虚构，并不重要，重要的是强烈的生命体验。

赵大河主要作品

《隐蔽手记》（中短篇小说集），新世界出版社，2002年1月。

《刀口上的蜜汁》（长篇小说），中国电影出版社，2003年10月。

《北风呼啸的下午》（短篇小说集），国际文化出版公司，2005年1月。

《黄雀》（长篇小说），江苏文艺出版社，2006年1月。

《六月来临》（中篇小说集），贵州人民出版社，2011年6月。

《我的野兽我的国》（长篇小说），北方文艺出版社，2015年4月。

《撒谎的女人》（中篇小说集），河南文艺出版社，2020年8月。

《燃烧的城堡》（长篇小说），河南文艺出版社，2022年2月。

《灼爱之心》（短篇小说集），河南文艺出版社，2023年12月。

《大魔术师》（话剧剧本），河南文艺出版社，2023年12月。

《死囚与皇帝》（长篇小说），河南文艺出版社，2023年12月。

《侏儒与国王》（长篇小说），河南文艺出版社，2023年12月。

《我们的路》（长篇小说），河南文艺出版社，2023年12月。

《献给爱伦·坡的玫瑰》（散文集），河南文艺出版社，2023年12月。

《你可以飞翔》（散文集），河南文艺出版社，2023年12月。

奚同发

奚同发，笔名清溪，1967年生，陕西白水人。1989年毕业于长春师范学院（现为长春师范大学）中文系，1999年再毕业于郑州大学新闻系。中国作家协会会员，鲁迅文学院第十九届高研班学员。出版有《最后一颗子弹》《崔儿问答》《你敢说你没做》等作品集8部。作品被《小说选刊》《作家文摘》《中篇小说选刊》等转载，曾获第四届全国微型小说年度评选一等奖、河南省文学奖、首届河南省文学期刊奖等，并被用于全国硕士研究生试卷、高考模拟试题等，多次入选中国作家协会、中国小说学会主编的年度选本，入选"改革开放40周年最具影响力小小说"，新中国六十年、七十年等纪念性的文学大系。

城市心灵的微观考察

——奚同发小说话题之一

魏华莹

随着以城市为题材的文学作品的升温，对城市历史、风物、景观的书写逐渐成为许多作家创作上的着力点，奚同发的都市题材小说就具有代表性。他以细腻的笔触探寻城市人的心灵世界，擅长营造"在场"的氛围，以现实生活中的细节来描写现代人的精神困境，呈现出一幅城市人的心灵版图。在现实生活中，奚同发是一名记者，长期在媒体一线工作，对社会生活十分熟悉，在或真实或虚幻的故事中，给我们描绘了城市生活中的众生肖像，使在现代化进程中城市人的内心得到了安放。

一、《彼此》的环境戏剧

法国哲学家巴什拉称内部空间和外部空间的区分是"人类界限的庄严地理学"。环境戏剧认为空间可以用无尽的方式改变、连接以及赋予生命。奚同发在小说《彼此》中通过人物内心空间的释放和本真书写，将人物会聚到一个公共空间，使得矛盾冲突加剧，并以戏剧性方式呈现出现实生活的荒诞。

在故事开篇，每个人物都有各自的无奈。邹晓亮是一名见习记者，努力工作三个月，却被辞退。对他来说，记者工作实在是枯燥，"国庆时拍红旗，八月十五拍月饼，五月端午拍粽子""媒体人天天替别人维护合法权益，临到头，自己的权益被眼睁睁侵犯却无力维护"。董震欧是派出所的一名民警，"派出所天天都是那些破事，有时被借出勤，要么是领导来了在路上站班，要么是球赛或明星演唱会去当人墙"。这份工作让他觉得浪费青春，却是开小卖铺的父母千辛万苦求来的。在一次被所长放开嗓门几世仇似的骂娘之后，他"一摔警帽，老子不干了，不伺候了"。二黄在建筑工地打工，因为没多大力气，又是大专毕业，工友们照顾他。他心里感激大家，就把年底找老板索要拖欠工资的重任揽在身上。冯俊是包工头，却没有外表看起来那般光鲜，"平民百姓还有点儿积蓄存款搁银行里，我们哪有存款啊，都扔工程里了，而且还要银行或投资公司拆借、贷款。总之，从成为有钱人开始，一下子变成了穷人"。对他来说，每天在高级酒店里山吃海喝，真是怕了，"满脑子有事，要说事，要谈事，要办事"。工程款被拖欠，甚至不敢像民工一样大吵大闹，只能躲起来，一边找工程方要钱，一边躲民工讨薪，经常半夜突然惊醒，一身虚汗。对于他的女儿冯晓霓来说，爸爸也是缺席者，自己每年过生日他总不在家。在冯晓霓八岁生日那天，爸爸终于带她来商场买礼物，于是遇到在这里蹲守的二黄。

　　小说中的人物都走向了人生的极端困境，而在阴差阳错中，他们来到了附近的商场——美美商厦。于是所有人、所有故事聚到商场，二黄把小丫头捉住，试图以此要挟冯老板。在他看来，对付流氓，要比对方更流氓。而这一幕被董震欧看到，本想离开的他，无意间身子倒翻，腾空砸向二黄，结果莫名成为解救人质的英雄。而一边闲逛一边用照相机拍照的记者邹晓亮正好拍下了这一幕。第二天，《视觉新闻》专栏用两个整版以时间顺序报道了董震欧解救人质的全过程。民警董震欧立功了，从昨天的被辞职变成今天的英雄，即便他试图讲述故事的真相，但在集体利益面前真相是不足道的，也是必须被隐藏的。与之相对的小人物二黄，其命运也可想而知。所有人的生活在不经意间进入另一条轨道。

　　奚同发的小说中出现了众多游荡者形象。他们在城市游走，却和人群保持着心理距离，因而对城市的观察也更为明晰和透彻。《彼此》就是以个体视角交织成一幕幕观看城市青年生活的作品。

《彼此》构思精巧，城中人经常被物欲挤压到只有脸谱化，而这篇小说更多关注他们的心灵世界，每个人在城市生活、挣扎、沉沦、反抗，以及找不到出路的迷惘和无力，都被作者细致地道出。在作者看来，如今城市被物欲左右，人的笑脸并不多见。笑，对许多人来说，并不意味着快乐、轻松和开心，只是一种表情，或者必要的脸谱。每个人都有自己的故事和不得已的苦衷，城市光鲜亮丽，人们的内心世界却越来越逼仄。

二、《烟花》的瞬间美学

奚同发的小说《烟花》融合了悬疑、侦探等多种元素，书写了一段无疾而终的爱情。这段被回忆建构得唯美、不道德的爱情往事，却带有虚幻性，甚至连女主角都消失了。在现在、将来的流逝过程中，正是那些静止凝定的瞬间，使时间之光烛照澄明人生的真谛，也侧面写出城市化进程中婚恋观的变化，以及城市人生活和情感的不确定性。

《烟花》充满了对城市浮华的批判。小说男主人公付晓海是一位画家，他所理解的女性应该是纯真、含羞的，触动他创作《绯红》也得益于乡间偶遇的眼神清澈的女子。身处都市繁华的脂粉气息里，他被这个乡间女子彻底征服，这或许是他见到的真正的美。在他看来，城市中的美女越来越多，却艳到批量出现而非独立的个体。因之，他创作了画作《绯红》，也是为了唤醒当代女性，不要被物欲横流淹没了真正的美，不要被外在的华丽包装遮蔽了本身的丽质和纯粹。

付晓海在画展上结识梅雯，二人迅速陷入热恋，在画家迫不及待准备婚娶时，梅雯却消失了。爱情转瞬即逝，虚幻得像如意湖上空绚烂的烟花。梅雯便是烟花一样的女人，在付晓海的生活中那么张扬不羁地展现了一个女人应有的美丽、夸张、昂扬、激情，同时给了他一个美丽的转瞬即逝的承诺，然后烟消云散……

《烟花》中的爱情如此昙花一现，成为一种飘然怅惘的记忆。作品试图将二者的差异解读为"60后"对"80后"行事缺乏逻辑性的诸多不解，在差异化秩序中呈现出城市生活的多元性和不确定性。而在城市生活中，爱情越来越成为奢侈品。小说中二人相处的瞬间被细节化处理，真实可感，而人物的消失却使得一切陷入虚幻。付晓海的孤独找寻，何尝不是一种个人化的认知，以及城市的差异化所带来的陌生化经验。《烟花》中多次写到男性对都市女子审美的不解：

> 如今大都市的女子，自小与男孩子在幼儿园里一起，对男性见怪不怪，加上超女类风尚中性的引领，更多人都弄不明白怎么做一个女孩。她们认为留短发洗起来方便，看上去精干，便放弃了如瀑布般让人心动的长发；她们认为跟男生相处很正常，哥儿们长哥儿们短的称呼很帅气，于是见了面，拍拍肩，捅一拳，击下双掌。一个丫头片子混迹于男孩子之间，穿短裤，蹬旅游鞋，没啥大的区别，甚至连穿的衣服都很男性化。如此培养的女子，哪还有什么优雅、文温，更别提含羞。

小说更为关注日常生活的世俗性和烟火气，密集地出现砂锅、串串、小酥肉、鱼丸等吃食，开封马道街、书店街等地理空间，在激情的爱情故事中植入世俗生活。世俗性是现代城市生活的重要特征，强调城市生活要与大众日常生活需求、大众娱乐形式、大众消费诉求紧密相关，因而城市世俗生活呈现出明显的商业化和物欲化倾向，功利主义逐渐取代历史意义、价值深度和理想诉求，成为城市世俗生活的典型精神面相。因之，昙花一现的爱情或激情成为作者书写俗世男女的重心。

不知道作者为何将故事结尾假定为"盗窃"，也许其侦探小说的基调迫切需要"破案"或者做出合理的解释，抑或作者普遍的戏剧化结尾更需要出其不意，这种结构设置无疑降低了读者对"瞬间美学"的留恋和期许。小说中的对立元素，城市多维空间、不同代际群体的呈现，既打开了城市的多副面孔，也揭露了城市人固有的情感空虚、内心无处安放等问题。作品反复借女性审美认知、烟火气的城市角落书写传达出对于本真和美好的向往，然而更多的人只能退回到自我内心或陷入无望的找寻，间或上演真真假假的爱情故事。

三、《日子还将 GO ON》与城市经济学

《日子还将 GO ON》写一位都市大龄女青年的恋爱史，奚同发的这篇小说关注的也是一个普遍的社会问题。小说的独到之处是通过女性视角展现婚姻、年龄、性别对女性的桎梏，以及城市经济学对人文精神的压迫。在经济学的衡量下，一切感性色彩烟消云散了，丰盈、可量化的物质催化了"单向度的人"。

姜小瑶是城市新女性，经济独立，追求人格平等与精神自由，却受到功利性和世俗化婚恋观的挤压。读大学的时候，父母担心她恋爱；临近毕业，父母又成了催婚一族。考研的时候，她也有一段美好的初恋，因男友处处谈钱，觉得很难走下去，提出分手。万万没想到的是，男生把一个小本子和一堆发票、收据摆在她面前。盛怒之下，她从包中掏出一沓钱，看都没看甩在桌上。男生则飞快地数起来，然后说："不够，还差着呢！"这些让人瞠目结舌、啼笑皆非的场景在作者笔下却有很强的真实感，如两个人的经济学背景，男生对她提出的情感支出属于经济学理论上的"沉没性成本，无法计入……"等高屋建瓴的理论阐释，以及理论与实践相结合的自圆其说。

之后，或是对爱情失望了，抑或因为生存压力，她选择倾情投入工作，几乎没有时间和精力来谈一场恋爱，乃至 29 岁已过半。"剩女"从概念到观念都是颇具歧视和压力的存在，姜小瑶亦受到父母和家族的高度关注，被催婚、催嫁。在焦虑之下，她来到"婚姻工厂"。在熟悉流程之后，她发现，学经济的自己在一次次面对生活中的经济学时，竟然如此崩溃，

如此毫无抵抗之力。在生活面前，爱情也成了可以计算的投入、产出的回报，或者是流水线式的相亲、婚姻工厂。

经济学认为，"从找对象到结婚的过程，就是一个寻找目标市场，考察双方需求，认同商品交换条件，直到签订交换契约的过程"。这个过程越短，效率自然越高，大家投入的也就越少，婚姻的消费也就越划算。我们做的正是这么一种"降低婚姻交易成本，快速增加成功概率"的工作。

城市经济学的引入彻底瓦解了爱情的浪漫和非理性，婚恋观念的物化也使人的生命情境陷入商品化枷锁中，一切看似有序、可控，而在核算的物质成本中，情感的力量却微乎其微，确实令人沮丧。

奚同发的另一篇小说《没时间，忙》写城市人的生活，以及他们如何在虚幻的网络空间里寻求满足。在生活中的各种压力面前，人会变得孤独无援、欲说无言，于是网络成为最好的言说空间。而网络最大的优点在于两个人都无法或不愿意真实地面对时，可以通过一个颇显生机的无所不能的电脑来实现沟通。城市人承受着生活的压力、爱情的压力、做人的压力、亲情的压力、说话的压力、做事的压力、挣钱的压力、养家的压力、同事的压力、岗位的压力等诸多压力，被压得疲惫不堪；而与压力相伴的则是每个人强烈的孤独感。孤独源自社会价值观的断裂。毕竟在传统社会中，一切价值观都是有秩序的，善与恶的标准也是清晰的；而在现代社会中，社会价值观却是无序、暧昧与断裂的。张志忠、吴登峰在《孤独的城市森林——须一瓜小说简论》一文中说："为了逃避这种不确定性，人们一方面固执己见，企图把自己的价值观强加给他人，从而使社会呈现出自己所熟悉并接受的秩序；另一方面，人们又固执地排斥他人所强加的价值观，结果就造成了人与人之间的对立与隔阂，孤独由此产生。"

总体来说，奚同发的小说通过朴素的人性视角写出了现代人的生存状态和心灵际遇，在城市经验、生存方式、价值观念的冲突中，以细腻的书写建构情感化、心灵化的城市拼图。美国哲学家马尔库塞在《审美之维》中提出："艺术的真理就是通过自己与理性的和解，去解放感性。"在城市化社会中，随着物质的挤压，感性逐渐被压抑，想象也被现实取代，人们看似自由却无不在枷锁中。奚同发的小说在一个个看似荒诞的故事中展现了城市人的精神困境，并从人性、心灵的角度审视城市生活，以共情和理解丰富了城市书写的新面向。

论奚氏小说人物的逆向设置、去脸谱化

——颠覆即成概念 构建中国文学新经验

〔日〕元山里子

中国文坛，一颗冉冉升起的新星，引起海内外众多文学家的关注，他的名字叫奚同发。奚氏微型小说与众不同，独辟蹊径，以资深记者的眼光、犀利评论家的锐思、资深报刊编辑的文字驾驭力，开创了微型小说系列连载的形式，独具匠心地开辟小说人物逆向设置，将传统的刑警主人公窦文贵去脸谱化，没有刻意追求英雄主义，以窦文贵本身的人格魅力，挖掘和深刻揭示了人性的美与丑，具有独特的审美力量和深刻的思想。

令人耳目一新的还有奚氏成功创造了配角人物弧线（character arc），并运用连载系列小说这个崭新的形式，承上启下，以鱼骨状多线并进的结构，将窦文贵的现在与过去巧妙地串联起来，成为一条有头有尾、骨架清晰、肌肉丰满的鱼，畅游在读者的心海。

一、奚氏小说人物的逆向设置——去脸谱化

不论中国还是日本，不论东方还是西方，以警察为题材的文学作品不胜枚举，我们见多了大型记录现役警察的纪录片，也观赏过现役警察的高危武打片，当然也读过现役警察破案的惊心动魄的小说和纪实文学。但是，我们很少听到警察退休后的故事。奚氏将他的小说人物窦文贵做了一个逆向设置，不是大街上身着刑警制服、头戴象征国家权威标志的国徽大盖帽，而是帮老伴儿去菜市场买菜的好丈夫，"夹在市民中，穿梭在大棚

穹顶，水泥条台的菜市场"。

这个小说人物的逆向设置，成功塑造了主人公窦文贵的另类双重身份——一个退休刑警，更是一个不断嵌入以往破案生涯留下的高危状态的人。这种双重身份，使小说的主人公去脸谱化，同时使小说故事时间自然地延长跨度，自由自在地演绎着窦文贵的现在与过去，其身份的转换，时间的流转，空间的穿越，带来不断的情境戏剧化切换，读来令人欲罢不能。

奚氏微型小说系列中的《躲》，仅仅用一千多个汉字，即出色地展现了这样的演变。在一个不起眼的卖菜摊的故事中，时间跨度两年。

窦文贵退休后到菜市场买菜，邂逅两年前办案中因偷窃及故意伤害罪被逮捕的霍国强的妻子的卖菜摊。这个摊位是两年前霍国强被判刑后，窦文贵出于善心，主动联系社区给她安排的，意在解决有三个孩子的霍家经济来源。

两年后的这次邂逅，窦文贵依然出于善心，不顾周遭一片优惠叫卖，主动前往这个菜摊，准备买霍国强的妻子的菜，霍妻也满脸讨好地关照窦文贵，甚至不惜成本，执意免费送给窦文贵西葫芦、包菜、上海青、西红柿、茄子等蔬菜。就在这时，霍妻从窦文贵口中得知窦文贵的身份转换，剧情竟以迅雷不及掩耳之势急转。

霍妻在寒暄中一听到窦文贵说自己已经退休，瞬间豹变：

> 把正装的菜摔在台子上道，走人，我的菜才不给你哩！你把我男人都弄进去了，还想吃我的菜……她瞬间电闪雷鸣，变得穷凶极恶，终是呜呜哭起来。
>
> 一时间，许多人的目光都聚焦过来，窦文贵一脸通红，转身而去。
>
> 当晚，家中一扇窗户被钢珠击中，玻璃哗啦啦粉碎一地。老伴儿想到窗口探个究竟，被窦文贵制止。坐回沙发，老伴儿把一件外衣给

他披上，两人都沉默了。

仅仅数行叙述，就彰显了奚氏小说逆向设置主人公的手腕，这几行文字给读者巨大的心理冲击（psychological impact），同时，提供给读者认知人性的一个切入点。

窦文贵的身份切换，使霍妻迅速撕下假面具，暴露出人性丑恶的一面，对窦文贵的善，报之于恶，这符合逻辑，也折射出社会现实。

这种小说人物的逆向设置，将长篇小说无法达到的节奏感，在微型小说中瞬间达到，让读者在数行阅读中，体验窦文贵与霍妻的剧情秒变，享受阅读的紧张感和思考力。并且在文学意义上，领会窦文贵身上的厚重感和意外的沧桑感。

更重要的是，奚氏小说以小说人物的逆向设置，去脸谱化，不刻意追求英雄主义，而是基于小说人物本身人格魅力，挖掘和深刻揭示了人性的美与丑，具有独特的审美力量和深刻的思想。

窦文贵在遭受当众羞辱与家里的玻璃窗被打碎后，并没有从此太平，奚氏小说人物逆向设置带来令人意外又可信的情境演变：

> 次日早，老伴儿说不想做饭，老两口儿一起去喝胡辣汤。窦文贵知道那不是她的真话，过了大半辈子日子，当然明白老伴儿的心意。
>
> 小店坐定，窦文贵高兴地说由他去端汤。老伴儿笑眯眯回应，该，该，我伺候你大半辈子，也该享受一次了。
>
> 端着碗乐呵呵回来，窦文贵唱似的说，来啦胡辣汤，汤胡辣，辣糊汤，不胡不辣不要钱。
>
> 刚喝了一勺，窦文贵正准备继续打趣再说句什么，突然走过的一个年轻人抛出一枚硬币，直接落进他碗里。老伴儿"噌"地起身，一脸怒容。窦文贵好像没看到，目光仍在老伴儿脸上，嘴里从容地嚼着半根油条。

不好意思，钱丢你碗里了。年轻人说着拿筷子把钱夹出来。又道，不好意思，这汤你也喝不成了，倒掉吧，要不，赔你一碗？哟，我只有这一块钱，也没法赔，你瞧……话音未落，那沾着汤汁的硬币又飞进老伴儿的碗里。

你干啥这是？另一年轻人急忙佯装着劝诫，推着他走，两人不管不顾哼着小曲出了小店。

回到家，窦文贵拿出酒，老伴儿忙拍了个黄瓜、切了牛肉。

老头子，我觉得这事可能没完，报警吧？

不能没咋着就动用警力，多大点事儿。望着老伴儿一脸忧愁，窦文贵安慰道。

那也不能就这么算了，这可能没完没了……

我明白，是冲我来的。可这些事儿，都上不了台面。

喝了杯中酒，望着墙上那幅国画《雷峰夕照》，窦文贵淡然一说，既然已经退了，就彻底吧，离开这里，到别处生活。有句话，他没说，一滴水只有在西湖里才安全。

老伴儿长叹一声，瞧这，提心吊胆大半辈子，临老了，安享几天清福不成却要亡命天涯。

亡命天涯？他笑了，老伴儿之前在电视上看了这个电影，竟顺嘴用上。好吧，那我们老两口儿就来个神雕侠侣，游走江湖！

没想到窦文贵的退休生活被老伴儿一语成谶，离开此城，只是他躲的生活迈出第一步。

奚氏小说人物逆向设置，不仅带来张力，也给小说中"设悬"和"释悬"提供无限的可能，从而让读者得到一种至今不太品尝得到的窦文贵这位曾经的刑警的壮烈感和潇洒，他采取即退则彻底退，不为一己之累而连累原单位，从此游走江湖，令故事人物充溢着生命力，令情节饱含可信度。

二、奚氏连载系列小说的结构美及配角的人物弧线

在东瀛，最著名的作家几乎都是以报刊连载小说系列而成名，比如华文圈比较熟悉的著名推理小说家森村诚一揭露日本 731 部队罪行的小说《恶魔的饱食》，就是在日本的《赤旗》连载而出名的；又如著名历史小说家司马辽太郎的中国历史小说《项羽与刘邦》，是从 1977 年 1 月号至 1979 年 5 月号在《小说新潮》杂志上连载的小说系列；再如女性作家林真理子是 1993 年在日本文艺杂志《文学界》连载小说《文学少女》等出名的，她的小说系列在多家杂志连载，还拥有杂志插画专用画家。其他还有很多日本作家以小说系列连载出名。

以我的阅历，系列小说创作作家在中国还不多，奚氏独树一帜。为什么作家不太采用连载系列小说？我想原因有几个，最难的是连载形式对作家来说压力很大，小说家的工作是一种高度创造力的工作，无法用时间来约束，所以，连载使作家无形中处于被公众考验的境地。

奚氏勇于挑战这个高难境界，将他的微型小说连载既建构成独立篇章，又天衣无缝地串联成一个完整的故事，可见奚氏善于在剧情跌宕起伏中如鱼得水般建构一座自己的森林，达到近看是一棵树，远看是一片林的效果。

奚氏的连载系列小说，不仅需要抓住时代脉搏，而且需要情怀；不仅需要眼光，而且需要文字功底；不仅需要毅力，而且需要掌握时间的综合能力。奚氏都做到了。

奚氏连载系列小说独辟蹊径，以鱼骨状多线并进的结构，将窦文贵的现在与过去巧妙地串联起来，成为一条有头有尾、骨架清晰、肌肉丰满的鱼，畅游在读者的心海。

在这丰满漂亮的鱼身上，我注意到，有一条骨线起着不可估量的推动故事情节的作用，那就是退休后的窦文贵相濡以沫的老伴儿。

当一位刑警队队长退休后，他必然从一个组织分离出来，变成独来独往、单枪匹马的"猎手"，这看似小说人物逆向设置的瓶颈，将阻碍故事情节的展开，但是，奚氏小说的高明就在于，从组织分离出来的窦文贵，符合逻辑、顺其自然地进入家庭生活，这时候奚氏及时地创造出窦文贵老伴儿这个配角，并在窦文贵老伴儿身上赋予配角小说人物弧线。

最初这个配角，乍一看，似乎很笨拙，甚至有时候令读者捏一把汗，但是，奚氏小说在老伴儿这个配角上注入小说人物弧线，在经历与窦文贵肩并肩智斗于窦文贵办案时逮捕后逐渐释放了的原罪犯们之后，老伴儿的警觉性、行动力，甚至性格，都发生了变化，越来越趋向窦文贵的同盟。她的变化，起着小说中人物弧线的要素，名副其实地成为窦文贵的得力"内助"，正因为最初的不老练，反而在关键时刻的一搏，使逆向设置的小说人物窦文贵回归刑警风姿，让读者感到一个意外接着一个意外，随后得到意想不到的惊喜的阅读效果。奚氏小说成功地让配角的人物弧线服务于主角：

> 显然，刚才钢炮也试了窦文贵的实力，便胆大无忌地狞笑道，你个老不死的糟老头子，还想装洋蒜呀，看我不废了你的手脚，让你一辈子横着走……
>
> 四人互相一使眼色，三把刀便挥舞着向窦文贵逼压过来。
>
> 双方相距不足一米时，窦文贵猛喝一声"嗨"，正准备先发制人主动发起攻势时，他看到钢炮身后跑来的老伴儿，气喘吁吁地喊了一句，老头子，接着。
>
> 窦文贵下意识双手伸向空中，便在头顶前接到那飞来之物——竟然是一把手枪，六四式！他禁不住一阵惊喜，继而以最快速度调整握姿，右手持枪，左手托着右手，然后用黑洞洞的枪口分别一一指点着四人道，都别动……
>
> 一时间，现场安静下来。钢炮才想起，之前追跑时，窦文贵老伴

儿突然没了，原来去取枪了。这老不死的。气得他狠狠地骂了一句。

这时窦文贵厉声大喝，把刀放下，都放下，快！

钢炮一个同伙手一软，刀就掉地上了，哆嗦着说，别……别……别开枪，别开枪。钢炮也立即识时务地把刀一扔道，误会，误会，窦队，我们也没犯啥事儿啊，您老别急，千万别急，小心枪走火，是吧，对吧！咱以后井水不犯河水，各走各的，行不，行不，窦队？

还好，此时几个警察已从巷子两头拥来，看来老伴儿的及时报警，虽然是小城，出警还是挺快的。钢炮一伙儿很快被戴上手铐，他还郁闷地说，只要遇到窦文贵，一准倒霉。你瞧这是？今天又遇上他……妈的，都退休了，还配什么枪。真他妈奇了怪了。他嘟嘟囔囔地被推走了……

跟警察们道了谢、告别，窦文贵冲老伴儿摇了摇头说，你还真够胆肥啊！

老伴儿笑而不语。

两人刚走出小巷，就遇到一个小朋友在妈妈陪着找了过来。小家伙说，奶奶，快还我的枪，你拿走那么久了，快还给我。

窦文贵满脸是笑道，谢谢小朋友，瞧你这枪，仿得真的似的，拿着还挺重，你玩儿不累吗？

要你管？人家瞥他一眼说着话，早飞也似的跑了。

窦文贵摇摇头眯着眼，望着小家伙一跑全身晃的背影说，跑，也是有技术含量的。老伴儿，咱们，继续，跑。

这支从老伴儿手中飞过来的"枪"，不仅钢炮和他的三个同伙被"骗"了，我也被"骗"了，相信很多读者也与我一样被"骗"了。当小家伙出现，并奶声奶气地嗔道"奶奶，快还我的枪"时，如神来之笔，令人拍案叫绝。

而家庭主妇变成"飞枪老太"，功夫在于奚氏调动所有内在联系和逻辑，令人莞尔一笑，痛快击掌。

三、奚氏小说的汉字张力与思想性

我注意到奚氏小说连载系列的小说题目皆采用一个汉字，我不知道奚氏是不是一位深谙建筑原理的作家，但是感觉他就像一位高明的建筑设计师，这个系列小说的一个字题目，就像一群主题建筑，各有自己的风格，又完美地统一成一个群像。每一个充满个性的建筑物，同时丰满着这群建筑的共性。奚氏选择的小说题目的一个汉字，像注入每一篇小说的灵魂，自始至终引导着小说的思想主题，起着不可替代的画龙点睛之笔的作用，足见奚氏匠心。

奚氏小说题目选择的一个汉字，即文字的语境，也是小说家的思想的体现。

如："走""跑""追"是刑警退休后，作为一个孤独者积极的、奋起的、向上的心态；而"躲""悔""守"则是作为曾经身经百战的刑警，不给组织添加麻烦的行动、反思、追忆。让小说主人公窦文贵带着问题意识（problem awareness），创造性地提出问题和创造性地解决问题。奚氏没有让窦文贵故步自封，而是让窦文贵走出原地盘，看似弱者，实为智者，是奚氏小说人物逆向设置的思想之体现。因为有这样的思想，才有这组系列连载小说题目一个汉字的抵达力，给中国文坛注入一股文学新风。

中国著名文学评论家谢有顺在《东西是真正的先锋作家》中指出："很多的作家可以写出好小说，但他未必有自己对世界的看法、对生活的看法。有的作家完全是凭直觉写作，缺乏思考力，这样的作家其实走不了太远。写作除了经验、观察和想象，还应该有思想，甚至可以有某种程度的主题先行。只是，小说的思想、主题，它不一定是哲学的、宏大的，它很可能是小说家对具体问题的思索，是他对人性的发现和诊断，并让这些思想和主题成为作品中的肌理，交织、融合在所写人物的人生之中。由思想形成对人、事、物的理解和判断，构筑形象，再由形象来诠释和再现这种思想，这是作家解释世界的方式。"

我想，谢有顺先生的这些文字用来评论奚氏系列小说的思想性也是贴切的。

最后我想说，奚氏连载系列小说，是电视连续剧的理想版本，每个短篇，非常紧凑，且跌宕起伏，剧情的演变，与观众进行智力比赛，把一个意外推向另一个意外，让读者被"骗"却心甘情愿拍案叫绝。虽然是微型小说，但跨越的时间、空间都给影视在动作蒙太奇之间可以有呼有吸。

此愿景，望实现。奚氏笔下的窦文贵精神，希望能够在银幕上重生。

说几句有关写作的话（创作谈）

奚同发

我之所以喜欢写小说，就是觉得可以任由思维飞扬。现实中顾忌太多的事，在小说中可以忽略。而对于一个写作者来说，谈写作也是一个不好表达的问题，这牵扯到技术层面、生活积累、思想认知等。文学写作不是一个可以用量化来解决的科学问题，虽然也存在着各种可以抽象出来的规律与逻辑，但我们在写作的实践中往往又是反规律和反逻辑的。由一个写作者来谈写作，总有"只缘身在此山中"之感，不仅难以谈出"旁观者清"的明白，甚至谈着谈着常常走神。

我之前曾写过一篇创作随笔，核心是说写作本身是需要有一种感觉的，而这种感觉就有些天分在里面。人类作为一种族群生活在大地上，即使双胞胎、三胞胎之间也是存在差异的。这种差异是不是上天有意地把人以群而分呢？也就是说，你适合写小说，他适合弹钢琴，她则适合拉小提琴，或生就一个可以发出天籁的金嗓子。有点越说越远了。那就回到我的中篇小说《烟花》来谈写作，或许就简单多了。

《烟花》最初发表于《延河》，而后被《中篇小说选刊》转载。

写《烟花》的机缘是因为我拨打别人的电话号码，常出现空号的提示音。昨天还在联系，今天怎么可能是空号？后来有人告诉我，有的人是为了换号码得优惠，而有些人则是为了让另一些人找不到自己……当然，还有其他原因，比如，一个朋友的号码突然提示空号，过些天他又打来电话，原来他做了这样的接听设置——他心情不好，躲起来了，谁的电话也不想接。

城市中人们的交往竟然这样吗？突然就可能让对方在你的世界里消失？那么，这样的消失是否影响交往中的信任？如果你刚说完一句话就消失了，那人家到哪儿去找你兑现呢？消失与信任度成为我近些年写作的一种陷落，《没时间，忙》如此，《那一夜，睡得香》《日子还将 GO ON》等亦如此。当城市让更多人集中在一起，彼此陌生地面对，其文明到底如何呈现？难道就是几栋摩天大厦和恣意纵横的道路？

于是，我躲进屋里写小说，《烟花》就是这样彷徨的一种文字流动。

我的写作大多如此，就是有一个导火索，然后就等着那个炸药包慢慢地组装成功，再于某一刻引燃，等着那个"炸"的效果上演，小说就完成了。当然，其中还会有许多问题。

比如，炸药包用什么原料？组装成简易的背包形还是核弹形？这里就可能出现一些区别。像农民种庄稼。你能否拥有一片属于自己的土地，并在这片土地上好好耕耘，经年累月，既熟悉它，又找到了合适的种子，种出来别人没有种过的东西？写作的个性化与此类似。一个作家找到他要写的人物，也就找到了最有个性化的表达。准确地说，也就是找到了自己的写作领地，像莫言笔下的高密、孙方友的陈州、墨白的颍河镇，这些地域上的各类人物就在他们的笔下开花结果……

再比如，写得太顺手了是好事还是坏事？是否有必要挑战写作难度？对于我来说，如果什么时候写作太顺手了，就会停下来。否则，可能在重复走着比较熟悉的老路了。写作，其实也是一种极限挑战，不仅是挑战别人，更多时候是自己独自面对自己的内心。

再比如，我们总要面对写作的"质与量"问题，这就会让我想到西医的血清化验。抽一管子血，然后分析里面的白细胞和红细胞的数量，再得出结论。这是否像判断一个公园里的男女比例，你统计了公园西角 50 人的性别，公园东角的 50 人会与此一样吗？肯定不一样。或许西角的都是男性在甩霸王鞭、打门球，东角的都是大妈在跳广场舞。由此来确定公园的男女比例显然不准确，甚至大错特错。写作初期，肯定要不停地练笔。但写作达到一定的数量，是否能引起质的变化，这不好说。我个人认为，写作的提升来自思考，来自对创作的体悟，而不是一篇接一篇地创作。正像往一个盒子里放西红柿，放的数量再多，它也不可能变成黄瓜。如果不能在写作本身上完成质的改变，数量是解决不了问题的。这样我们就很容易理解，有些作家写的作品虽然少，但影响很大；有些作家发表的作品成堆，却让读者难以记住一篇。显然，质量与数量有多大的关系，这不是一个数学问题。

　　其实，写作就是你自己去写，凭感觉写，或许就找到那种写的感觉了。要不，你也试试！

奚同发主要作品

短篇小说

《退下来了》，《当代小说》2002 年第 6 期。

《女法官的泪水》，《北方文学》2007 年第 12 期。

《等我一步，就一步》，《天津文学》2009 年第 1 期。

《秦权有铭》，《芒种》2011 年第 2 期。

《长坂坡》，《大观·东京文学》2012 年第 10 期。

《九九归一》，《安徽文学》2020 年第 11 期。

《环》，《啄木鸟》2021 年第 1 期。

中篇小说

《西天红霞》，《京九文学》1999 年第 2 期。

《当我想你的时候》，《黄河文学》2000 年第 2 期。

《你敢说你没做》，《莽原》2004 年第 5 期。

《给你一把水果刀》，《莽原》2006 年第 1 期。

《皇甫口的劫数》，《通俗小说报》2009 年第 4 期。

《没时间，忙》，《莽原》2010 年第 4 期。

《出卖》，《延河》2011 年第 5 期。

《烟花》，《延河》2012 年第 10 期。

《彼此》，《阳光》2013 年第 7 期。

《雀儿问答》，《青年文学》2013 年第 10 期。

《日子还将 GO ON》，《长江文艺》2014 年第 9 期。

《那一夜，睡得香》，《时代文学》2015 年第 12 期。

《求离》,《莽原》2017 年第 1 期。

《无处躲藏》,《牡丹》2020 年第 6 期。

《马爱狗的》,《莽原》2022 年第 4 期。

《后来》,《啄木鸟》2022 年第 12 期。

中短篇小说集

《爱的神伤》,艺苑出版社,1996 年 12 月。

《雀儿问答》,河南文艺出版社,2016 年 1 月。

《给你一把水果刀》,江西高校出版社,2017 年 5 月。

《你敢说你没做》,河南文艺出版社,2019 年 4 月。

安　庆

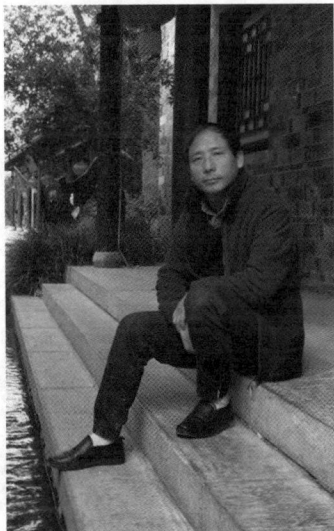

　　安庆，本名司玉亮，1968 年出生于河南卫辉。中国作家协会会员，河南省文学院签约作家，"中原八金刚"之一。鲁迅文学院第二十二届中青年作家高级研讨班、中国文联首届全国中青年编剧高级研修班学员。

　　创作发表中短篇小说上百篇、长篇小说 2 部、长篇儿童小说 1 部，计 200 多万字。其中，短篇小说《加油站》获第三届"河南省文学奖"；《扎民出门》获第二届"杜甫文学奖"；中篇小说《遍地青麻》获第八届"万松浦文学新人奖"；长篇小说《镇》入选中原文艺精品创作工程重点扶持项目，获河南省第十二届精神文明建设"五个一工程"奖，等等。

新世纪乡村书写的常与变

——以安庆《扎民出门》为例

梁言

　　乡村是中国的底色，书写乡村也因此成为中国作家的恒久情怀。"五四"新文学以来，中国作家已经积累了丰富的观察乡村的角度与书写乡村的方式。然而，随着城市化进程的不断加速，乡村的边界与形态发生了诸多变化，乡村生活内容及价值观念也随之变化。如何准确地把握乡村的常与变，如何深入思考乡村的延续与断裂，如何审美地表达乡村的传承与蜕变，再次成为考验作家敏锐度与想象力的重要命题。

　　《扎民出门》故事的起因，是老扎民的孙女桂儿未婚先育，生下了孩子。但小说并没有将这一具有破坏性甚至是颠覆性的事件作为叙事的重点，而是把重心放在了祖父老扎民出门寻找孩子父亲的种种经历，以扎民为线索讲述了这一破坏性事件所引发的代际矛盾，从而观察乡村形态的诸种变化及由此引发的人们价值观念的冲突与重建。

一、变化

　　《扎民出门》中老扎民一家的变故看似个例，实则浓缩着时代之于乡村的重重冲击。尤其是新世纪以来，乡村社会处于加速的变化之中，带动了农民生存方式、行为方式、伦理观念等诸多层面的变化。

　　乡村的改变，最明显的体现莫过于农民的生存方式由单一转向了多样。中国的农民长期以农耕为业，人必须在土地上劳作方能生存、繁衍，农民们因此建立了与土地密不可分的关系，也因此滋生出对土地的依赖与眷恋。整个 20 世纪，农民与土地的紧密关系，因西方、战争、新兴工业等诸多因素不断松弛。得益于新世纪城镇化的全面推进，农民进一步地从土地上被释放出来，其生存方式从单一的依附土地变得更加多元。大批农民进城务工，农民工的大量涌现就是这一趋向的突出表现。即便仍然留在农村，农民们的生存方式较之从前也有了更多的选择。譬如老扎民的孙女桂儿就不再从事农业劳动，而是成了加油站店员。桂儿倾心的许多则是卡车司机。店老板原本也是农民，因为来来往往的司机需要休息，他就选择把沿路开店作为谋生手段。离开土地，不仅仅是农民们的主动选择，也有不少人是被时代洪流裹挟，斩断与土地、乡村的联系。就像在乡下放了一辈子羊的扎民，因为要替孙女寻找许多不得不离开土地游走漂泊。

　　生存方式的千变万化，必然带来行为方式的改变。由于农民职业选择的多样化，越来越多的年轻人离开土地，他们的行为方式与上一代也有了巨大差异。仅从婚恋行为来看，乡村青年寻找伴侣的机遇、缔结婚姻的形式、维系感情的方式都已经异于从前。社会流动性的加强，为乡村青年男女提供了更多的接触机会，使他们的感情往往一触即发，却又很难持久。《扎民出门》中老扎民的孙女与司机许多即如此。他们偶遇于加油站，并未有深入了解就在一个雪天结合。其中既可看见这对青年在婚恋中对个人情绪体验的重视，也不难看出他们对激情之后的责任思考不足。许多向桂儿承诺自己永远也忘不了这个地方，但他仅仅回来看过一次就再无音信。如果把桂儿和许多的恋爱看作是激情的驱动，店老板妻子和司机的纠缠则更多体现为利益的诱惑。妻子厌倦了日夜颠倒的忙碌和微薄的回报，听信过路司机可以走捷径赚大钱的谎话，抛弃店老板，跟随司机而去。在店老板与妻子的婚姻中，情感的因素已被金钱的因素取代。婚恋行为看似属于私人领域，其本质却依然是社会生活变更、社会思潮演进在个人行为中的投射。

　　生存方式、行为方式的变化尚属社会现象，伦理观念的变化则深入乡村的精神核心。所谓伦理，是指人与人、人与社会之间的相处及相处之道。它虽无形，却沉潜于生活的每一个细节之中。较之生存方式、行为方式的改变，伦理观念的转变更为隐秘、缓慢而深刻，是社会转型深入的表征之一。《扎民出门》之所以将桂儿未婚生育作为驱动故事发展的动力线索，正是因为这一事件与伦理观念紧密相关，体现了乡村伦理观念的由旧入新。桂儿执意将孩子生下来，正是因为在她的观念里，自己与许多的结合并无过错，孩子本身无辜，是二人感情的结晶，即便没有婚姻形式，养育孩子也属正常。显然，桂儿已将个人的情感体验、个体生活的质量置于群体认同、群体评价之上。小说将与桂儿邂逅的男青年命名为许多，恰恰说明桂儿并非特立独行，她的认识、想法在这一代乡村青年中具有普遍性。小说中真假许多的情节进一步印证了乡村青年伦理观念的开放。老扎民偶遇一个与许多同名、同经历的卡车司机，这一个许多甚至连自己遇到过的女孩儿究竟是谁、经历过的事儿到底是什么都不能确定。桂儿、许多们的出现，逐渐动摇了乡村原有的生活秩序、伦理观念。不断变化的乡村又会孕育、催生出更多的桂儿和许多。

二、矛盾

乡村在变，乡村中的人也在变。变化之中，新的因素不断产生，旧的因素却并未完全退场，新旧不断摩擦、碰撞正在成为乡村生活的主题。《扎民出门》敏锐地捕捉到了这一变化，但小说并没有以几位青年为线索，一味地去写新，而是选择了老扎民作为故事的线索人物，通过老扎民的感受，呈现新世纪以来乡村内部的新旧冲突。以守旧者为主人公，这一叙事策略既延续了中国文学乡村书写传统，也传达了写作者对于乡村嬗变的审慎态度。

小说通过扎民与孙女等青年一代的矛盾，呈现了乡村中固有传统与时代新变之间的错位。孙女桂儿并不以群体评价、外部评价为意，怀孕之后坚持要生下孩子，但在重视规矩、在意名声的老扎民的心目中，未婚产子是一桩"丑事"，想起来就"觉得荒唐"。这一事件使他产生了深刻的困惑，原来熟悉的孙女变得陌生，甚至不可理解，令他发出了"现在的年轻人真是，开放又固执""这一代人让咱想不通"的慨叹。老扎民之所以不辞辛苦，执着出门去寻找那个已经没入人海、或许并不存在的许多，原因显然是多重的。一方面，他无法接受没有父亲的孩子，另一方面他也担心孙女会因此受到乡邻们的非议，更重要的是，他自己不能适应由此引发的无序、错乱感。他的寻找，既是有明确目的的寻找——他要找到那个名叫许多的人，又是一种抽象的寻找——他想找到让一切变动回归原有的可能性。事实证明，仅凭破碎的信息，老扎民无法找到真正的许多，更不可能回到过去的秩序。他的寻找只能成为一种姿态，而不会产生结果。在这无果的寻找过程中，老扎民越是执着，越是刻意，就越是显示出他与孙女、许多这一代年轻人之间难以逾越的鸿沟。代沟的存在，是当前中国乡村中新旧错位的集中体现。老扎民们该如何面对这些不可抵挡的变化，也正是当下中国乡村转型中的难题之一。

小说不仅通过老扎民与孙女、与许多、与儿媳之间的矛盾，写出乡村的新旧错位，还深入个体内部，通过老扎民自身的矛盾，呈现了乡村原有传统转换的艰难。老扎民与处于飞速变化中的世界格格不入。他出门寻找许多，仍然要赶着羊群。羊群似乎成了他与土地、旧有生活方式、伦理秩序保持联系的象征。可是在一个已经到处是公路、卡车的世界里，老扎民很快就意识到，羊群不仅不能提供方便，反而成了累赘。周围环境关系的紧张，更让老扎民的内心充满了挣扎。他无法接受孙女未婚生子，但作为爷爷，又很难对孙女做出严厉的惩罚。他要去寻找许多，然而固有的伦理观念又使他很难开口言明自己与许多的关系。他为没有父亲的孩子举办满月仪式，看似接受了孙女未婚生育的事实，然而在梦里，他依然渴望许多能够回来，孙女能够有完整的、正常的家庭。只是究竟梦中出现的许多，到底是哪一个许多呢？恐怕连老扎民自己也说不清楚。正如奥地利心理学家阿尔弗雷德·阿德勒在《自卑与超越》一书中说的："梦并不是和清醒时的生活相互对立的，它必然和生活的其他动作、表现一致。"老扎民似乎在不断地妥协，但梦的出现恰恰说明他的坚持及由此而来的失落。老扎民的困惑，于他本人而言或是尴尬的，于小说而言，却是《扎民出门》最有价值的地方。正因为有了老扎民，乡村才没有被新全部覆盖；正因为有了老扎民的困惑，小说也才避免了一味逐新，为读者思辨新旧、考量得失留下了空间。

《扎民出门》除了围绕老扎民写乡村中的新旧冲突，还通过他的经历陈列了众人的苦恼，更进一步地呈现新旧转换之中的种种遗憾与不足。老扎民一路之上遇到了店老板、假许多和老司机三人。店老板被妻子抛弃后，选择在公路边开设旅馆。为了弥补自己的遗憾，店老板每次见到跟着司机上车的女人，都要告诫女人不要冲动。假许多曾经在路上与女孩邂逅，他起初根本没有想到此事的后果，更没有意识到自己应该承担的责任，直到遇到替孙女寻找孩子父亲的老扎民，假许多才领悟到自己曾经的行为或许也会造成如此不堪的后果，从而陷入深深的惶恐与自责之中，甚至想通过与桂儿结婚的方式，弥补自己的过失。老司机与妻子也是因公路结识，因为见识了太多公路爱情的后果，他发愿要对妻子负责。三人各有际遇，三个故事看似各自独立，实则都围绕着延伸至乡村的公路展开。对于乡村和农民而言，公路的到来，既带来了新的机会，也破坏了旧的秩序。如何接受并消化公路以及公路所象征的侵入肌体的异质，是新世纪乡村需要面对的问题，也是生活在乡村中的每个人必须用自己的生活做好回应的问题。

三、重建

《扎民出门》敏锐而细致地呈现出乡村的变化，也因此触及了乡村的失序、不适等一系列问题。小说并没有止步于对现实的观察和思考，而是遵循文学的逻辑，以文学的方式为困惑的老扎民们、为变化中的乡村提供破解难题的方案。故事虽然起于一个刺激性事件，但是小说依然给出了相对圆满的结局。尽管没有找到孩子的父亲，但老扎民一家还是为孩子举办了满月的酒席，之后又为桂儿重建了加油站。老扎民依旧在出门寻找的路上，但生活似乎迎来了新的转机，众人或许已经从重重矛盾中寻找到了秩序。

　　小说首先将重建秩序的希望寄托在人性的善良上。老扎民一家人以及整个乡村群体经历着时代的冲击，生活内容、行为方式、伦理观念发生了种种变化，但始终未曾失去善良的底色。桂儿与许多的结合，看似随意，其本质却是为了"救人"。雪夜，许多因病被困在加油站，受到桂儿的悉心照料，两个年轻人因此才有了接触，发生了之后的一系列故事。老扎民无法接受桂儿未婚生子，却始终坚信自己的孙女是个善良的孩子。在他对假许多的讲述中，他强调："桂儿太善良了，把整个心都给了那个种下孩子的司机。"老扎民自己也心怀善意，处处为他人着想。他为孙女寻找许多的一系列行为自不必提。他把自己的羊托付给弟弟扎根，等羊生下小羊，弟弟将小羊一并送还给他时，他也推辞不受。正因为同样保留着善良的本色，桂儿和老扎民即便在生活、行动、观念上有诸多分歧，二人也还是能够彼此理解，达成和解。老扎民最终尊重孙女的选择，允许她在家生下孩子，一个人带着孩子生活。桂儿也同样尊重爷爷的决定，不但没有阻止爷爷寻找许多，反而冲印自己与孩子的合照，把它放到爷爷的行李里。《扎民出门》中出现的人物，皆有善良的品格，除了老扎民和桂儿，店老板、老司机、假许多各有各的苦衷，却都未曾泯灭善意，这也使他们有可能反省自己，弥补自身的过错。在这个意义上，加油站的重建似乎也成为某种隐喻——如果异质的到来不可抗拒，如果改变不可避免，人性之善、人情之暖，或可缓解人们因改变随之而来的惶惑、不适。

　　责任是《扎民出门》为乡村重建秩序提供的另一个方案。因为许多的不负责任，造成了桂儿未婚先育的事实，引发了老扎民精神世界的地震。

老扎民寻找许多,不仅仅是要找到这个人,更是要让这个人负起他应该承担的责任。正如他带着假许多返家时所说的那样,"每个农民种下了都要负责的"。无论时代如何演进,观念怎样变化,责任都不应该被遗忘、被推卸。老司机与扎民一样看重责任,当他听到扎民讲述桂儿的遭遇,内心深处出现了两种声音,一种声音认为时代不同了、观念不同了,青年人的行为也是可以接受的;另一种声音又认为,"这不是个理由——人总归还是要有份责任心的"。无论是老扎民还是老司机都认可责任之于个人、之于社会的重要性。受到他们的影响,青年一代虽经历了一时的莽撞,最终也选择承担起各自应该承担的责任。桂儿尽管没有等到许多,可她还是承担了作为母亲的责任,认真地工作、生活。假许多则通过与老扎民的相处,在老扎民的影响下,开始了自己的寻找,寻找那个与他有过缘分的姑娘。由于对责任不可或缺的共识,老扎民们与桂儿们、许多们也才有了和解的可能性,失序的乡村也才有了重归秩序的可能性。

在与评论家的对谈中,安庆也提到:"我不认为乡村原来的东西都失去了。"事实上,善良也好,责任也好,都是乡村固有的道德。在时代改变乡村的形态的同时,乡村的精神内核仍有其坚守之处。与豫北乡村保持着精神关联的安庆,乡村经验的积淀、对乡村的情感使他爱写农村,尤其是变化中的农村,也使他避免对乡村做单一、片面的书写。新世纪的农村迎来了新的变化与挑战,在这个历史的过程中,既涌动着无数刺激的故事,也深藏着诸多细腻的情感。安庆的《扎民出门》既不回避变化、矛盾,也执着地向日常生活的细处、深处寻找人性、秩序的永恒答案。将善良、责任等道德元素看作破解矛盾、冲突的利剑,未必是解决当前乡村问题的唯一方案,但《扎民出门》从日常生活的细节处思考宏大的时代命题,依然为如何捕捉、思考、表达新世纪乡村提供了独特的经验。

我相信写作的孤独（创作谈）

安庆

　　每当写完一篇小说，我会忽然孤独。在我的小说中驰骋的人物似乎离我远去，尽管我还会细细地审视他们，但充满激情的融洽还是疏淡了。我是多么想和我的主人公拥抱，和他们休戚与共，永不分离。然而，不可能，写作者永远有自己的下一个目标，有另一批主人公在等待着他们。从这一点来说，作家是见异思迁的，他要去关照他的另一群充满激情的人物，去关照他的另一个"情人"。也许这就是作家的使命，永远把自己逼在一条孤独向前的路上。这种见异思迁是应该原谅的、理解的、庆幸的。我们常说到作家的创造力，作家必须走近另一个等待他的人和人群，和他们对话，和他们谋划怎样生活，怎样安排自己的柴米油盐，去了解他们的世态人情，用炽热的情怀、滚烫的语言、流畅的叙述、独特的视角、浓厚的氛围去铺排另一批人的人生和生活走向。作家永远在旅行的途中，他们疲于奔命而又乐此不疲，充满激情，经历着一次次和主人公告别的孤独。

　　其实，一个作者的真正孤独并不在这里，真正的孤独应该在奔波之前或者奔波的途中，在他经历拒绝诱惑、推掉诱惑的时候，在他对生活的深层思考、对创造的煎熬之中。因为他要创造一个独立的环境，一个特立独行的主人公，一个渗透人性深处的命题，而且又要把这些融入一个看似正常的状态。这是一个多么有难度的工作，作家简直要绞尽脑汁，而且必须在每一场拼搏中竭尽全力，换回一场精心独到的叙述和看似真实的细节。作家永远都是一个有企望的人，对自己的作品的企望、对创造的场景和主人公的企望，甚至对读者的企望。

一个真正追求灵魂和精神写作的人不追求市场。但这种拒绝是一种代价，他的坚守往往充满了艰辛，这种思考渗透了一个作家的痛苦。我相信，一个写作者孤独地思考才有深度，但很可能在困境中扶窗遥望远处的繁华和欢乐的人流时会黯然神伤。追求常态的生活是每一个人的理想，然而，作家最后拒绝了诱惑，抚平了汹涌而上的痛苦；他不会毁掉自己的坚守，作家的内心是高远的，这种高远使他回到平静之中，也正是因为这种孤独，他才有了不同于常人的想象，有了一个又一个独到的创造，有了一个又一个鲜活的人物和鲜活的场景，有了动人的细节。多年以后，当他再回眸自己的创造，他的内心是多么幸福。

我曾经说到写作的疼痛，大致包括禅悟的疼痛、生活的疼痛、写作之前之中之后的疼痛、和主人公共有的欲罢不能的疼痛。一个内心没有疼痛的人不会产生创作的激情，不会激起内心的波澜，一个不把自己的心放进去的作者写不出带有激情和温度的作品。温度来自作家的体温，来自作家精神和灵魂的深处，我不相信游离于激情和内心之外的创作。疼痛来自一个作家的良知，来自他对生活、对创作的思考。这种疼痛使他思考生活、思考人生，更思考人性。我始终认为生活、人生、人性是创作的三个层次，而每一个层次都带着作家的痛。疼痛，避免了一个作家的浅薄。

一个疼痛的人怎么会不孤独，我写作是因为我还有孤独。当我爱不释手地爱上一篇或读完一篇小说时，我首先相信这个作家是一个内心有疼痛的人，是一个常常孤独的作家。我体验到了小说的温度。疼痛和孤独成就了一个作家，成就一部作品的深度。

我相信写作的孤独，相信孤独中的思考和孤独之后的爆发。孤独让一个人、一部作品有了深度。深度才能动人！这是我的追求。

安庆主要作品

短篇小说

《加油站》，原载《当代小说》2007 年第 9 期，《小说选刊》2007 年第 10 期转载，入选《2007 中国小说排行榜》（北京工业大学出版社，2008 年 1 月）、《2007 中国年度短篇小说》（漓江出版社，2008 年 1 月）。

《花瓶》，原载《当代小说》2007 年第 11 期，《小说月报》2008 年第 1 期转载。

《棉花棉花》，原载《西湖》2010 年第 10 期，《小说月报》2010 年第 12 期转载。

《杨木头的低保》，原载《长江文艺》2010 年第 11 期，《小说选刊》2010 年第 12 期转载。

《老顾头的温暖》，原载《星火》2011 年第 4 期，《小说选刊》2011 年第 9 期转载。

《亲爱的村庄》，原载《莽原》2011 年第 6 期，《中华文学选刊》2012 年第 1 期转载。

《朋友》，原载《中国铁路文艺》2011 年第 11 期，《小说选刊》2012 年第 1 期转载，入选《2011 短篇小说》（人民文学出版社，2012 年 3 月）。

《豆》，原载《黄河文学》2012 年第 5 期，《读者·乡土（人文版）》2012 年第 11 期、《青年文摘》2012 年第 15 期转载。

《扎民出门》，原载《青年作家》2012 年第 7 期，《小说选刊》2012 年第 9 期转载，入选《2012 中国小说排行榜》（北京工业大学出版社，2013 年 1 月）、《2012 中国年度短篇小说》（漓江出版社，2013 年 1 月）。

《走失在莲花湖边》，原载《福建文学》2014 年第 2 期，入选《2014

中国短篇小说年选》（花城出版社，2015 年 1 月）。

《老聂瘦猫以及我们的气象台》，原载《当代小说》2015 年第 7 期，入选《2015 年河南文学作品选·短篇小说卷》（大象出版社，2017 年 7 月）。

《手指》，原载《福建文学》2016 年第 2 期，入选《2016 中国短篇小说年选》（花城出版社，2017 年 1 月）。

《卜者之卜》，原载《山花》2017 年第 9 期，《文学教育》2017 年第 34 期转载，入选《2017 年中国短篇小说排行榜》（百花洲文艺出版社，2018 年 1 月）、《中国当代文学经典必读·2017 短篇小说卷》（百花洲文艺出版社，2018 年 5 月）。

《冬天的一个夜晚》，原载《湖南文学》2018 年第 4 期，入选《2018 年河南文学作品选·短篇小说卷》（河南文艺出版社，2019 年 9 月）。

《一桩案件的第六周年》，原载《湖南文学》2019 年第 1 期，入选《2019 中国年度作品·短篇小说》（现代出版社，2020 年 3 月）。

《受伤的鸽子》，原载《广州文艺》2019 年第 12 期，入选《2019 年河南文学作品选·短篇小说卷》（河南文艺出版社，2020 年 9 月）。

《唢呐的舞蹈》，原载《湖南文学》2020 年第 8 期，入选《2020 中国年度作品·短篇小说》（现代出版社，2021 年 3 月）、《2020 年河南文学作品选·短篇小说卷》（郑州大学出版社，2021 年 6 月）。

《父亲之约》，原载《广州文艺》2021 年第 9 期，入选《2021 中国年度作品·短篇小说》（现代出版社，2022 年 3 月）。

《午夜河流》，原载《湖南文学》2022 年第 10 期，入选《2022 年河南文学作品选·短篇小说卷》（郑州大学出版社，2023 年 6 月）。

中篇小说

《穿过雨季的前方》，原载《边疆文学》2015 年第 1 期，入选《2015 年河南文学作品选·中篇小说卷》（大象出版社，2017 年 10 月）。

　　《一切漫长》，原载《四川文学》2021 年第 9 期，入选《2021 年河南文学作品选·中篇小说卷》（郑州大学出版社，2022 年 8 月）。

　　《归乡人》，原载《十月》2023 年第 2 期，《作品与争鸣》2023 年第 7 期转载。

出版作品

《月光下的猫》（短篇小说集），九州出版社，2013 年 5 月。

《遍地青麻》（中短篇小说集），安徽文艺出版社，2018 年 10 月。

《镇》（长篇小说），河南人民出版社，2018 年 11 月。

《父亲的迷藏》（短篇小说集），河南文艺出版社，2020 年 6 月。

《扎民出门》（短篇小说集），河南大学出版社，2021 年 7 月。

申 剑

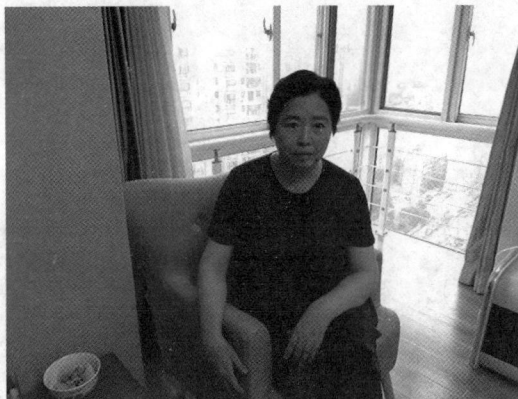

申剑，1968 年生，河南登封人。中国作家协会会员。1992
年在深圳远东国际酒店任宣传干事；1996 年到深圳中南酒店管
理公司工作，开始文学创作；1997 年任河南大学出版社编辑。
现为郑州市作家协会秘书长。

著有长篇小说《嵩飞长霞》《蛮歌》《挑战》《守望爱情》
《白衣胜雪》《寸刀》，人物传记《荆轲传》《欧阳修传》《胡
雪岩传》，电视剧剧本《女法官》《朋友》，电影剧本《冷
血》，共发表小说、散文作品近 500 万字。长篇小说《守望爱
情》获 2001 年郑州市"五个一工程"奖，长篇小说《嵩飞长
霞》获 2007 年河南省"五个一工程"奖。

关于"中国故事"的极致讲述

——《白衣胜雪》《寸刀》读后感

杨文臣

收到申剑寄来的《白衣胜雪》和《寸刀》后，看到是两部医疗题材的长篇，坦白说，我一时间兴致全无。其时，中南大学湘雅二医院已连上几天热搜，我都没有点开，至今仍不知其中曲折。近些年，医疗领域很是吸引眼球，各种事故、纠纷、骗局、黑幕、医闹、诉讼层出不穷，不断见诸报道，一个比一个骇人，已经把人的神经刺激得趋于麻木。所以，我不再关注此类报道，对相关文学和影视作品也不感兴趣，甚至有几分抵触——它们肯定要为医生树碑立传，要教谕读者尊重医生，这是可想而知的。

但出乎意料，我很快被作品深深吸引，阅读状态从勉强翻翻变成了不忍释卷，读完《白衣胜雪》后又立刻拿起了《寸刀》，由此产生了谈谈这两部作品的强烈冲动。

《白衣胜雪》

因为呈现的是当下的社会生活，且这种生活读者都有所了解，医疗题材的小说创作因而必须追求真实，否则会引起读者反感，无法取得他们的信任。但追求真实又会通向另一种危险，那就是损害作品的魅力，文学之为文学就在于其能提供生活中没有的经验——我为什么要阅读那些已经知道的或可想而知的故事？如此，既要真实，又不能太真实，就成了横亘在作家面前的一个难解的题目。

申剑完美地破解了这个题目。《白衣胜雪》的开篇很是荒诞：医药企业举办的高端学术会议上，每个医生都拿到了署着自己名字的著作，但里面没有一个字是自己写的，甚至之前连书名都不知道，而且没有花一分钱，一切皆由药企操办。我并不相信真有这样的事情，但对这样的情节设计非但不反感，反而非常欣赏。一般来说，学术腐败只能是个体之间的交易，只能在不能见光的地方进行，但在小说中，学术腐败成了群体性的、批量化的运作，堂而皇之地以学术会议的名义开展。叙述者一副煞有介事、不动声色的口吻，使得讽刺意味极其浓郁：此乃寻常之事，不必大惊小怪！现实正是这样，学术腐败如此普遍和猖獗，已不再能激起我们的义愤，虽然我们嘴上仍要义正词严地予以讨伐！文学的荒诞源于现实，现实比文学更荒诞，区别在于文学揭掉了现实的遮羞布，比现实更真诚、更真实。如此，小说营造了一个荒诞又真实的语境，吸引我们进入其中，并对即将出现的人和事满怀期待。

荒诞的语境中必有荒诞之人出现、荒诞之事发生。因此，我们很自然地接受了假王惊雷的出现，被他那些怪诞谐谑的言行惊掉了下巴，并进而对这个人的身世产生了浓厚的兴趣，期待他有一个不同凡俗的传奇人生。至此，一种理想的"作者—读者"关系建立起来了，而建立起这种关系，意味着作者已经成功了。这个原名王钢蛋的先天性心脏病患者的确是一个传奇人物，为了活下去，他迸发出超人般的智慧和力量，活得天马行空、风风火火、不屈不挠、一往无前。他把活下去当作信仰，他是生命意志的化身。我们接受了王钢蛋，也就接受了王惊雷、何无疆、贺师傅、林纵横等人，他们身上多多少少都有点传奇色彩。而传奇色彩，是魅力的颜色，是文学性的体现。

有了荒诞和传奇做铺垫，魔幻自然而然地在小说高潮时登场了。我向来对中国作家模仿拉美的魔幻现实主义颇有微词，认为如果没有拉美国家那样的文化土壤，魔幻手法的运用只能产生故作玄虚、装神弄鬼的拙劣效果。然而，我发现这一批评不适用于《白衣胜雪》。被医院精心养护了 14 年的活死人袁如海，在那点微弱的生命体征彻底消失几十个小时之后，居然匪夷所思地在太平间里复活了。王惊雷、何无疆这帮名医都无法解释，我们只能归之于魔幻。不过，我们不会为之困扰太久，因为作者很快就告诉我们，这是一个象征：

> 袁如海该死不能死，王钢蛋该活不能活。袁如海那具干尸每年花的钱，能救活二三十个王钢蛋。他这么躺了 14 年，这么些钱，足够几百个王钢蛋活下去……

围绕袁如海的死而复生，一场荒诞的大戏上演，触目惊心的贪婪和虚伪让人窒息。最后，作者为了满足我们的伦理情感，派看守太平间的贺师傅掐死了袁如海。袁如海终于死了，但支撑他活着的那些有形无形的一切都没有消失。在这个意义上，他还会复活，或者说他还活着，还会有下一个"袁如海"。

《白衣胜雪》的魅力还源于其精致的叙事结构。医生的生活很乏味，每天重复同样的事情：一次次接诊，一台台手术，一出出医患纠纷。要把单调的故事讲出彩，节奏至关重要。《白衣胜雪》由三个主线故事——王惊雷与王钢蛋的生死交情、何无疆与梁小糖的恩恩怨怨、活死人袁如海引发的一系列风波——巧妙编织而成，其间有序地穿插一个个小事件，使得文本拥有了一种此起彼伏、张弛相间的节奏感。除此之外，小说还通过对称构建起了文本的隐性秩序：王惊雷的患者中有"铁粉"王钢蛋，何无疆的患者中则有死士梁小糖；王惊雷有得意门生林纵横，何无疆则悉心培养了韩心智；王惊雷和太平间贺师傅过从甚密，何无疆与急救中心老王交情笃深；袁如海该死不能死，王钢蛋该活不能活；女学生在急诊中心手术室里命悬一线，另一间豪华的手术室里，何无疆在给县长割睾丸无法抽身；重情重义的贺师傅英雄末路，禽兽不如的袁小海青云直上；病患们苦大仇深，医生们心力交瘁……如此，文本在各种形式和意义的张力间保持了一种微妙的平衡。在英国文艺理论家艾·阿·瑞恰慈的眼中，这种平衡是美的最高境界，也是成功文学的标识。

较之叙事和结构，独具特色的语言更为重要。人物语言要符合角色身份，要有区分度，要个性鲜明，这是文学创作的基本原则之一，是不言而喻、毋庸置疑的共识。但申剑打破了这一法则，她的那些人物都是段子手，口吐莲花，戏谑诙谐，剑走偏锋，有腔有调，彼此之间几乎没有任何区分度。叙述者和人物的声音也是一致的，同样节奏铿锵、气势充沛，同样驳杂风趣、挥洒自如。当然，人物形象还是各不相同，我们绝不会混淆王惊雷与何无疆、林纵横与韩心智，但将他们区分开来的是各自的身份和遭遇，他们的语言绝无贡献。如果择出一段话，把其中那些标识身份的字眼去掉，我们很难单凭语言判断出自谁口。如此，小说就给予读者一种畅快淋漓的阅读体验，即便在那些令人感到悲哀和压抑的时刻，我们仍能从小说语言中获得愉悦和解脱。我很好奇生活中的申剑是什么状态，如果文如其人，这样的朋友是非常令人向往的。她的书是值得留在案头的，翻阅多遍之后，你仍能从小说语言中获得审美的享受。

《寸刀》

《寸刀》是《白衣胜雪》的姊妹篇，也可以说是续篇。与《白衣胜雪》把王惊雷、何无疆立为平行主人公不同，《寸刀》围绕唯一的主人公林纵横展开。两部作品中的时间是衔接的，《白衣胜雪》结束时，破产的林纵横遁入佛门，《寸刀》中他重返红尘，进入丹青人民医院，重新开启了治病救人的医师生涯。

毋庸讳言，在艺术形式上，《寸刀》远逊于《白衣胜雪》。首先，采用了传统的顺叙手法，围绕一个中心人物、一条叙事主线展开，没有《白衣胜雪》那样精妙的叙事结构。其次，在某些局部，叙事缺乏节制，不像

《白衣胜雪》那样精裁细剪、详略得当。比如，小说开篇和终篇都让林纵横与思无邪进行了对话，虽然这些对话是作为升华灵魂的点睛之笔来设计的，但过于冗长，且给人矫揉造作之感。如果先读《白衣胜雪》再读《寸刀》，这些都算不上问题，因为两部作品在语言风格、人物关系等方面是接续的，我们会延续阅读《白衣胜雪》的良好心境，会以合作的态度对待《寸刀》。但若没读过《白衣胜雪》，直接面对《寸刀》，效果可能不会理想。纯粹着眼于文学层面的考虑，两本书应该合为一本，分别为《白衣胜雪》的上卷和下卷。申剑应该也是这样构思的，想着《寸刀》的读者都已经读过了《白衣胜雪》，所以才没有苦心孤诣地经营《寸刀》的艺术形式。之所以让两本书各自独立出版，可能是出于种种现实的原因和考量。

　　虽然在整体的艺术水准上略逊于《白衣胜雪》，但《寸刀》也有可圈可点之处，不失为一部成功的续作。除了延续《白衣胜雪》中对医疗生态的书写、对医疗体制的反思、对医者仁心的赞美，《寸刀》还开掘出了新的主题——如何在喧嚣的世界中安身立命。林纵横的人生很精彩，从才华横溢的年轻医生到挥金如土的豪商巨贾，再到潜心悟道的寺庙僧人，最后回到起点重新拿起手术刀，过起了普通人的生活。大起大落的经历让他对人生有了超越常人的感悟，归来后的他活得从容笃定、俯仰自得。《白衣胜雪》节奏紧凑，给人以刀光剑影、硝烟弥漫之感，而《寸刀》节奏舒缓，散发出风雅、浪漫的气息。曾经呼风唤雨、穷奢极欲的林纵横都能回归并安于平淡的日常生活，我们这些普通读者更没有理由嫌弃命运指派给我们的平凡人生，没有理由不把生活过得有滋有味。珍爱生命是医疗题材小说理所当然、必不可少的主题，除了讲述手术台上拯救生命的故事，《寸刀》还通过呈现林纵横的心路历程和生活状态教谕我们如何面对生活，如何在喧嚣的世界中保持心灵的平静和悦，从而大大拓展和升华了珍爱生命的主题，超越了同类题材作品。

　　最后，值得特别指出的是，当下讲述中国故事的各种题材——警匪、医疗、教育等——小说中，普遍存在着一些媚俗的做派，诸如无限拔高某个群体的思想境界、放大他们工作的委屈和生活的窘迫、编造不切实际的悲情故事等。或许是为了出新，或许是为了标榜崇高，这些作品通常会选择站在公众的对立面，试图翻转公众认为的偏激不公的世俗观念，结果反而走向了遮蔽、粉饰现实。申剑不同，她客观、公正且深刻：为名医、良医树碑立传，但不否认庸医、恶医的存在，不否认各种丑陋的交易的存在；书写医生的辛苦和无奈，但也不回避他们相对丰裕的收入和较高的社会地位；在医患纠纷中维护医生，但也没有把责任推给患者。（好）医生不容易，竭尽心力还如履薄冰；（底层）患者更不容易，遭受差别待遇还倾家荡产。那么，问题出在哪里？《白衣胜雪》和《寸刀》始终都在追问，也给出了答案，读者可自行去小说中寻找。如此，无论在艺术上还是在思想上，申剑都做到了对中国故事的极致讲述。

从来生死是等闲

——《白衣胜雪》创作谈

申剑

医生这个职业，不过是天下百业之一种，古时候被列为中九流的第二名，是排在秀才之后的。而今地位提高了，属于技术性很强的特殊职业。所谓特殊，是因为医生从入行开始就要面对生死，无数患者的生生死死就是医生的职业生涯。到了退休的那天，没有医生可以具体统计出，在他几十年的从业经历中，自己到底经手过多少条人命，曾经拯救和挽留过多少生命，曾经亲手把多少无法留住的患者送进了太平间的冰柜。人命如天，而又生死等闲，这当中的流年是以秒作为单位的。医生，就是站在秒针上的人群。

《白衣胜雪》是个长篇小说，是由此前的两个中篇小说合并改写并进行增容而写成的。两个中篇小说是《白衣胜雪》和《太平天下》，主人公分别是何无疆和王惊雷，后来增加的主要人物则是患者王钢蛋。这三个人物的关系是谁也离不开谁的，故此也就构成了这个长篇的主线。这个小说写的是医生，是患者，是当今背景下的医疗环境以及医患关系。写医患，就要写生死，医生和患者原本就是生死相托的关系。关于生死，实在是个无比严峻的话题。

医生都是见惯生死的，尤其是具有多年从业经验的外科医生，何无疆和王惊雷就是这样。他们都是刀法过硬的好医生，刀法当然是就医学技术而言，那么如此是不是就可以算作好医生呢？这个概念原本应是极为简单的，就像三三得九那样毫无悬念，可惜背景使然，环境使然，规则使然，风气使然，"中国好医生"的概念实在是太过于复杂了，是有着多元化的衡量标准的。本部小说对于好医生的界定则标准单一，那就是患者的认可和信任、患者的追随和托付。

以此标准，借用无数患者的眼神，何无疆和王惊雷这样的医生当然是不折不扣的好医生。医生的医术和医德，没有人比患者更清楚，故而他们患者海量，多得总也看不完，王惊雷的众多患者对他千里追踪，何无疆的患者后来甚至成了他的死士。这样的状况对于个体是无限暖心的，可是对于整个行业呢，那绝对是令人叹息的。好医生未必等于大医生，大医生都是脱颖而出的业界精英，是需要诸多的条件来成就的。而好医生就不同了，他们也许毕生都是最普通的小医生，在寻常的城市工作和生活着，身上没有任何出彩的光环。

然而当他们披上白衣，他们就成了"王"，主宰生死的"王"。做"王"都是要付出代价的，像何无疆和王惊雷这样的"王"，只是手术台上的"王"，只是患者眼里的"王"。因为他们的职业是绝对不容许出错的，手术和治疗以及用药的每个环节，他们都不容许自己出错。故此没有人比他们更为惶恐，这种惶恐也许就是所谓的虔诚和尽职。然而现实是成王败寇一肩挑，他们满身"王"的风范，却又满怀着"寇"的心思和情怀。

小说中的几个医生都是做过"寇"的，王惊雷被西北的同行逼得背井离乡，这才到了丹青；何无疆也如惊弓之鸟，治疗患者的同时也在时刻提防着；韩心智和林纵横是他们最好的学生，都曾遭遇过暴力事件，韩心智选择坚守，林纵横无奈改行，进了药企。这是医生必须面对的职业状态，也是医患关系的真实写照。医生是无权选择患者的，他们面对的是无数种人群，是百家姓里的所有姓氏。当医生这个职业被命名为社会的底线，那么破底总是在所难免的。底线之上是争分夺秒的救死扶伤，底线之下是防不胜防的如履薄冰，而底线本身又是什么？底线是以什么样的准则来划定的？是约定俗成的传统认知，是社会公众的人心所向，还是明确无比的条文条款？实在是各有各的角度，各有各的道理，难就难在了难于一统，难于达成共识。

医务工作者惯常是被称为白衣天使的，也有着为数不少的人把他们称为白衣恶魔，从天使到恶魔，这当中怎么也免不掉的，就是那袭白衣。中国医生的白衣，实在是承载了太多的内涵，早已超出了工作服的符号与范畴。穿上白衣是医生，脱下白衣是常人，白衣所包裹的从来就不是神或魔，而是人，是以医术养家糊口的人，是时光深处永不回头的人。

好医生是无法回头的，何无疆想过回头，是梁小糖的刀锋逼着他继续往前；王惊雷也想回头，是贺师傅的生命切断了他的退路。于是白衣胜雪，雪色如初，征程中老去的只是路途，而不是人生。他们的人生底色便是那袭白衣，除此之外，实在是难有其他了。他们的职业榨干了他们生命中至少八成的精力，剩下的两成，顾老、顾小还要顾家，顾不到的也就只有自己了。

小说中还有着诸多的线索和关系，医生与医生的关系、医生与医院的关系、医院与医院之间的关系以及竞争、医院与整个行业的关系、行业在社会上的地位，以及不断推陈出新的发展态势。医生要面对并妥善处理众多的关系，而并不只是医患关系。就医患关系本身而言，医生与患者的互动注定了无法纯粹，患者家属不容忽视，甚至是更重于患者的发言人。当患者的个人意愿与家属相悖，医生应该服从于谁，这并非只是许多医生的难题，也不是某个患者的家庭问题，而是谁也绕不过去的社会共象。

患者是无限广大的群体，其中固然不乏袁如海这样的患者和袁小海这样的患者家属，但他们从来就不是大多数。像梁小糖和王钢蛋这样的人物仍然是许多医生要面对的常态。梁小糖在何无疆的手上起死回生，王惊雷却对王钢蛋的生命束手无策。王钢蛋死后，王惊雷很快释怀，这是职业铸就的惯性。医生都是冷血的人，好医生尤其如此，手术台上是容不得个人情绪的，唯有绝对的理性，方可保证落刀精准，没有误差。

医生与患者发生矛盾及冲突往往涉及诸多因素，并不是医学本身能够解释与涵盖的。事情发生后，如果双方可以就具体赔付数字达成共识，那么就算是私了。如果私了不成，那就上升至行政层面甚至司法层面了，行政层面是指医院以及行业内的各项惩处措施，司法层面则是所谓的医疗官司。

医院的医疗官司从来就不是按有或没有来计算的，而是要按每年有多少起来计算。至于医生，要按照从业年头来计算，凡是从业多年的医生，大多有过这种经历。私了，遭到业界的处理，甚至成为法庭上的被告，这些对于医生而言已经不能叫作创伤，而只能被称作过程，是职业生涯的必然过程。因为前路漫漫，世情不易，这样的过程总是无可避免的。

王惊雷就面对过医疗官司，何无疆也遭遇过医闹以及纠纷。过去了也就过去了，他们都是对过去不感兴趣的人，对未来也是同样。好医生只重当下，只重此刻，职业生涯的每个此刻都是生死攸关的。患者的生与死，患者能否痊愈，患者的后续治疗，怎样才能又省钱又治病，怎样才可以与患者家属达成共识，怎样才能防着患者及其家属翻脸反目，凡此种种，就是他们的此刻、每个此刻以及所有的此刻。

至于医生与药企，医生这个职业的所谓暗收入，作为医疗小说，也是不能不有所提及的。医生走穴在小说中也有篇幅，这种现象是需求与被需求的折射，走穴收入未曾涉及具体数字，是由于各个城市不同，各个医院的医生也不同，大城市、大医院相对容易产生名医，名医的身价与非名医相比也是出入颇大的。小说中的丹青是座临海的二线城市，相较于大城市，二线、三线和四线城市，乃至县城以及乡镇卫生院的医生们，无疑更具有广泛性和代表性。

还有深为大众所诟病的药品回扣问题，借用何无疆对豹子村患者林爱火的答复，那是药企的悲哀，是医生的耻辱、医疗的无奈，更是医学的无底深渊。这样的答复只能说明该种现象并未完全杜绝，而该种现象的生成及演变涉及多种深层次原因，并不是小说这种载体能够剖析清楚并呈现具体答案的。

　　医学历来是门深厚的学科，医学上每一点滴的进步都可以造福无数的人，医学的神圣无可置疑，医学精神本身便是医术与医德的结合体，是不可以分而论之的。真正的好医生都是医学精神的信仰者和践行者。本部小说主要是写外科医生，外科医生的标志是刀，长不及寸的手术刀，故而文中对他们的刀法多有展示。

　　王惊雷和何无疆这样的医生必然是后继有人的，韩心智和林纵横是他们的学生，正行走在与他们相同的道路上。最后的问题，何无疆和王惊雷这两个医生，谁是本书的主人公？答案是，排名不分先后，都是。

申剑主要作品

短篇小说

《青稞》,《芙蓉》2019 年第 3 期。

《雪山案例》,《小说月报・原创版》2022 年第 6 期。

中篇小说

《完全抑郁》,《作家》2013 年第 2 期。

《李重阳的龙头山》,《大家》2013 年第 4 期。

《岳千年的江湖》,《北京文学（精彩阅读）》2014 年第 5 期。

《天空很近》,《十月》2014 年第 3 期。

《菠萝》,《广州文艺》2014 年第 5 期。

《白衣胜雪》,《山花》2015 年第 3 期。

《太平天下》,《山花》2015 年第 9 期。

《肿瘤教案》,《小说月报・原创版》2016 年第 2 期。

《乌木》,《山花》2016 年第 10 期。

《秋阳当头》,《沙市文艺》2017 年第 6 期。

《大地节理》,《芙蓉》2017 年第 4 期。

《紫柚》,《小说月报・原创版》2018 年第 2 期。

《气死风》,《芙蓉》2018 年第 4 期。

出版作品

《蛮歌》（长篇小说）,中国工人出版社,1998 年 6 月。

《挑战》（长篇小说）,当代中国出版社,1998 年 12 月。

《守望爱情》（长篇小说），河南文艺出版社，2001 年 4 月。

《嵩飞长霞》（长篇小说），河南文艺出版社，2005 年 4 月。

《寸刀》（长篇小说），漓江出版社，2017 年 5 月。

《白衣胜雪》（长篇小说），北京十月文艺出版社，2018 年 4 月。

《寸心》（长篇小说），漓江出版社，2023 年 5 月。

《紫柚》（中篇小说集），漓江出版社，2023 年 12 月。

影视改编

《冷雪》（电影剧本），中国电影局和河南影视集团联合拍摄，2008 年在中央电视台电影频道播出。

张运涛

张运涛，1968 年出生于河南正阳。中国作家协会会员，河南省文学院签约作家，鲁迅文学院学员。曾获《广西文学》2011 年度优秀散文奖、第二十届"文化杯"全国梁斌小说奖短篇小说类一等奖、首届林语堂散文奖等。2012 年秋，作为中国作家代表团成员之一，受邀赴美国参加中美青年作家文化交流。著有长篇小说《救母记》《父亲的二胡》，出版有小说集《温暖的棉花》《我们生活的年代》、长篇纪实文学《四十七个深圳》、散文集《一个人的县城》等。

"自己的英雄" 物语

——张运涛作品探视

阿探

　　优秀的作家，必须是一个有故事、会讲故事的人。张运涛无疑是一个善于讲故事的作家，他的中、短篇小说多次被《小说选刊》《中篇小说选刊》《北京文学·中篇小说月报》转载，更是作品品质的力证。或许因着对基层生活的谙熟，他的作品所关注的是那些极易被文学忽视的凡人琐事，并把它们提升到"个体心灵史诗"之境去探究，以此达成对时代光影的回照，有着时间坐标里为凡人立传的意蕴。

　　司马迁的《史记》不以世俗成败论英雄，张运涛的作品亦然。张运涛注重从普通社会个人的生活表层介入，抽丝剥茧，以超乎寻常的叙事耐心，逐步呈现并进入人物不为人知的人性幽暗处。作品的主人公，无论最终结局如何，都曾经选择过、奋斗过、煎熬过并且无怨无悔，直面岁月的流逝；无论社会地位与身份如何，都是自己的英雄。张运涛作为作家的使命，就在于书写大时代光影下"自己的英雄"物语，更在于昭示他们的精神亮点，凸显出个体生命直面时代酷烈的精神映像，他出色地抵达了彼岸。他从容而善于蓄势，在貌似难以出奇的故事中淤积着精神的胶着，在沉寂不变的凝滞中暗自策动着突变与精神之门的到来，在扑朔迷离的僵局中最终完成了精神的洞穿。更重要的是，张运涛完成了文学的高标——至真之境的抵达，让小人物在大时代发出了自己的声音——他们的灵魂之声。这样的创作选择与抵达，无疑是忠诚于文学常识及本源性价值的坚守，区别于功利性的创作，亦是他作为生活炼金者夺目的成果。

1

中篇小说《门》(《啄木鸟》2019 年第 2 期),与其说小说文本是对乡政府主要领导处理王二一家三口暴亡事件与迎接上级检查过程的关注,不如说是乡长陈克俭与乡土尴尬男人王二生前接触的追忆、民本情怀的反思与回归。王二葬礼上牧师给出的"窄门",正是陈克俭内心一直在竭力寻找的——在官场失意中真正发现的心灵出口。或许,正是因着这种民本情怀的感性,陈克俭落入官场冷门职务亦是一种必然,这是小说文本内在逻辑使然。而这种逸出官场行事套路的思维奔袭与震荡,正是张运涛"自己的英雄"物语所熔炼的核心所在。

从小说整体建构上来考量,文本似乎从开篇就竭力构建着陈克俭仕途的晋升,同时也在暗自积聚着摧毁其仕途晋升的力量——正在向姚副书记汇报工作时,他所任职的乡里发生杀人放火之恶性事件。构建与摧毁,在陈克俭乡长关于王二的回忆追溯中相持共进,在微妙的此消彼长中,最终随着王二一家三口的安葬与人居环境检查的结束而尘埃落定。小说之摧毁推进,最终解构了文本之晋升构建,主人公陈克俭亦迎来了精神的新境界。失去王二呵护、无人照料的那只流浪狗小黑,被官场落败的陈克俭带走,它将会得到他的照顾。这既是陈克俭人生精神新境的开启,也是他对自己及曾经所代表的乡政府对王二问题公事公办处置行政性冷漠的救赎。小黑不再是一条狗的存在,而是曾经无助、失望乃至绝望的宣示性存在,甚至成为陷入无限困惑的平常百姓的意象性指代。王二带走了属于他自己的人生爱恨,乡副书记屈静的所谓理性谈判,更是刺激并触发了陈克俭的民本情怀。如果说众人所做的是引导死亡的"宽门",陈克俭内心则积聚着为他人开启永生"窄门"的冲动。事实上,他一直走在进入"窄门"的路上,直至从仕途竞争中被挤对出来。当放下俗世种种欲望时,他就成了自己的神——前提是成为有着人文情怀的完整的人,而不是为行政而行政的官员。

甚至可以说，随着王二杀人事件处置的展开，张运涛就将陈克俭置于两相抗衡的强力对峙中：一方面是基于执政立场，对恶性事件快速而理性处置的政治需要，他不得不谨慎应对；另一方面是基于民本情怀立场，对曾经轻率、简单行政处置行为的深深追悔，他承受着无法承受的冲击。陈克俭的意识动态，开篇始终纠缠、对立姿态的交织就为他最终的仕途溃败埋下了因：屈静的果敢、理性，无疑是从政的干将；田喜民的老谋深算、灵活应对，无疑是从政的待机而进者。相较之下，陈克俭的仕途目标似乎只是一种愿望而已，并未有实质性的明晰进路。事实上，屈静的成功晋升超出了陈克俭的预设，但他从未把对方当作竞争者，甚至还在向姚副书记汇报工作时大力为其表功。他更是对敷衍行事并不尊重自己的田喜民多有包容。一切既符合发展逻辑，又在意料之外。其中有着难以愈合的伤痛、人性本真与执政刚性的无法调和等等，所有一切最终凝铸成大时代下人文主义者淡出仕途的幽暗背影。正因着这种被裹挟在故事里的幽微与迷离，张运涛在小说中深隐着一种天问：执政如何为民？理政究竟何谓？陈克俭人之本真的意识得以觉醒，觉醒的他走进了人世"窄门"。他的觉醒，是直面人命如草芥的震撼性体认，是民本主义的复苏。他对王二生前的追溯，亦是一种深深的追悔与自责——如果乡政府能够及早、妥善地解决王二的人生困境，何以有王二绝望地弃世？老婆有外遇，儿子遭遇飞来横祸导致重度残疾花了数十万元，王二选择带走老婆和儿子的绝望之举，震惊并唤醒了陈克俭几近麻木的灵魂。因此，陈克俭选择了行为语言式救赎——善待王二的狗小黑，选择了精神的出口——放下欲望，由"窄门"而入。

张运涛专注于细密的叙事，直到结尾部分才点题，从容而不失自然。小说题目意蕴在陈克俭乘车进入县城看到教堂时适时托出，它启发着他的意识奔腾，更联结了王二的悲情人生，这段叙事凝重而富有深意。张运涛更是在随后的街景陈列中，完成了主人公人生境界的升华——赋予了陈克俭亲近人间烟火与迈过人生险境的契机，客观上使他的民本情怀得以落地常驻。在转瞬即逝的时间坐标里，张运涛萃取了陈克俭仕途晋升的变故与精神激荡的暗影，延宕出时代的景深，构建了几近真实的心灵轨迹，在不断地淤积中，迎来了小说结尾精神出口的释放。就其仕途而言，陈克俭似乎是个失败者；但从人之本真考量，他无疑是"自己的英雄"——敢于从既定的惯性生命模式中剥离出来，心中充满悲悯与大爱情怀的英雄。

2

中篇小说《断流》（《啄木鸟》2020 年第 5 期）核心内容是一个发生在淮河岸边刑事案件的侦破过程，其间密织着多重意义的精神断流。即便熟悉的面孔背后隐藏着令人发指的罪恶与戕害，亦不能罢黜人间真情的暗自涌动。在张运涛的笔下，刑侦过程既没有血雨腥风，也没有过多神勇智慧，似乎只是漫无边际找寻，耐心对抗及信息残片的艰难拼接。杀人案件的侦破裹挟着"我"的婚姻解体，在有形无形的断流交错中案子终于告破，"我"亦从婚姻断流中伤魂退出，然而社会深层的伦理道德断流的酷烈存在却依旧触目惊心。一切不合理、非正当意义的存在，正在侵入原本生活秩序的机体，文明演进所携带的恶果正在不同程度地积聚着、爆发着、演绎着。

无论是"我"和吴娜的婚姻，还是河滩腐尸案，故事的展开与深入，最终指向了社会道德的沦丧。文本以家庭婚姻叙事开篇，陡转恶性案件叙事，随后两线自然交错、彼此承接。"我"的婚姻因为彼此成长背景、利益及观念冲突最终走到尽头，一个持守着传统伦理道德观念的人是经不起现代社会颠覆性冲击的，"我"的父亲时时刻刻强调着质朴的传统道德观念，而时代已变。河滩腐尸案因时间过于久远，几乎没有获得什么有价值的线索。"我"一方面顶着查案破案和婚姻溃败的重压，另一方面必须直面弟弟车祸而亡及负债累累的残酷现实，必须照顾无依无靠的弟妹和孩子的生活（不仅仅是作为长兄的担负，更是父亲的嘱托），"我"的精神如同案件侦破一样处于断流状态。没有线索的情况下只能加大排查力度，调整思路，查找有用线索。失踪者方大智浮出水面，他和刘明娥曾有着怎样不为人知的故事？恶性案件在两线交错的叙事中渐渐有了眉目，一边是办案刑警至亲的质问及两个被生活抛弃者的舔血取暖，失序家庭的承载带起教育产业化的桎梏；一边是刑侦工作在颠覆正常逻辑中的突破，渐行明朗的案情联结着情与债的纠葛及冲突。小说打捞起来的真相，颠覆、排斥着传统伦理道德观念，吞噬着单纯、质朴的人之本真情怀，在灵魂的窒息中，张运涛依旧给予质朴生命一隙之放空地带。城乡观念的外在性差别，妻子吴娜的咄咄逼人，让"我"对妻子从无力申辩到无话可说，婚姻走向了坟墓。更难以承受的是经济利益对伦理亲情的撕裂，在妻子极大的冷漠无情中，"我"与单纯的弟妹陈絮倒是互生情愫。乡土叙事中，正面是父亲所坚守、所强调的传统道德观念，而背面却已处于伦理失序之中：刘明娥打工中与林立本成为性伴侣，随后与方大智离婚不离屋，演绎着不为人知的荒诞；杀不了鸡的柔弱的方大智，却杀掉了高大威猛的林立本，请姑父周力民帮忙抛尸，后又因纠纷被周力民杀掉。这种城乡伦理失序，让父亲、"我"及陈絮所思所想处于小说叙事的莫大寂寥之中，似乎不合理、非正当的事体总是强大的存在。在小说结尾部分，张运涛消解了这种失重感，以破案后人与自然的交融冰释了有形无形的断流，尽管它依旧是客观的存在。

对于世俗生活而言，或许"我"确乎为现实的一个失败者。但种种失败，依然没有摧毁"我"对平凡生活的热爱。"我"依旧是"自己的英雄"。

3

中篇小说《小警察》（《啄木鸟》2015 年第 11 期）在棘手的少女失踪案侦破的煎熬中，贯穿了一个小警察虚荣生命到人生本真的心灵蜕变。随着棘手案子的告破，沉溺于工作而忘却家庭的沈队长终于重拾温情。沈队长重新获得家庭生活温馨的过程，伴随着暴力对家庭的摧毁，悄无声息地强化了家庭温情的重要意义。张运涛成功地介入并凸显了小警察的真实生命与内心幽微，在极易失衡的工作与家庭之间完成了张力的自然衔接，更为可贵的是，在逻辑与反逻辑的共振中，积聚了本真情感的自然抵达。

沈队长虽不像韩队那么会做人，亦期望着破案立功，实现晋升。韩队从立案就立军令状式的表态，在案件的侦破中主动出击，几乎处处占尽先机，甚至不断带给沈队长恐慌。然而，案件依旧扑朔迷离、毫无头绪。之后，韩队盯住傻子力民作为突破口，沈队长的探案思路和调查不断地向真凶迈进。沈队长在案子调查中注意到从不关心案件侦办进展的老贺的反常，在试探中老贺的慌乱加深了他的嫌疑。韩队和沈队长的酒后交心，让沈队长明白韩队不是与他争功、竞争，而是有着属于小警察的责任和担当。沈队长与助手小陈锲而不舍，终于印证了老贺的嫌疑。老贺交代了令人毛骨悚然的犯罪过程。作为一个小警察，沈队长已经蜕尽个体式虚荣的迷失，对少女失踪案尽心尽力。侦破凶案的沈队长，同时又被家庭、亲情唤醒，内心的莫大喜悦，化作领证十周年纪念日的献礼。以工作叙事为主体的小说文本，最终落脚于家庭。小说脉络主次清晰有序，相交相离、断续有致，揭示了生活的幽暗与明亮。

作为犯罪小说，张运涛亦了无声息地揭示了杀害两个少女的真凶及其深层的畸形心理。老贺早年因为好赌，导致妻子离他而去，因此年轻漂亮的女性成为他深隐的心结。漂亮女生李莉因贪图便宜成为他的猎物，她的贪婪与贪念刺激了老贺，复苏了妻子抛弃他的复仇心理。因此，他残忍地肢解了李莉，并烹煮了她。老贺畜生般的暴虐行为，在表达效果上，亦有力地陪衬了家庭情感流的形成与自然流淌，从凶残至极到温馨家庭的极端性跨越与腾跃，既给予读者理性缓冲空间，也使小说文本抵达艺术的彼岸。

4

非虚构作品《四十七个深圳》（《啄木鸟》2019 年第 12 期），分别以 20 世纪 80 年代、90 年代与 21 世纪为时间坐标，简笔白描，勾勒四十七种与深圳这座中国改革开放前沿城市相关的人生，无异于述说了打工大潮的"前世今生"。张运涛这部长篇非虚构，给予时代与个体莫大的尊重，以众多的个体人生汇聚成了时代洪流，其中不乏个体的创造性与保守、辛酸与快乐、雄心与鄙陋、坚持与隐忍……荡气回肠地迸发着人民追求富足生活的滚滚热望。

20 世纪 80 年代的深圳是一片正在开发的热土，怀揣淘金寻梦的外来者，在传统观念的起底震荡与磨蚀中演绎着悲催与豪壮的人生。嫁给深圳土著的枣花，没有名分，因生子而母贵，享尽富贵荣华——手握重金投资大赚，老家亲人旧貌换新颜。但她与三女共侍一夫，最终客死他乡，落了个不得入祖坟的下场。潘长金从在深圳工地干小工开始，完成到包工包活儿老板身份的转变，人生转运，事业做大，无奈儿子成人不成器，又不放心把自己开创的基业交给女儿，不得不在安排自己退休生活的同时还牢牢抓着公司的财务……

进入 20 世纪 90 年代，深圳的各种产业如雨后春笋。逮住机遇的成为财务自由者，有远见的知识青年更是深圳城市文明的中坚力量。不满足做兽医的蔡明书跑到深圳，应聘厨师却意外做了业务员。后来跳槽，几经折腾，最后用打工的钱和借来的钱开了一家小型油漆厂。进入 21 世纪后，他把业务做到了国外，成为财务自由者。大学毕业的常江，在爱情飞走、考研失败的打击下，一路南下到深圳寻求突破，首次开餐馆创业失败后，在频繁找工作中与人才中介机构多有联系，后在一家人才中介做业务主管，进而晋升。他在工作中发现商机，注册创办了自己的人才机构，后来又考取了国家高级劳动关系协调师资格，被评为深圳市优秀异地务工者，

成为真正的深圳人，做到了手下拥有员工五千多人，

21世纪的深圳，是成熟、理性的。盲目的打工者与有人生目标并不断付出努力的打工者，所获得的回报是截然不同的。贫穷与保守，限制了人的思想，也禁锢了人的发展，阻碍了更广阔生命空间的获得，导致人生的一再错失。

邓保光是最缺乏人脉资源的，因着几乎没有与有见识的人有过交集，他几十年的深圳打工生活，只是想象力贫瘠的自囚，如同把自己关在世界外边。他把现在的自己与过去的自己比较，当然是满足的，然而他从未将自己放置于时代之中。他从2017年深圳破旧的西站返回老家，坐的依旧是最便宜的那趟火车。思想自囚者的他，看到西站如同数十年前来时一样破败，心中竟然充满慰藉。他显然是在井底看汹涌奔腾的时代。高考落榜的余飞燕到深圳打工，不同于一般的打工者，她不重复他人没有质感、没有提升的劳作，知道不断给自己充电。她有自己的目标，不断更换工作，不断地提升职位层次，不断深入、精深、发展着自己的兴趣。随着年龄的增长，她的生活品位亦超乎常人，她把自己淬炼成自己的主人，最终赢得了美满的爱情与家庭生活。

对于这四十七段与深圳有关的人生，张运涛摒弃了道德评判与认定，只是还原人物与他们身处的时代，这也体现着文学对人物与时代的一种尊重。无论他们是否取得世俗意义上的成功，无论他们走向辉煌还是堕落，无论他们历经病痛生死还是坠入空虚，对于所经历过的和付出的过往，从纯粹精神上考量，他们都是自己的英雄——为梦想勇于付出的英雄。

罗曼·罗兰说："世界上只有一种英雄主义：便是注视世界的真面目——并且爱世界。"张运涛的作品，不论小说还是非虚构，都传达类似的精神内核。关于"大时代小人物"题材的创作，张运涛不仅切入了生活，而且聚焦了现实生活与人物灵魂动影的那些闪光点。这正是司马迁"不以成败论英雄"立场的接续。在个体意义上，小说中的每个人物都是自己的英雄，尽管他们站在不同的方位认知这个时代。

城市与乡村的对峙（创作谈）

张运涛

　　我承认，当我开始用键盘堆砌文字时，我是有野心的，我企图以小博大，企图让读者从小北（成长系列小说主人公）身上发现自我，让王畈映射一个世界……八年过去了，有欣喜，也有遗憾，但我还在努力，还在构筑……

　　我的创作背景很狭隘，就是淮河边上的一个小村庄。淮河一路上拐了很多弯，这些弯冲积出肥沃的耕地，形成了一些叫"湾"的村庄。我就在这样的一个湾里生活了十多年。我的出生地在淮河南岸的一条叫浉河的支流边上。畈是那儿的人对田的指称，也用来借指村庄，东畈、西畈、李畈、王畈……我长到十岁，一家人又搬回到父母的故乡——淮河北岸。忘了哪个作家说的，童年生活是一个作家一辈子取之不尽的创作源泉。我理解的童年生活应该有两层意思，一是字面上的，另一个就是作家童年时代看世界的视角。像所有农村孩子一样，我们都是被放养的，没人关心我们的情感，甚至情绪。大人们关心的是你的饱暖和成绩，不可能细腻到情感这一块。我又是个男孩子，这种漠视好像更加理所当然了。于是就有了王畈的小北，他懵懂，暗自怀春，落寞开花，欣喜结果……小北最初只是作家对乡村的一种留恋，多少带有理想化的影子。

　　我写过一篇一万多字的散文《向城市》。城市应该是 20 世纪 90 年代以前每一个农村孩子的理想——可能现在也是这样。我们对城市的艳羡可以说毫无遮掩。20 世纪 70 年代末 80 年代初，我还没有见过任何城市。在我的想象中，哪儿还有比陡沟镇更大、更好的"城市"？到镇上，我们得翻过一座大坝。那大坝，高三米左右，生生把去镇上的路给截断了。坝顶上是水渠，淮河水被排灌站抽上来，送往各村。我们那个村是菜园，村民一年四季都得赶集卖菜。除了应季蔬菜，井窖里还储藏了大量的红薯、冬萝卜、生姜等，留着十冬腊月换钱。冬天挑一担菜翻大坝去赶集特别难，不仅是体力活儿，还是技术活儿。我对大坝却从没有生过恨意，心底里早已经认同了一个概念，即所有通向美好的地方都应该有这样一座大坝，或类似的阻隔物。镇上的人不种任何庄稼，不起早贪黑，却过得比我们好百倍千倍。他们即便偶有残疾，也风吹不着雨打不着，人人都有个小本本，每月去粮站领粮领油，生活无忧。

现代化的社会，人们免不了要拿城市和乡村对比。比如两者都是包子的话，那么，乡村就是素馅的，城市则是肉馅的。城市里满是欲望，乡村里都是朴素的过程，炊烟、牧童，还有节日一般的乡村电影……在乡村，一切都是慢腾腾的，甚至春天赊了小鸡可以等来年用鸡蛋偿还……

但是，那都是过去的状况了。如今的乡村呢？炊烟不见了，牧童成了城里的小工，农舍一心长成城里的高楼。大山成了采石场、水泥厂，林场成了板材厂，河岸排开了造纸厂……乡村的资源被城市充分利用。在城市化的浪潮下，乡土已经成为各级政府提高 GDP 的法宝。换来的代价是，田园诗一般的乡村不见了。乡村向城市趋近，无限趋近。

真正的乡村，要么被彻底遗忘，只剩下老人和孩子；要么被过度开发，沦为金钱的奴隶。这是城市和乡村互相打量的结果。越来越小的乡村盼着自己不断长大，"长大后我就成了你"——城市一直是乡村的理想。反过来，乡下人拼命逃离的乡村又成了城里人向往的休闲之地。如果你看到有一条公路曲曲幽幽通向山村，别高兴得太早，那里面肯定藏着商人的商机。

乡村原有的道德价值体系因此被城市化革了命。为什么现在的乡村再没有赊账这种现象？现代人急功近利只是一个方面，更重要的是，诚信的缺失。小北就是在这个背景下走出王畈的，他去城市当了农民工。我没有打工的经历，但我在县城已经生活了将近三十年，老实说，我其实还是不太明白城市。2011 年，我甚至有机会在首都北京学习了四个半月。头两个星期，我还有兴致去看一些早就心仪的名胜。后来就淡了，到处都是人，挤得你干什么都没兴致。地铁走一辆满满的，再来一辆又是满满的。挤上之后，我下意识地朝四周瞅瞅，乘客们都忙着低头摆弄自己的手机，面对面也绝不说话。怪不得城里人都显得高不可攀，人家随时随地都在思考，每个人都像成熟稳重的思想家。说实话，我不喜欢这样的城市。那地铁要搁我们老家，车厢里早笑翻了天。反正他们都是农民，不知道高贵，不知道矜持，就知道老是闷着不说话不好。

我让小北走得很远，广州、北京、青岛、上海，无论他走到哪儿，我都会用我的精气神儿去滋养他，他身上始终流淌着我对生活的理解。我一篇一篇地书写这个人物，某种程度上他身上也有我的影子。现在差不多有十几二十篇了吧？

这应该算乡土文学吧——新乡土文学——农民进城打工了，乡村城市化了，乡土文学的定义拓宽了。小北这个人物离作家自己的肉身越来越远，更多地代表了一个写作者对世界的认知。乡村与城市借由小北这个人物相互打量，或者叫对峙。他经常探头打量王畈以外的世界——当然是城市，心里既有对抗也有留恋。

不是想倒退，我只是觉得乡村更适合我。我试图把小北的每一段生活都当作对故乡和自我的一次重新抵达。通过这样的抵达，不断地修正自己对自我、对世界的认知。抵达当然也是无限的，没有终点。我想一直写到这个男人老死，这可能会耗尽我一生的精力，但我愿意与他一起体验并享受这个过程。

不敢说一定要为我的乡村建构一套新的价值体系，但我有决心在文字中建构自己的乡村，与当下的城市，还有当下的乡村，对峙。

张运涛主要作品

短篇小说

《燕子飞进春天里》，《山花》2009 年第 2 期。

《私奔》，《湖南文学》2018 年第 4 期。

《多多》，《四川文学》2020 年第 9 期。

中篇小说

《双飞》，《文学界（原创版）》2010 年第 1 期。

《老铁和他的儿女们》，《清明》2013 年第 2 期。

《水殇》，《文学界（原创版）》2014 年第 4 期。

《任雷诺外传》，《广西文学》2016 年第 7 期。

《收鬼记》，《特区文学》2017 年第 3 期。

《你喜欢胖子吗》，《时代文学》2017 年第 11 期。

《聪明记》，《青岛文学》2018 年第 9 期。

《骞马》，《湖南文学》2021 年第 10 期。

《我爱赵老师》，《湖南文学》2022 年第 12 期。

长篇小说

《救母记》，《啄木鸟》2014 年第 3—4 期连载。

《父亲的二胡》，《啄木鸟》2022 年第 12 期。

长篇纪实文学

《四十七个深圳》，《啄木鸟》2019 年第 12 期。

散文

《黑暗中的告别》,《广西文学》2011 年第 10 期。

《一个人的县城》,《广西文学》2016 年第 3 期。

《代元美》,《天涯》2016 年第 3 期。

《殇之歌》,《广西文学》2018 年第 6 期。

出版作品

《温暖的棉花》(中短篇小说集),现代出版社,2011 年 10 月。

《我们生活的年代》(中篇小说集),天津人民出版社,2018 年 5 月。

《一个人的县城》(散文集),河南大学出版社,2018 年 11 月。

《斑马,斑马》(中篇小说集),河南文艺出版社,2020 年 5 月。

《四十七个深圳》(纪实文学),郑州大学出版社,2021 年 6 月。

《凤凰于飞》(中短篇小说集),安徽文艺出版社,2023 年 2 月。

柳 岸

　　柳岸，本名王相勤，1966 年生，河南淮阳人。中国作家协会会员，鲁迅文学院第十一届高研班学员，周口市文学艺术界联合会副主席，周口市作家协会主席。出版长篇小说《浮生》《我干娘柳司令》《公子桃花》《夏姬传》《文姜传》《西施传》，小说集《红月亮》《八张脸》《燃烧的木头人》。获河南省文学艺术优秀成果奖、河南省"五个一工程"奖、河南省优秀图书奖、河南省文鼎中原长篇小说精品工程优秀作品奖、杜甫文学奖等。《浮生》列入 2013 年中国作家协会重点扶持作品。《天下良田》列入 2023 年中国作家协会重点扶持作品、新时代"山乡巨变"创作计划。

历史小说写作的辩证法

——从柳岸的"春秋名姝"系列《西施传》说开去

刘进才

收到了作家柳岸寄来的《公子桃花》《夏姬传》《文姜传》和《西施传》四部沉甸甸的"春秋名姝"系列历史长篇小说。或许是因为西施在中国早已家喻户晓，出于强烈的好奇心，我首先打开了《西施传》，想看看柳岸在小说中究竟为我们书写了一个怎样的西施。既然是历史题材的长篇小说，更想进一步了解作家柳岸又是如何处理客观的历史事实与虚构的小说艺术这二者之间的关系。

一、历史重写的魅力："影响的焦虑"与"文本角逐"

如果单从《西施传》的命名看，柳岸似乎仅仅是为春秋时期的一位绝代佳人作传记，读罢，才知道作者在草蛇灰线的艺术框架中容纳了吴越春秋纵横捭阖的历史内容与朝代更迭的沧桑之变，西施不过是历史长河中的一颗星星。作者借助这迷人的幽光，不但照亮了人物多难坎坷的曲折人生，也照亮了两千多年前被历史烟尘掩埋的幽暗角落，使人性的丰富性与历史的复杂性逐渐向读者敞开。

与一般的现实题材小说相比，历史小说的创作是从历史中采撷素材、索考文献与选取人物，在一定层面上，历史小说的创作因受制于历史题材而显得左支右绌。鲁迅多年前对历史小说创作类型的划分对于我们现在研究历史小说仍然有效，他认为一类是"博考文献，言必有据"，一类是

"只取一点因由，随意点染，铺成一篇"。如果以这样的分类观照柳岸的历史小说《西施传》，它显然属于鲁迅所说的第一种类型。事实上，创作这两种类型的小说都不容易，前者需要博考文献，后者需要在历史事实、历史文献与文学想象、艺术创作之间自由腾挪，考验着作者历史意识与文学写作的综合素养。历史小说作者要带着历史文献的脚镣跳出优美自由的舞步谈何容易。

柳岸的小说创作一开始起步于现实生活题材，她的《红月亮》《浮生》一经发表，就受到了文学研究界的多方关注和一致好评。她此后的历史小说题材的华丽转身又在久远的历史深处找到了属于自身的创作富矿，柳岸乐此不疲地游走于历史氤氲的神秘之地，"春秋名姝"系列的问世让她领略了"无限风光在历史"。从现实生活题材走向历史书写题材，这是一个巨大、艰辛而蕴含着危险的挑战。我清楚地记得，多年前柳岸准备写作《公子桃花》时向我询问河南大学研究先秦历史的专家，主动找专家咨询关乎那段历史的事实真相。那时的柳岸已经开始为自己的历史小说创作准备史料了。通读《西施传》，可以非常强烈地感受到小说所蕴含的历史知识的丰赡性，既是读小说，又仿佛是阅读一部厚重的吴越春秋史。传记涉及历史地名沿革、古代官制称号、诸侯国朝代更迭、国君的年号谥号、众多的历史人物，以及当时的典章礼制、占卜规则、古语习俗等。如果没有厚重的历史文化积淀，历史小说创作就会因失去历史的依据而显得游谈无根。只有作者胸中有了熟悉的历史，文学之笔才能营造真切可感的历史氛围，复活笔下的千军万马。在这一点上，柳岸的历史小说创作获得了坚实的史实基础，显示出极强的文化积淀与历史厚重感。两千多年前的春秋时代正值中国社会的一个变革转型时期，诸侯蜂起，征战不绝，人民流离失所，政局动荡不安。钱穆在《国史大纲》中将这一时期的历史形势概括为自周室东迁以来所引起的一系列连锁反应，即导致了"共主衰微，王命不行""列国内乱""诸侯兼并"的混乱局面。然而，研究这一历史时段的文献资料相当有限，即便是史学大家陈寅恪也是将研究的重心放在隋唐时代，对于先秦时期少有涉猎。然而，春秋争霸这一特殊的历史时期充满了厮杀与征战、韬略与阴谋、隐忍与转机、善良与丑陋的独特魅力与历史张力，《左传》《国语》《越绝书》《吴越春秋》《史记》对此都有或详或略的记载。历史记载付诸阙如之地，正是小说家大显身手的舞台。

作为中国古代四大美女之首，西施的故事代代流传。越王勾践凭借"美人计"击败了不可一世的吴国，从此东山再起，独霸群雄。可谓"成也西施，败也西施"。这一散发着独特魅力的人物形象不仅为史学家提供了考察历史兴衰的独到视角，也为后世的文学创作提供了施展想象与不断重写的文学空间。记载吴越之战的重要史书《左传》《国语》及《史记》并没有关于西施的直接记述，即便是较早叙述西施与吴越战争的东汉典籍《吴越春秋》和《越绝书》，在内容上也常常将历史事实与民间传说相混杂。距离吴越之战最为切近的墨翟曾游历吴越大地，对于吴越历史相当熟悉，其在《墨子·亲士》篇云："是故比干之殪，其抗也；孟贲之杀，其勇也；西施之沈，其美也；吴起之裂，其事也。"墨子将西施与曾经活跃在政治舞台上的历史真实人物比干、孟贲与吴起相提并论，不仅昭示了西施这一人物的历史真实性，也传达了墨子关于人物悲剧结局与个体才性之间近乎宿命般的关联。如果说"西施之沈"作为历史的真实，那么后世的文学创作则对这一历史事实进行不断的重构与重写，西施的历史本事研究与文学重写话题是一个值得深入讨论的学术空间。

如果说先秦两汉典籍中关于范蠡、西施的故事还较为简略，那么唐代以来尤其是明代之后的文学创作中对于范蠡、西施故事的书写则日益扩大、翔实与多元。即便是有明一代对范蠡、西施故事的书写，有梁辰鱼的传奇《浣纱记》对范蠡、西施缠绵爱情的极力渲染与完美结局的安排，也有《倒浣纱》对范蠡、西施关系的颠覆性审视，范蠡的国家大义压倒了对西施的情感，范蠡被书写为一个"人面兽心"的"忘情负义"者，成为置西施于死地的罪魁祸首，而西施则成为如妲己、褒姒一样的倾国倾城者。无论是书写范蠡功成身退与西施"泛舟江湖"的圆满结局，还是书写西施红颜祸水、倾国倾城的"沉水而亡",不同的书写模式彰显出作者别样的历史眼光与审美情趣。

中国现当代文学对西施的书写仍然是一个吸引人眼球的话题。田渭法的《西施后传》(百花文艺出版社 1993 年 10 月版)对西施的最后归宿进行了大胆的想象——完成覆灭吴国的重大任务,西施回到越国,却受到越王夫人的嫉妒与陷害,经过重重磨难,可谓九死一生,西施最终选择与范蠡归隐江湖,安度春秋,直至年迈老去。而柳茂盛编著的《西施传》(中国华侨出版社 2010 年 10 月版)则将西施塑造为一个甘愿为国献身的多情女子,然而就是这位从苎萝山村走向春秋大舞台的绝代女子,她以倾国倾城之美倾倒了吴王的十万精兵,赢得了吴王夫差的专宠,因念及自己曾作为功盖一世的霸主王妃,不愿意再去侍奉越王,最终自沉湖中。小说在充满悲剧氛围的营造和具有现代观念的透视中,刻画了一个具有仁爱之心、勇敢坚强、独立而重情重义的女性形象,一改传统文学中红颜祸水的老调主题和陈腐观念。高光的《西施》(黄山书社 2012 年 9 月版)则为我们塑造了一个寻找真理与爱情的女性形象,生逢杀人夺国的不义时代和乱世,西施最早是被范蠡以爱情为砝码骗到了吴王身边,让夫差在玩弄国家的同时也玩弄西施于股掌之中,当越王勾践灭了吴王夫差,西施又被勾践拥入怀中。越国覆灭之后,西施终于绝望地发现:从她深深爱着的范蠡到对她宠爱有加的吴王,以及将她作为"美人计"工具的勾践,甚至她身边的护从,都在欺骗她,她被范蠡背叛、被勾践利用、被夫差践踏,她生存的这个世界充满了强权、残暴与欺骗。高光塑造了西施如何从一个天真纯洁的美丽少女蜕变成一个带有兽性的冷血女人的生命悲剧历程。

之所以用较大篇幅回望历史中的西施叙述及中国文学中的西施书写,意在展现"西施故事"作为一个被不断重写的题材,其"本事"既充满了可供言说的广阔空间和想象视域,尤其是西施命运的结局,几乎是言人人殊。同时作为历史题材,"西施故事"又具有自己历史的内在规约性和叙述限制。这就是历史小说写作的两难,是强调历史,还是强调小说?如何在历史事实与小说虚构之间取得一种合理的平衡？这几乎是所有历史小说创作者不可回避的问题。柳岸对历史与文学之间关系的看法值得引用：

> 从整体上看，历史是作品的骨骼，文学是血肉，好的历史小说，应该是两者完美的融合。因此，历史小说比起纯粹的历史，更加灵活，更加轻盈，更具有趣味性和可读性；比起纯粹的小说，更具有史料价值、警喻意义，更能彰显出以史为鉴的独有魅力。

历史与文学的有机统一，即在历史事实与小说虚构之间取得合理的平衡，完全撇开历史，就失去了历史的依托，但亦步亦趋地遵从历史事实，就失去文学虚构的艺术魅力。

较之以上论及的西施书写，柳岸笔下的西施从内在气质到外在仪表似乎更为完美超群。童年时代的西施聪明活泼，少女时代的西施美丽绝伦，范蠡身边的西施情意绵绵，深入吴宫的西施深明大义，功成归隐的西施遗世独立、智慧绝尘……作为一位女性作家，柳岸对同为女性的西施可谓心有戚戚、惺惺相惜，她断然拒绝了传统书写中红颜祸水的烂熟套路，将西施的家国之仇与个人情感融为一体，这样，西施的深入吴宫就具有了为家兄复仇、为越雪耻的悲壮意味。这种情节安排不仅为西施之举填补了真实可信的心理依据，也转换了当代文学书写中将西施作为"美人计"的工具论和功利化思维。完成"复仇雪耻"这一历史使命的西施，既没有被越王勾践拥入怀中，也没有自沉湖中，更没有与范蠡一起流浪江湖，而是独自归隐山林。柳岸对西施这一结局的处理完全改写了以往史学叙述与文学书写的模式，柳岸的重写西施尽管处在史学叙述和传统文学的强大笼罩之中，却能戴着历史的镣铐跳舞，在重写中"推陈出新"。这正如荷兰汉学家佛克马所言："它（重写）与一种技巧有关，这就是复述与变更。它复述早期的某个传统典型或者主题（或故事），那都是以前的作家们处理过的题材，只不过其中也暗含着某些变化的因素——比如删削，添加，变更——这是使得新文本之为独立的创作，并区别于'前文本'（pretext）或潜文本（hypotext）的保证。重写一般比潜文本的复制要复杂一点，任何重写都必须在主题上具有创造性。"柳岸对西施命运结局的处理可谓一种创造性的"变更"，西施功成身退以隐居避祸，这种归隐山林、逍遥自在的命运结局也寄寓了小说作者的人生理想，正史叙述对西施自沉湖中的悲剧命运安排似乎过于惨烈，而一些民间野史或文学书写将西施与范蠡相约浪迹天涯的结局安排又显得过于圆满。柳岸的《西施传》在传统的巨大书写压力下独辟蹊径，摆脱"影响的焦虑"，"也是在与前代作家、已有文本竞争角逐"。这一人物命运结局的改写既避免了过于惨烈所造成的读者心理的幻灭感，也避免了美满的大团圆结局书写可能会影响作家对人性幽暗深度的考察。西施逍遥江湖、特立独行的归隐行为彰显出看破红尘的生命智慧与独立人格。仅仅就西施命运的结局安排，柳岸的《西施传》显得独具匠心。除此之外，小说的叙事在多个层面都呈现出自身的艺术魅力。

二、在历史的框架中展开想象：《西施传》的"历史本事" 与艺术创作

历史文学创作并非简单地为了发思古之幽情，或者还原所谓的"历史真实"——因为历史真实本身是一个需要不断追问的命题，况且即便是有所谓的历史真实，也应该是历史学家的事情，而历史文学创作即使冠之于"历史"，其本质仍然是文学，如果从文学是人学的价值立场出发，那么伟大的历史文学创作应该通过历史的表象进入历史的本质——倘若历史有所谓本质的话。历史的表象纷纷扰扰，但任何历史总是离不开人类的活动，人是推动历史演变的决定性力量，只有揭示出活动在历史中的人的面影与心理、人的行为与动机、人的欲望与忧伤，方可抵达人性的深处，进而可能触及历史的本质。吴越之争的宏大历史背后可能蕴含着幽暗乃至挣扎的心理动机。历史文学通过对历史重大事件、重要历史人物的描写给读者呈

现形象生动的历史风云及人物画卷，历史文学的认识价值自然蕴含其中，在我看来这并非历史文学的主要功能和本质所在。历史文学的重要本质必须对历史人物的人性深度有细微真切的体察，作家睿智的双眼能够借助对纷纷扰扰的历史事件的考察，提升到对历史本质的形而上层面，而非一味沉溺于丰富的历史细节，被过往的历史细节拖入历史现象的汪洋大海而不自知。当然，作家首先应该贴近历史、体察事件，与历史人物同感共情，但不能仅仅停留于此，作家想象与智慧的翅膀在贴着历史的海面飞行之后，最终必须超拔于历史之上，以穿透历史细节的宏观眼光探察历史的本质，不管是借助人物还是事件。没有这样的本领，历史小说家或许能够给读者提供引人入胜的历史故事或多彩人物，但很难把握历史的大势，以通观历史的本质。也正是在这一层面而言，历史小说创作实属不易。

就柳岸的《西施传》而论，要想进入吴越之战这一历史氛围就相当困难。《越绝书》和《吴越春秋》有关于这段历史的记载，但在很多历史细节方面非常简略，尤其是关于西施的成长史方面，几乎阙如。柳岸在小说中力图做到进入吴越春秋时期的真实历史氛围，尽量让她笔下的历史人物活跃在真实细腻的历史舞台上，追求"历史之真"是柳岸历史小说创作的功力与雄心所在。柳岸自己也仿佛生活在吴越春秋时代，她凭借自身通观历史知识获得的历史细节的真实眼光，带领读者一并进入吴越春秋的历史舞台，给读者展现了丰富多彩、逼真细腻的春秋历史画卷。作为一个严肃的历史小说家，为了追求与营造小说的历史之真，柳岸可谓煞费苦心。

熟悉中国历史的读者应该非常清楚中国传统文化中极为神秘的占卦之学和相当玄虚的卜梦丛书。如果仅仅用今天科学的眼光去看待这些历史现象，占卜、圆梦之类早已被视为迷信而被唾弃。事实上，在古代，占卜作为一种普遍的信仰为多数人所尊崇，大到国家大事如战争之类的决断，小到一个人的出行，都会借助占卜指引。在一定层面上，占卜之学在当时也是被广泛接纳的"科学信仰"。柳岸的《西施传》多处描写了占卦和卜梦，这些历史细节描写，有的来源于《吴越春秋》，有其"历史的本事"；

有的则是柳岸的艺术想象与个人独创。

吴王阖闾的红光之梦与苎萝山村西施出生的红光之兆将帝王之梦与神秘现象结合起来，在小说叙事中反复出现，既营造了特殊的时代氛围，也成为推进小说叙事的一个动力。翻阅《越绝书》和《吴越春秋》，不见西施出生有红光之兆的记载，这或许就是小说家的大胆想象。这种想象并非作家天马行空的恣意妄为，只要了解中国古代文化中圣人降临乃至英雄豪杰出生的叙事传统，都可以深切感受到那些身怀异秉的奇人降临时的神秘怪异之征兆或祥瑞之象。因而，柳岸对于西施出生时红光之兆的叙述既是个人的独创，也根植于渊源有自的强大的叙事传统。作家有意设置的这一情节，为此后对西施的传奇化叙事预设了审美接受的原点，西施体态的美丽绝伦、舞蹈的飘逸超群、神情的妩媚风情、音乐的美妙奇幻……西施在各方面都绝非人间普通女子，她似乎命中注定要成就一番伟业，搅动吴越之争的历史风云。

《西施传》中那些直接取材于《吴越春秋》的占卦卜梦，考验着作家对中国传统典籍和术数文化的了解程度，也为小说的传奇化叙述增添了神秘色彩。小说第六十一章"夫差出征梦惆怅　公孙圣释梦而亡"讲述的就是吴王夫差与西施重游姑苏台、困乏小寐中的一个奇怪的梦。吴王告诉伯嚭：

> 寡人昼卧有梦，醒来心中惆怅。请太宰占之。梦入章明宫，入门见两鬲炊而不蒸，见两黑犬，一嗥南，一嗥北。见两铧依立宫堂。见流水汤汤，越过宫墙。见前院横索生梧桐，见后房锻者扶挟鼓小震。请太宰为寡人占之，吉则言吉，凶则言凶，无为谀寡人之心而背意言吉。

而这一内容源于《吴越春秋》：

吴王果兴九郡之兵，将与齐战。道出胥门，因过姑胥之台，忽昼假寐于姑胥之台而得梦。及寤而起，其心恬然怅焉。乃命太宰嚭，告曰："寡人昼卧有梦，觉而恬然怅焉。请占之，得无所忧哉？梦入章明宫，见两鬲蒸而不炊，两黑犬嗥以南，嗥以北，两铧殖吾宫墙，流水汤汤越吾宫堂，后房鼓震箧箧有锻工，前院横生梧桐。子为寡人占之。"（《吴越春秋》，中华书局 2019 年版，第 115 页）

小说《西施传》与历史典籍中关于吴王梦境的叙述大体类似，但小说有一段创新的添加："请太宰为寡人占之，吉则言吉，凶则言凶，无为谀寡人之心而背意言吉。"吴王口口声声要求占卜者实事求是，不要阿谀奉承，一味言吉，但结果是阿谀者受赏，直言者被杀。借助吴王之梦和对吴王之梦的不同占卜塑造了不同的历史人物性格：伯嚭在吴王面前极尽谗言，阿谀奉承，投其所好；公孙胜智勇双全、仗义执言，欲隐身以避祸，却杀身以成仁。通过吴王的梦境，将吴王的刚愎自用、喜听谗言与性格多疑，伯嚭的奸佞投机，公孙胜的正道直行与料事如神，一一展现。小说以梦写人，梦境描写不但为小说增添了妙趣横生的阅读兴味与传奇色彩，也为观照不同人物的性格提供了可资借鉴的一面镜子。

《西施传》以西施的成长为主线，以吴越之战为大的历史框架，以人物带动历史的叙述，以宏大的历史背景观照人物的心理，人物众多，时段较长，如果没有匠心独运的艺术构思，仅仅依靠历史典籍记载的历史事实，很难写成一部浑然天成的鸿篇巨制，这是历史小说创作的困难所在，更遑论其中要涉及广博的历史知识。仅就所涉西施的故事而论，《西施传》中有许多作者别出心裁的艺术想象和合理虚构。西施在舞师教授"木屐舞"的基础上，为了让木屐打在木板上的声音更加响亮空旷、清逸悦耳，她别具慧眼地将木板架于大瓮之上，回声盘旋瓮中，与裙裾上的铃铛和鸣，余音缭绕，美妙非凡。从西施的"瓮上木屐舞"到吴王夫差的"木屐舞池"，柳岸大胆地施展想象，将西施的曼妙舞姿书写到尽善尽美。吴王眼中的西施之舞魅力无比：

> 听到舞动的声音，吴王夫差睁开了眼睛。他一下子便惊呆了，哪
> 里是人在舞啊？分明就是一个舞的精灵。曼妙的舞姿和奇妙的音乐，
> 完全融在一起。木板的敦厚与大瓮的空灵，完全融在一起。梦幻的感
> 觉与目击的冲撞，完全融在一起。美艳的舞者与清逸的神人，完全融
> 在一起。长廊的独特与山谷的胜景，完全融在一起……浑然天成……
> 无物无我……皆归于神……

有了这样的书写，西施之美才能从侧面烘托出来。没有西施之美，就
没有吴王夫差的着魔，吴越之战的"美人计"就失去了依傍。

除此之外，柳岸在小说中还虚构了西施的一个镜像人物谍樟，谍樟的
长相、神态几乎与西施一模一样。谍樟是杀手谍甲的女儿，这一人物设置
不但为西施深陷绝境之后的脱身留下缓兵之计与退路，也照应了小说开头
谍甲因觉得西施与自己的女儿相像而生恻隐之心，不忍杀之而丢弃在江
边。作为西施的镜像人物，西施对谍樟的命运安排呈现了西施的大仁大义
和智慧谋略，也改写了人们对西施"红颜祸水"的刻板印象。

事实上，《西施传》对西施形象的塑造丰富而复杂，并不仅仅将西施
作为"美人计"的复仇工具，西施与吴王的关系也改写了历史典籍和一般
文学中常见的简单化描写，而是突出了二人之间真实的情感交流：

> 西施顺手拿起一块石子往对面扔了过去。西施长长吸了口气，清
> 凉即刻传遍肌体，不一会儿汗就干了，而后，一股凉爽从体内散发出
> 来。她轻轻走近吴王夫差，双手抱住了他，吴王夫差似乎正等待着接
> 纳她，宽大的衣衫把她紧紧裹住。
> 西施心里生出一股暖意。此刻，她并不觉得他是位君王，而只是
> 一个爱他的男子，他带给她的恩宠、情爱、呵护都是无以复加的。女

子一生遇此一男，死而无憾。可是，她又想到了范子，想到了她来吴国的目的，心中一阵绞痛。她紧紧地抱着吴王夫差，紧蹙眉头，咬紧牙关，头上的汗珠便滴落下来。

在此，西施不是像褒姒这样作为传统文化所锚定的倾国倾城的尤物，也不是一位复仇女神，西施和吴王之间是一种相互倾慕的男女之情。即便是曾经辉煌的一代霸主，吴王对西施也爱得无怨无悔，小说似乎在借吴王之口来洗刷笼罩在西施身上的倾国的罪名：

> 王孙洛说："……西子，岂非亡吴之罪人也。"
> 吴王夫差说："西子，吾所至爱，今生无悔。吴之堕毁，与一西子何干？寡人若当年听相国之言，灭掉越国，还有今日之祸乎？亡吴者，夫差也。"

当然，小说也深入西施的内心世界，尽量呈现一个复杂多面的女性形象，西施常常陷入作为一个复仇者与一个正常女子的矛盾纠结之中：

> 是的，越国的阿光是范子的女人，她已经死了。灵魂留在越国，而尸体在吴国。吴王宫里这个女子，叫西施，只是一具没有灵魂的尸体。她表面是吴王的女人，心里是吴王的仇人。她必须把心思掩住，不能有任何的表露。范子临别之言和师父的摩意之术，她都记在心上。她只能等候吴国灭亡，才能将灵魂与尸体合二为一，重新复活。然而，这等待，何其漫长！
> 两行清冷的泪，在她的脸上缓缓地滚动。
> 此刻的范子，他在哪里？他在想她吗？他知道她心里的苦楚吗？他知道！他一定知道！智慧如范子，无所不知！

将西施的坚韧与无奈、痛苦与忧伤、孤独与隐忍的多种矛盾心理，借助人物心理独白细腻地展示出来。

拒绝对历史人物形象的简单化处理，力图塑造有血有肉的人物性格，并开掘复杂多面的心理世界，是柳岸历史小说的自觉追求。在这一方面，柳岸借助历史风云的描写抵达了对历史人物心理与人性深度的揭示。柳岸在接受采访时也表达了她塑造历史人物的创作理念：

> 我在创作"春秋名姝"作品时，并没有拘泥于流传"刻板印象"，也没有拘泥于一家之言。对于一个历史人物的定位，要把他放到大的历史框架中，大的历史文化背景下，和当时的价值取向，包括一些人性的、客观的、自然的属性等，综合考量，才能复活丰满这个人物。当这个历史人物面世的时候，也许不是人们心中所固有的形象，或者看起来与"历史"有了出入。但是，他的形象会更具有历史和逻辑的真实性。

人是历史文化语境的产物，还原了真实可靠的历史语境，也就复活了人物活动的场域，从而也复活了历史人物。"复活人物"正是柳岸的自觉追求："历史人物需尊重历史，但历史文学不能够完全复刻历史。较之历史的固定，文学是灵动的。我想用文学去复活历史，进而复活人物。"除了复活西施这个历史人物之外，《西施传》还为我们塑造了一系列鲜活的历史人物：忍辱负重的越王勾践、刚愎自用的吴王夫差、足智多谋的范蠡、一心复仇的伍子胥……小说以生动鲜活的人物形象带动了春秋历史风云。从这一层面而论，柳岸的历史小说写作抵达了其预设的理想："《西施传》的主要目的，是想通过西施这个人物，写吴越争霸，通过吴越争霸，写出吴越争霸中那一群人物，通过那一群人物，反映春秋晚期的那一段历史。"

为了营造历史的真实，柳岸的历史小说在语言上追求古雅高致的文言风格，无论是人物对话还是叙述语言，都兼顾到了历史的特有韵味与高古之气。请看吴王与伍子胥的对话：

> 吴王阖闾沉吟一下，说："相国看寡人众多公子里，何人适合立为太子？"
> 子胥道："臣闻'祭祀断于无后，兴旺在于立嗣'，今太子不禄，早失侍御，为人痛惜。君王欲立太子，按照常理没有比次子夫差更合适。"
> 吴王阖闾说："夫差愚钝而残暴，只怕不能奉守国祚。"
> 子胥说："夫差爱民守信，行端守节，敦仪守礼。太子波无嗣子，夫差为次子，符合经典明文，顺则吉祥。"
> 吴王阖闾说道："相国言之成理，寡人听信相国。"

小说中雅洁高古的文言表达几乎达到与历史典籍乱真的地步，这是对长期以来白话书写习惯的一个极大的挑战，考验着作者的语言功力。

小说叙述语言常常是四言句式：

> 他（范蠡）不过是一个客居越国的楚国人。王室衰微，礼崩乐坏。列国争霸，征伐迭起。战乱纷纷，灭国绝祀。权臣坐大，弑杀频发，谁又能阻止住战争？

即使是风景描写，也高雅别致：

> 此时，乌云低垂，江水拍岸，江鸟盘旋，波涛呜咽。越国国臣触景伤情，挥泪相别。

如果从读者接受的期待视野出发，这些文言表达可能会造成阅读的障碍。柳岸深知这一点，但出于还原真实历史语境的需要，她执拗地坚守着自己的写作原则："读者只能适应这些文字，而不是作者为了读者去改变。"柳岸的历史小说追求历史真实与逻辑真实的统一，作品思想性、艺术性与史实性的统一，不是一味地迎合读者，而是出于对历史负责、对作品负责、对自我负责的个性表达的需要。

　　总之，柳岸的历史小说创作以十年磨一剑的精勤准备和辛勤开垦，拓殖了属于自身的"写作园地"。《西施传》以丰赡的历史知识、众多的人物形象、古雅的小说语言和双线交织的结构形成自己独具特色的历史小说创作风貌，也就是说，柳岸有了自己历史小说写作的根据地。河南作家在历史小说创作方面一直是中国当代文学的中流砥柱，不必说姚雪垠的鸿篇巨制《李自成》，也不必说二月河备受争议的历史小说，当代河南作家对历史文学的情有独钟也形成了一个特有的文学现象，值得我们深入研究。柳岸的"春秋名姝"系列很好地延续了河南文学的这一写作传统，她的"战国名将"系列已经在酝酿之中，我们有理由期待，柳岸的历史小说创作定会渐入佳境，走出一条属于自己的辉煌之路。

在历史与小说中行走

——"春秋名姝"系列作品创作谈

柳岸

"春秋名姝"系列是我历经十年完成的四部历史小说，以春秋时期的四大名姝为主要人物，穿起春秋时期近三百年的历史。十年，我游走于历史与小说之间，对历史小说的创作有诸多感怀。

我觉得历史小说有四个基本的特征，就是历史性、文学性、时代性和思想性。

首先是历史性，或者叫史实性，这是历史小说最基础的东西，也是它主要价值的体现。要实现历史小说最大的史实性，写作者必须做足两个方面的功课。

一是史料的占有，要全面、详细、广泛，越多越好。历史小说，其实也是另一种形式的人物传记，故而必须对人物所处时代的所有史料，甚至一些野史传说、相关传记等都要有所了解。我在写"春秋名姝"系列第一部《公子桃花》的时候，以为很轻松，查了一段时间资料，就开始动笔了。结果一面对电脑，脑子里一片空白。因为先秦的史料很少，特别是春秋时期，都是零零散散的碎片，仅靠查阅一些资料，感觉无从下手。我只好重新开始研读史料，从"春秋三传"开始，而后《国语》《吕氏春秋》《春秋繁露》《春秋史》《史记》等等，但凡发现有关春秋时期的书，我都会查阅。拥有了这些资料，才对那个时代有所了解。所谓的了解，不仅仅是对几个事件、几个人物的了解，而是对时代特征的把握，对文化背景的把握，包括规制、礼仪、政体、地理、风物、人物称谓、官职设置、姓氏文化等的全面把握。

二是走访，对史实的把握除了对文字资料的占有外，还要走访。走访是对史料在场化、丰满化的一个过程。如果没有走访，史料对于写作者只是死的文字符号，而走访可以使史料再生、复活、丰盈。

"春秋名姝"系列中四位女主的生活轨迹遍及大半个中国，我也循着她们的足迹走过山山水水。文姜是齐国女公子、鲁国君夫人，生活轨迹是齐、鲁。写《文姜传》时我去了临淄，到了传说中的淄河，才知道临淄的来历。我从临淄追踪到曲阜，拿着曲阜的古城发掘图，找了一辆人力三轮车，绕着老城墙转了一圈，城门、护城河、进出水道……了然于心。从临淄到曲阜，我最大的收获是感受到了齐、鲁文化的差异。临淄的开放与创新以及焕发出来的活力，同曲阜的拘谨与内敛以及呈现出的守制，有着鲜明的对比。

息妫是陈国女公子、息国君夫人、楚文王夫人。她的生活轨迹是陈、息、蔡、楚，由中原到南方。写《公子桃花》也就是"息妫传"时，我去了息县、上蔡、荆州、武汉、黄陂。去了荆州的纪南城遗址，感知了楚文王迁都郢都的豪迈，对古郢都城的布局、河流、道路、城门都了解得清清楚楚。对郢都有了感性的认识，作品才能有立体的呈现。走访荆州中，我发现在郊区有许多桃林，由此想到息妫"桃花夫人"的名号，我想也许种桃习俗承传上古。

夏姬是郑国女公子、陈司马孺人，后嫁楚大夫屈巫。她的轨迹从晋到郑、陈、楚，再回到晋，由西部到了中原，然后又到了南方，最后回到西部。写《夏姬传》时我去了新郑，知道古郑国有春浴节，这一天郑国的男男女女手持芍药，到溱水、洧水边相会，所以才有夏姬与屈巫邂逅春浴节的情节。而后去了柘城，探访夏姬的归终。

西施是越国的女儿、吴王的姬妃。她的生活轨迹在吴、越。写《西施传》时我踏上吴越之旅，先去了绍兴，看了越城，知道越城有大、小越城之分，小越城所有房屋都是反方向，表面上是越王勾践对吴王夫差的臣服，实际上是越王激励自己复仇的决心。我们所知道的勾践卧薪尝胆，那只是他故事的冰山一角。而后到绍兴博物馆、会稽山、西施山遗址公园、诸暨苎萝山、金鸡山。从绍兴到了无锡的吴国旧都梅里，又从无锡一路辗转到苏州，随后扎营苏州。我沿着吴城走了一圈，看到古城墙和古城门，偶遇伍子胥像和他开挖的胥河。而后，去虎丘看了阖闾墓；去灵岩山看了夫差为西施建的馆娃宫、响屐廊；去高景山看了越王勾践卧薪尝胆的白马涧；还有一代霸主吴王夫差自刎之地——阳山。从苏州转而到了上海，拜访了注疏《吴越春秋》的张觉老师。吴越之行将近一个月。回来之后，我又到淅川，看看是怎样的风水养育出了范蠡这样的人物。从淅川回来，去了范蠡隐居之地山东肥城。但凡作品牵涉的重要都城、战略重地、主要人物生活过的地方，我基本走完。走访，得到的不但是在场感，还有对地域风情的感受。虽然在历史变迁中，有些古迹已经荡然无存了，但是只要存在过，总会留下印记，总会有所传承，总会让人感受到它的气息。

　　其次是文学性，这是作品生命力的体现，关乎作品的可读性、趣味性和广传性。

　　历史小说的文学性主要体现在以下几个方面：一是人物的复活，传记小说的人物书写与纯粹的小说人物塑造不同。因为历史人物的命运已经基本确定，善恶忠奸都摆在那儿。作者只能围绕着史实去写人物，把所有关于人物的史料都铺展开来，为复活这个人物做铺垫。不管人性多么复杂，人类的价值观的尺度大体一样，向善、向好、向美、向上，所以不能颠倒黑白，把恶人写成好人。即便是写人物的复杂性，也只能说恶人身上有温暖的一面，而好人会有缺点，甚至间或邪恶。细枝末节可以想象、虚构，但主干不能颠覆。所以，传记体小说写人物，是写人物成长、命运形成的过程。复活的人物，让当下人感觉是有血有肉、有爱有恨、有喜怒哀乐的，性格丰满，面孔鲜活，不再是一个时代的符号，而是能够走进读者内心的活着的生命。

　　二是故事还原。因为传记体小说中的大事件都是既定的，不可改变。

史料往往是纲领性记载，零零散散的碎片，并未详细记载事件的起因、过程，只记其结果。作者需要对故事发生的原因进行探寻，对事件的详细过程、趋势走向、影响等都要有明了的交代。作为历史小说，要把一件一件看似毫无联系的事件穿起来，穿成线索，成为作品架构，形成一个鲜活的有机整体。

三是小说元素的体现，有两大块：一块是史料之外的补充。没有史料记载的地方，是我们充分发挥想象的空间，靠想象来补充史料的空白，这也是文学性的最好体现。但想象也是不能超越当时的历史文化背景的。另一块是细节的虚构，这也是传记体小说最具文学性的地方，体现一个作家驾驭题材的能力。历史小说的所有细节都靠想象，因为当下人都没有亲历过那样的生活。细节的想象，可以增加作品的丰满度、真实感和趣味性。

四是遵循时代语境。历史小说的创作讲究时代语境，这也是作品成功的关键所在。我写"春秋名姝"系列，基本是短语，还有一些文言，主要是受先秦史料文风的影响。先秦时期的文字资料都惜字如金，一句话就是一件大事，一个字有可能是一个故事。所以，训练文字简洁是我的功课，也是文本的要求。还有，写人物对话要贴近时代。那个时代没有出现的成语、字、词、句，在人物对话中要避免出现。一些称谓，比如官职或一些特指的名词是不能改变的。比如，春秋时期没有人称代词"你、我、他"，至少对话中不能出现。当时人物对话，出现"我"这个字时，要用自己的名代替，而不能称字，因为字是别人称自己的，自称只能称名，以示谦虚。而"你"一般说成"子"，就是先生，或者称官职、身份。"他"这个字，一般称此人的字，或者名和字加一起称呼，或者身份加名、职业加名、官职加名等。这就是春秋时期的语境，有时候会觉得别扭，但最大的好处就是容易把读者带入时代。

再次是历史小说的时代性，也就是小说所体现的时代特征。时代特征一方面是指一个时代的主体性、标志性的文化特征。比如春秋时期王室衰微，礼崩乐坏，诸侯称霸，五霸横空出世，这是其显著的特征；战国时期礼乐荒废，灭国吞并，革新纷纷，七雄迅速崛起，各国诸侯称王。所以，每一时期，或者每一个时代，都有独特的文化现象，一看就知道是这个时代的故事。时代特征的另一个方面就是时代的价值取向，即一个时代所崇尚的或者所摒弃的东西。不同地域、不同人物，因为价值取向不同而有所差异。春秋时期的君子、战国时期的侠客等都是时代价值取向所造就的。还有时代的生存环境、服装服饰、风物人情、礼仪规制等都有鲜明的特征。时代特征就是作品所处时代的标签。

最后是历史小说的思想性。思想性源于历史观，作者的历史观决定作品的厚度和深度。正确的历史观是作品的灵魂所在，不会为某些言论或者资料所左右。作为写作者，首先要思考什么样的社会存在才会决定这样的社会意识。比如春秋时期，了解了那个时期的文化背景，知道它的社会生态，就知道为什么会有那么多的传奇人物和传奇故事。比如夏姬这个人物，《左传》里把她说得极其不祥，而后的《烈女传》也宣扬她为红颜祸水。那么她为什么会有那些故事呢？夏姬是春秋中早期的郑国人，郑国音乐被视为"郑风淫"。郑国为何会出现"郑风淫"？这是地理、文化造就的。郑国地处中原，是强国争霸之所在，战事频发，被打来打去，商业又很发达，就没什么节气可言。这是夏姬生长的环境，而她所处的时代不但没有孔子的儒家思想，还存在着媵妾制，即姐姐出嫁，妹妹陪嫁。一个诸侯国嫁女，三个同姓诸侯国送陪嫁的女子。女人的命运自己根本无法左右，包括爱恨情仇，都是身不由己。而所谓她的不祥，都是指她的婚恋，以及和她有交集的这些人物的命运。她所经历的联姻下嫁、君臣私通、赐婚争抢，都是别人强加给她的。一个生活在君权夫权社会的女子，真的能够灭掉一个国家吗？因此，那些都是后人按照自己时代的伦理去匡正她的。夏姬真的很淫荡吗？看看春秋时期那些故事就知道了，鲁国是个循礼的国家，鲁惠公照样纳了自己的儿媳妇为夫人。文姜的姐姐宣姜，先嫁给了卫太子伋，被太子伋的父亲卫宣公纳入后宫立为夫人；卫宣公死后，宣姜又嫁给了卫宣公的儿子公子顽。是不是很乱？楚国也一样，伍子胥复仇，起因是楚平王纳了儿媳妇。宋国的宋襄公夫人竟然要私通孙子，因为他长得好看。而后，她支持这个孙子做了国君，就是宋文公。

社会存在决定社会意识，决定着人物命运。所以，古代的一些故事和人物需要有正确的历史观才能理解。历史观的另一种体现就是因果互应的规律。昨天是今天的历史，今天是明天的历史。历史是有传承、有因果的，看似偶然的事都有必然在里面。每一件大事的发生，每一个人物的命运，都有因果在里面。我们看到的故事和人物都是果，真正的因是看不到的。而传记体小说要把隐藏的因糅进铺垫中，不知不觉地呈现出来，让读者感受到这个因的存在，而不是突兀地呈现一个果。大的历史观，其实也是一种精粹文化的传承，从古到今，客观规律不会变，人性不会变，故事的核不会变。历史观照当下，当下反观历史，实质都是一样的。我们经常说要"以史为鉴"，作家一定要把"鉴"给呈现出来。我们从历史中看到了什么？学到了什么？悟到了什么？这是写历史小说的作者要自我考量的重要问题。自己想清楚了，才能有清晰明了的表达。

柳岸主要作品

《燃烧的木头人》（中短篇小说集），大众文艺出版社，2008 年 3 月。

《我干娘柳司令》（长篇小说），河南文艺出版社，2011 年 4 月。

《八张脸》（中篇小说集），河南文艺出版社，2011 年 4 月。

《浮生》（长篇小说），河南文艺出版社，2014 年 4 月。

《红月亮》（中篇小说集），河南文艺出版社，2014 年 12 月。

《公子桃花》（长篇历史小说），作家出版社，2016 年 7 月。

《夏姬传》（长篇历史小说），作家出版社，2018 年 11 月。

《文姜传》（长篇历史小说），作家出版社，2020 年 7 月。

《西施传》（长篇历史小说），作家出版社，2022 年 3 月。

罗尔豪

　　罗尔豪，1969年出生于河南省淅川县，中国作家协会会员，河南省作家协会理事，南阳市作家协会副主席。先后在《北京文学》《莽原》《长江文艺》《山花》《延河》《鸭绿江》《山东文学》《安徽文学》等杂志发表中短篇小说百余万字。获得首届师陀小说奖、首届河南文学期刊奖、第二十九届"东丽杯"梁斌小说奖、第三届全国"大鹏生态文学奖"小说奖、南阳新锐作家出版奖等多种奖项。

戏谑与异化

——罗尔豪中篇小说赏析

张勇

　　"新时期得到认可的中国作家们，除了极少数，差不多每个人都有拿得出手的好中篇。这样的文学场景放在其他国家真的不多见。"当代著名作家毕飞宇曾经如是说。

　　罗尔豪的中篇小说，就出现在这样一个中国当代文学的语境之中。罗尔豪的中篇小说带给我们的冲击是多方面的，让我们领略到其中篇小说独具特色的魅力；而罗尔豪的小说又在哪些方面具备了中篇小说的实践、批判美学思想，是我们解读罗尔豪中篇小说文本的意义所在、关捩所在。

　　中篇小说作为小说的一个分类，在新时期文学中异军突起，在中国确实是一个非常突出的文学现象，是一个独特存在，从其大规模出现到文体的成熟，再到一些学者和作家经过探讨、研究之后达成了一个基本的共识——这是中国文学对现当代世界文学，或者说中国小说对世界小说所做出的一个具有原创性质的贡献。

　　毕飞宇在"外国中篇小说经典"丛书的总序中把这个问题讲清讲透了。他讲到一旦跳出中国的当代文学，跳出汉语的世界，"中篇小说"的身份是极为可疑的。为什么这样说呢？他接着举例说《阿Q正传》在《晨报副刊》连载的时候，中国的现代文学尚未出现"中篇小说"这个概念。在西方的语义、语境里，我们也很难找到与"中篇小说"相对应的概念。加之阅读海明威、加缪、卡夫卡、菲利普·罗斯等作家的经验，他领悟出一个结论：传统是重要的，在西方的文学传统面前，"中篇小说"这个概念的确可以省略。

毕飞宇接着分析道,对"中篇小说"的确认还要追溯到新时期的"伤痕文学"。它是激愤的,它急于表达。因为有"伤痕",有故事,这样的表达就一定比"呐喊"需要更多的时间和更大的篇幅,这是中篇小说健康成长发育的基点;当然也和新时期文学月刊、双月刊的大量创刊从而激发了作家的主体创作热情等因素息息相关。

一、实践、批评美学意识的呈现

罗尔豪中篇小说所营造的艺术世界,有着极为鲜明的实践、批评美学思想和美学意识。这也许和新时期以来中国当代文学发展的逻辑存在着千丝万缕的血脉承续,延续了伤痕、反思、改革与寻根文学等文学传统。可以毫不夸张地说,出生于 20 世纪 60 年代末的罗尔豪见证、参与并推动了新时期以来中国当代文学的发展,特别是中短篇小说艺术世界的构建进程。

我们整天浸泡在错综复杂的现实生活中,在生活的磁力场中感受现实带给我们的冲击、震荡与碰撞,在现实生活中挣扎、沉浮……那么,作为一个作家,什么是作家的现实主义?怎样的现实可以进入作家创作的文本里?这两个问题对作家来讲更为迫切,甚至作家在创作实践中,不知不觉就以闯入者的身份深度介入小说文本中去了。

这在罗尔豪的中篇小说集《野猪林》中有着极为鲜明的表现。《野猪林》收录了罗尔豪在 2000—2013 年发表的 10 部中篇小说:《野猪林》《潘金莲的泪》《空中花园》《嘉靖年间的刺杀事件》《雪姨的爱情》《乡村无间道》《造房记》《移民列传》《约巴马的尖叫》《安乐死》。

乍一看,《野猪林》很容易让人联想到这是一部历史小说集,或者是一部新历史主义的作品集。民族的文化无意识很容易让我们回到《水浒传》中林冲在劫难逃的"野猪林"历史现场。然而,这本小说集中只有《嘉靖年间的刺杀事件》《潘金莲的泪》取材于历史;小说《野猪林》恰恰取材于现实生活，不过结尾却是以林冲的唱段结束。这显示了罗尔豪在历史与现实之间的自由转换，更显示了作家成熟的小说谋篇构思技巧。

小说《野猪林》开篇从现实的野猪林村说起，叙述文本中时时刻刻充满了内在紧张的矛盾张力——村民与野猪的矛盾张力、公权力与村民的矛盾张力，以及生态保护与公权力寻租之间的矛盾张力……所有这些都昭示着历史和现实之间的种种羁绊与纠葛，使这篇中篇小说具有了多重意蕴内涵。

首先是社会历史层面的意蕴内涵。由于长期禁枪禁猎，地处山区的野猪林村突然间野猪泛滥，村民深受其害，苦不堪言。野猪林村的村民为了对付野猪的袭扰，不得已架了电网，却又造成了家禽、家畜甚至小孩子的伤亡事件。村干部无奈，只有向乡里反映，请求采取措施剿杀野猪。但乡里以保护野生动物为名，不惜牺牲村民利益，甚至要求村民整体搬迁，给野猪腾出空间，以便形成一个"野生自然动物保护区"。实则是要建一个"野生动物狩猎区"，以吸引外人进入狩猎，牟取"狩猎费"暴利。村民为了保护自身权益，不得已自发组建狩猎队，进山剿杀野猪，从而使山村的生存环境得到了根本性改善，但村主任陈响马因违背上级指示要被追责……

其次是上升到思想哲理层面的意蕴内涵。对处于乡村这个环境之下的作家而言，对现实黑洞的批判，对存在的社会隐患问题洞若观火，更有切身之痛，这是作家直面现实的勇气，所以才更有胆量揭开社会的脓疮和伤疤，"以引起疗救者的注意"。对现实矛盾的不回避、不粉饰，艺术地塑造典型环境下的典型人物，正是一个作家的责任、担当与良心所在。农村、农民、农业，是中国乡村的基本形态，是被忽视、被漠视的现实存在，是基层的基层，也是底层的底层，"三农"问题更是国家政策关注的焦点，中央工作会议总会把它放在案头，放在首位。然而，可能是鞭长莫及的原因，也或许是其他历史因素的羁绊，基层民意、民主进程常常会打上很大的折扣，很难有大的改观，需要花费更大的精力去面对、去解决。这也许是文本表达的最为核心的思想意蕴内涵。

最后，是文学审美层面上的象征、隐喻、寓言等形而上的意蕴内涵。和《野猪林》具有对照意义的是《约巴马的尖叫》。村民的集体力量让山村的生存环境得到根本性的改善和更田的个人力量最终被镇政府、信用社、畜牧站、法院、公安部门、派出所等合谋压制下来……就连镇政府的镇长李为民、信用社的信贷员张支农、巡回法庭的魏庭长、县法院的眼镜、派出所的所长等出场人物，作家甚至都懒得赋予他们一个名字，也具有了反讽味道。《约巴马的尖叫》写着写着，就把一个养猪问题转化成一个文学问题，把一个生活问题幻化为一个哲学问题，把一个前现代的现象沦落为一个"异化"的现代性课题——"猪的异化""人的异化""资本的异化""社会的异化"，直逼人的灵魂深处。这使罗尔豪的中篇小说具有了象征、寓言的多重审美意蕴，引人入胜，耐人寻味。这是不是另外一种有"意味的形式"？这种有"意味的形式"在其中篇小说集中比比皆是，更是各种文体写作的实验：出色运用意识流手法的《潘金莲的泪》，采用对比和浪漫主义手法的《雪姨的爱情》，采用寓言、隐喻和象征色彩的《空中花园》，非虚构体裁的《移民列传》，充满魔幻、抽象、隐喻、对比、象征与寓言的《安乐死》……都给我们带来一个又一个的惊喜。

作家张学东说："在很多人的眼中，现实主义可能就是生老病死、吃喝玩乐，甚至就是喜怒哀乐，但是我觉得这可能只是回答了现实主义的一个方面；而另一个方面，也是更重要的一个方面，现实主义可能来自比我们更久远的历史和更加虚无缥缈的未来，作家必须对所创作的人物的历史有所掌握，也要对未来的世态人心发展趋势有所洞悉。在这样的情况下，才有可能在现实主义文学创作中取得一些成绩。"小说《野猪林》最后以林冲在野猪林的唱段收束全篇，以历史来回应现实，以现实拥抱历史，小说对纵深意蕴的挖掘至此毕肖再现，同时也戛然而止。"行于所当行，止于所当止"，这难道不是罗尔豪中篇小说文本表现出来的实践、批评美学思想和美学意识？

二、戏谑艺术笔法的撷取

罗尔豪的中篇小说，把人世间的滑稽、丑恶、畸形置于哈哈镜前加以扭曲放大，使之显得荒诞不经，其语言诙谐俏皮、幽默戏谑，富有生活情趣。我姑且把这种艺术手法称为"戏谑"。

刊发于《躬耕》2007 年第 9 期的《潘金莲的泪》可谓一篇女性主义宣言式的新历史主义檄文。《水浒传》中的潘金莲形象早已根植中国人的集体无意识之中，是人神共愤的荡妇、淫妇。想作翻案文章，其难度可想而知，但是罗尔豪以潘金莲的第一视角来还原当时的历史场景，大段的心理描写乃至长句的运用，和西方的意识流小说有似曾相识之感，却并不晦涩难懂，完完全全是中国化的做派。一口气读下来，你会进入小说中的每个角色中去，和他们同呼吸、共命运——武大、武松，就连西门庆也被作家塑造成通诗词、精武艺，与潘金莲相识相悦、铁骨柔情的汉子。这源于罗尔豪对人物刻画的自觉意识。反叛与创新正是罗尔豪小说艺术的纯熟之处。特别是重塑了潘金莲这样一个栩栩如生的女性形象，让人倍感震惊。这与其他戏仿、戏说的历史游戏笔墨大相径庭。

女性是人类社会最核心的组成部分之一，女性的生活、命运、心灵世界是人类社会永远言说不尽的文化话题。数千年来，对于女性的言说从未间断过，因而这一话题古老而常新。在相当漫长的历史时期，女性的身份是被社会和文化环境规定的，由于男权话语的强制性，使得女性始终处于第二性的位置，这种第二性的文化身份使得许多女性产生了严重被压迫、被歧视的心理感觉。

在罗尔豪的小说里，历史和现实本质上是一致的，同时也形成了新的对比和反讽。《嘉靖年间的刺杀事件》中的苏川药、朱厚熜、宁妃、杨金英和邢翠莲，以及菜市口，构成了一幅栩栩如生的历史画卷。这种历史与现实的对比，在现实的烛照之下，历史显得异常沉重和真实，同时也是极为荒唐的，这是另外一种意义上的现实，更是对历史的一次遥远的呼应。正如潘金莲和他塑造的众多女性形象一样，反差和重塑构成了罗尔豪小说的内在张力，构成了罗尔豪小说艺术的美学特征与原则。

相似的女性形象，譬如《野店》中的阿香，《民女二丫的奋斗生涯》中的二丫，《这正是春天的时光》中的大阿姐、考拉，《他乡之家》中的小莺，《雪姨的爱情》中的雪姨……这些被侮辱、被迫害的女性形象的塑造，不是以西方的女权主义完成的，而是以中国民间化的"戏谑"方式来实现的，可谓殊途同归。

民间文化和戏谑有着天然的联系，打油诗、民间故事、传奇、幽默笑话……看似无厘头，实则大有深意、寓意，戏谑介于民间文化和官方文化之间，有了罗尔豪自由驰骋的广阔艺术空间。罗尔豪小说中的这种传统文化与现代文化的抵牾，构成了小说内在的文化张力。

细节上的戏谑更是常见，譬如《野猪林》："陈响马的头从大海碗里升起来，嘴角挂满了黄黄的苞谷糁子，像是小孩拉下的黄黄的粪便。"再看《造房记》："茶杯子摔在地上，只是沾了一层灰，商羊心疼地把茶杯捡起来，像抚摸着豆丁的脑袋一样抚摸着茶杯。这个茶杯跟着他没有十年也有八年了，里面的茶垢积得比茅坑里的污垢还要厚。"这样的戏谑比比皆是，让人回味。

戏谑是对正统观念的一次反叛，同时也是一种超越。戏谑本质上和现代、后现代的结构主义和解构主义有了某种精神上的契合，这亦是中西文化的一次呼应与回响。

三、异化主题的深度剖析

"异化"一词源自拉丁文，异化现象早在原始社会末期就已出现，但是把这种现象提到理论高度来认识，却是近代的事情。在马克思主义哲学体系中，异化是指人的生产及其产品反过来统治人的一种社会现象。简而言之，在异化中，人丧失能动性，人的个性只能片面甚至畸形发展。

异化是现代小说家表现生活一个常见的主题。卡夫卡的《变形记》生动描写了人与人之间关系的异化现象，人们被金钱束缚，失去了善良与爱；《飞越疯人院》更是将美国社会中的异化现象描写得淋漓尽致；陀思妥耶夫斯基在《地下室手记》中写自己被富有的人排斥……极其丰富的物质财富和贫瘠的精神文明形成强烈对比，催化了异化的产生和发展，这种情况被作家们敏锐地发现，并将其凸显于文学作品中。

罗尔豪的中篇小说集中对异化现象的揭示和表现更是一览无遗、触目惊心。

荒诞、异化在《安乐死》中集中表现了出来："张市场来时，杨名正在杀兔子。兔子是星期天杨名和立万几个朋友一起去乡下捉来的，商定了中午一起吃兔子肉，喝二锅头。早上一起来，杨名就把兔子从牢里提出来，跟处决犯人一样。兔子叫了几声，有点凄凉，像婴儿哭。杨名的心动了动，但他还是坚定地拎着兔子走到门前。工具是早已准备好的，长刀、短刀、剔骨刀、剥皮刀、大砍刀、肉钩子等，一字排开，闪闪地发着寒光……"

随后，在张市场一步步威逼利诱下，杨名痴迷于家畜的"安乐死"事业不能自拔，倾家荡产，妻离子散，更为荒唐的是，杨名竟然要对自己实施安乐死……面对杨名的"安乐死"试验，对杨名感恩戴德的家畜很早就自发地聚集在杨名的试验车间前面，看似荒唐的场面却以非常真实的艺术形式栩栩如生地展示在人们的眼前：

> 前面是猪马牛羊，跟在它们后面的是狗猫鸡鸭。天上飞的是鸽子、鹌鹑，水里游的是鱼鳖虾蟹，似乎屠宰街所有的动物都来了。它们就像一队队训练有素的士兵，按个头大小整齐排列着。个个神情肃穆，似乎在等待一个庄严时刻的到来……

荒诞、象征、魔幻、隐喻、寓言、虚构……极富戏剧化的场面出现了，杨名由人异化到非人，而自己精心生产的产品反过来成为统治自己的工具，这不是异化是什么？我们扪心自问，究竟谁是罪魁祸首？是张市场、杨名，还是屠宰街上的商户？他们都是，又都不是……

这样的荒诞、异化在罗尔豪的中篇小说中随处可见。

《造房记》开篇："商羊站在太阳底下闷了一阵，看着村主任马甫仁，突然把手里的茶杯子一摔，说，找不来人，我就自己一个人盖，我就不信离了他们这个夜壶我就尿不成尿了！茶杯子摔在地上，只是沾了一层灰，商羊心疼地把茶杯捡起来，像抚摸着豆丁的脑袋一样抚摸着茶杯……"商羊为了守护村民的整体利益，反而成了全村人的敌人，造房过程中一再遭到村民的破坏，并且在村、乡两级领导的授意下，召开村民大会，想把商羊的代表权收回，结尾却出现了戏剧化的一幕：

> 年前的一天，是商羊交手续的日子，手续呢，也就是那半截章子。商羊拿出那半截章子，轻轻在手里摩挲，内心隐隐作痛。新代表是张蚂蚱。张蚂蚱站在一边，稍稍有些不自在，没话找话说，商羊，不商代表，这章子我先替你管着，有啥事你尽管跟我说，我一定会给你盖的。商羊没有应声，正要把章子递给张蚂蚱，突然脚底下传来一阵地动天摇的响声，房子都在摇晃，人也跟着东倒西晃。张蚂蚱从地上爬起来，章子也不要了，转身就往外跑，说，地震了，地震了……到了下午，传过来消息，是盛大公司发生了爆炸……在这次爆炸中，仙女村的房子都不同程度受到了损害，一些房子已成了危房。唯独商羊的房子纹丝不动，一点受伤的痕迹也没有。至于那半截章子，现在仍躺在商羊的抽屉里。

在普遍狂欢化、碎片化、喧嚣声一片的当下，罗尔豪无疑是坚守淅川一隅的一位文化的守护人，值得我们去深入探究其中篇小说的艺术价值乃至思想价值。

在我看来，实践、批评的美学意识，戏谑的艺术笔法，异化的主题挖掘，正是罗尔豪小说艺术世界的三个方面，越深入剖析就越强烈感受到其独具魅力的艺术价值，这也许是和中国当代小说创作整体研究分不开的，希望罗尔豪的中篇小说能得到评论界的广泛重视。

为什么写作（创作谈）

罗尔豪

说不出高大上的东西，也说不出深刻得触及灵魂的句子，就说点实在的——为什么要写作？

说实话，就是想改变自己的处境。

当年大学毕业进了一家"制造污染"的企业，做莫名其妙的事，拿少之又少的工资，日子一天天过去，感觉人生已经走到尽头，惶惑，烦闷，几乎要发疯。想要离开，但没钱、没关系，只能在这个污水池子里沤着，看着自己慢慢发臭。在小县城里，不靠关系改变处境的路只有一条，就是"耍笔杆"，搞文秘工作或写通讯报道等，单位领导都喜欢这方面的人，可以帮他们把自己不能说的话说出去，把真真假假的工作成绩宣扬出去，为晋升热身。从 20 世纪 90 年代末，我就开始为单位写些通讯稿件，偶尔也写小说，但那时只能算作练笔。两年多过去，在搞好文秘和通讯报道的同时，我的第一篇小说发表在市文联的杂志上。这不重要，重要的是，人们似乎知道有个叫某某的家伙，不但能写通讯报道，还能写小说。之后命运真的为我开启了一扇门，依靠文字专长进了一家金融机构，仍然从事新闻宣传工作，但身份是临时工。又干了几年，同样依靠这个手艺进了现在的单位，工作才稳定下来。回头看这 20 年，虽然兜兜转转、磕磕绊绊，还是在小县城，但也算是芝麻开花节节高。不但文秘宣传工作得到认可，在市级、省级、国家级刊物上刊发中短篇小说百余万字，出了两个中篇小说集子，加入中国作家协会，多少也算取得了点成绩。

可以说，势利写作改变了我的人生。

但我并不觉得势利写作虚伪，如果你含着金钥匙出生，自然可以站在道德的制高点对此评头论足。对于头低在尘埃里求生的人，不偷不抢，当然应该没有问题。不单是卑微如蝼蚁的我，很多大作家也是这般，诺贝尔文学奖获得者莫言写作的初心，是为了每顿能吃上饺子；作家余华则是想通过写作调进文化馆。这样看起来，作家也就是一帮"势利"之徒。再如美国著名经济学家、博弈论的创立者约翰·纳什，曾患精神分裂症，最后真正治好纳什的精神病的，不是他过人的智力和意志力，而是荣誉。纳什发病之时，正苦苦追求数学界最高荣誉的菲尔兹奖而不得。1994 年，他夺得诺贝尔经济学奖后，一夜间开朗了许多，简直变了个人，也不疯了。地位那么高的学者，身外的荣誉和头衔对他还是那么重要，芸芸众生，又怎么不好意思提"势利"这个词！

但纯粹是为改变自己的处境而写作吗？仔细想想，似乎也不全是。

回忆了下，似乎从小就对文字感兴趣，因为看闲书多次挨打，用压岁钱买了几十本"小人书"，还把三块钱学费偷偷拿来订了一本当地的文学杂志，这在当时需要多大的勇气。上初中时，县里组织了一次作文大赛，得了第一名，一个村里的初中生把镇上、县上的学生都比了下去，反响很大。那段时间，我的语文老师走路头都抬得比平时高。可惜时间长，作文内容忘了，不过应该是很牛的故事和文字。上了高中，学习成绩不咋样，原因是上课看闲书，尤其是武打小说，梁羽生、古龙、温瑞安等人的作品，上大学后才看金庸的作品，也看文学期刊。有一个小故事可讲，班里有个学生条件优渥，老爹在邮局工作，管着全镇单位和客户订阅的报刊，每天都能拿来新杂志，他并不看，不过是拿来显摆，但于我就不一样了，那些新杂志对我吸引力十足，求借，偷偷拿来看，受人白眼，总之低三下四，把自尊心都弄没了。后来，旧病复发，利用生活费订了本杂志，整整吃了两个月的咸菜疙瘩，可等到杂志寄来，摩挲着那还带着墨香的杂志，憋屈的心情早没有了。这样做的恶果是，上课不专心，偷看闲书被老师提溜起来罚站，乃至把杂志撕掉扔到门外，心疼得几乎要跟老师干架。到了大学，专业书读不进去，窝在寝室里看金庸小说，半个月都没出寝室门。最终把自己看烦了，开始泡图书馆，主要看文学杂志，如《人民文学》《芙蓉》《百花洲》《清明》等老牌杂志，还看文学书籍，主要是日本文学，如川端康成、村上春树、水上勉的作品。看得多了，就想着写点什么，小偷一样偷偷摸摸写点文字，开始也胆肥，《人民文学》都敢投（也可能是只知道《人民文学》的地址），结果自然是石沉大海，也不气馁，还是装模作样地写，偷偷摸摸地投，然后是石沉大海……

再之后，到了企业上班，无所事事了一年，感觉自己这样下去就废了，又把文字捡起来，主要是写通讯报道之类的速朽文字，也写小说，直到第一篇小说在当地市级刊物上发表，算是一个开端，接着在省级刊物《莽原》发表第一个中篇小说，多少算是打开了点局面，以后的事就如前文所说，不再赘述。

由此看，自己写作的缘由，除了势利写作外，还有喜爱的原因在里面，这也是我坚持下来的原因。势利写作并不一定是坏事，喜爱文学是一种动力，势利也可以视作一种动力。

中间，有几次想放弃写作，主要是写得不好，感觉自己缺乏写作的天赋和才气，当然也有生存的因素在里面，彷徨了一年多，什么也没做，回头看，自己除了能码几个字，可做的事情并不多，于是又把笔捡了起来。

写得久了，认知就发生了变化，譬如现在，写作的功利性已经很小，更多的是为思想找个出口，让灵魂有个附着，笔已经成为我和世界沟通的主要工具。

自知不能成为大作家，甚至连小作家都称不上，但仍然会写下去，直到写不动为止。

关键是扎实地做一件喜欢的事，这就够了。

罗尔豪主要作品

短篇小说

《奔逃的"螳螂头"》，《文学界（原创版）》2007 年第 6 期。

《口香糖》，《长江文艺》2009 年第 4 期。

《远去的大象》，《山东文学》2013 年第 9 期。

《眩晕》，《安徽文学》2015 年第 1 期。

《七日》，《长江文艺》2015 年第 12 期。

《依玛斯洞穴》，《山东文学》2018 年第 5 期。

《清风明月》，《长江文艺》2018 年第 9 期。

中篇小说

《空中花园》，《莽原》2000 年第 3 期。

《乡村无间道》，《芳草（小说月刊）》2010 年第 5 期。

《移民列传》，《长江文艺》2010 年第 10 期。

《造房记》，《长江文艺》2012 年第 1 期。

《约巴马的尖叫》，《鸭绿江》2012 年第 3 期。

《野猪林》，《北京文学（精彩阅读）》2012 年第 5 期。

《安乐死》，《山花》（下半月刊）2013 年第 7 期。

《金子的抵抗》，《延安文学》2015 年第 2 期。

《非洲攻略》，《章回小说》（上旬刊·文学版）2018 年第 11 期。

《更田的黑名单》，《延安文学》2019 年第 1 期。

《村歌嘹亮》，《安徽文学》2019 年第 1 期。

《新生活》，《延安文学》2020 年第 2 期。

《农事诗·美丽人生》,《陕西文学》2020 年第 6 期。

《愤怒的烟花》,《延安文学》2021 年第 1 期。

《小吉快跑》,《长江文艺》2021 年第 3 期。

《伪娘》,《延安文学》2022 年第 1 期。

赵文辉

赵文辉，1969年出生，河南辉县人。中国作家协会会员，河南省文学院签约作家，"中原八金刚"之一。中专毕业后干过棉检员、超市经理、副刊编辑等，后以开酒店为生。先创作小小说，后创作中短篇小说。在《北京文学》《小说月报·原创版》《长江文艺》等刊物发表作品若干，部分被《小说选刊》《中华文学选刊》《北京文学·中篇小说月报》转载，入选《2011中国年度短篇小说》《小说月报2022年精品集》等选本。曾获第一届河南省文学奖、第二届杜甫文学奖、莽原文学奖和小小说金麻雀奖。

前景广阔的小说家

墨白

豫北乡下，而且是一个人的，可见文辉已经领悟到了文学地域对一个作家的重要性。小说集《一个人的豫北乡下》，书名有几分霸气，但自信又自然，说出这名字的，不是走马观花的感叹，而是一股从腹腔里呼出的热气，是源于无法回避的生命历程。豫北，太行山（豫北山地）以南，黄河以北，文辉熟悉他脚下这片广袤的土地上每一粒沙石的长相，也熟悉这片土地上每一片树叶的轮廓。基于此，《一个人的豫北乡下》里所呈现出的各种气息，使得这个小说家像一个技术娴熟的外科医生，每一篇小说的经络走向、骨骼结构、血气颜色都是水到渠成：《大麦先熟》《刨树》《王秋生改名记》《择木的神》《厚人》《红棉花》，这些小说写乡风的淳朴与人间的善良，写对未来生活的向往与现实的无奈，写生命的欲望与命运的偶然，写人性的自私与谋事的奸诈，等等。这些底层生命场景的酸、甜、苦、辣，都被放置在中国式的乡村政治与乡土伦理的背景下，以此来展示我们所处社会的本质与人性的复杂。

《一个人的豫北乡下》中的小说对场景的描述颇见功底：《刨树》开篇写冬日里乡村生活的寂寞与一群人对一个人在麻将桌上的睥睨、《三人行》里对小酒店生活场景的再现、《在茄庄》里对喝酒过程的描写等等，足见作者对现实主义小说技巧的运用已近成熟。而这些小说里最见功力的是作者对不同人物的刻画与塑造。单看《在茄庄》里的这一干人：嘴里声声带着"狗日的"、动不动就要"杠"人的老姚，被老姚招呼过来陪着客人喝两碟酒、一口菜不吃又一声不响去擀面条的老姚媳妇，翘起兰花指劝酒的二弟，沾一身官气比村主任官职还小的片长，长得又瘦又低、小辈分的来赶酒场的老汉，还有从地上一跃而起拍一拍闪着雪花点电视的老姚的女儿……个个出彩。就连最后出场的那个用漆黑的手捏一只消毒酒精棉球来给"我"打针的村医，三言两语，其形象就跃然纸上。也就一篇六千字左右的小短篇，就写活了这一群人，实在让人惊喜。长久以来，中国的现实主义小说就有以刻画人物见长的优良传统，比如鲁迅笔下的祥林嫂、阿Q、闰土等。在长期的写作训练过程中，文辉也悟到了要领，出现在他小说里的那些充满生活气息的小人物，使他笔下的豫北乡下渐渐丰富、热闹起来。

文辉小说人物的丰富，没有局限在浓厚的泥土气息上，他往往通过这些小人物来切入社会与我们民族精神的病灶，比如对权力的渴望与恐惧。由于权力与人的生存息息相关，权力意识几乎隐藏在我们每一个人的内心深处，《棉检组长》里的父亲，因为儿子一次次失去升迁的机会，绝望中竟然用石块自残了自己的手指。而中国人一旦大权在握，就会极力去维护它的独裁性，《杏仁面》通过对黄晓东这个人物的塑造，把这种精神状态揭示得入木三分。与之相对，在掌管着自己生杀大权的主子面前，失去骨节的人又往往奴颜婢膝，有奶便是娘，像《棉检组长》里的抓钩、《杏仁面》里乡政府的厨师老姜，这些势利小人的行为已经切到我们民族的劣根性。我们能从文辉的小说里领悟到，在中国的现实社会里，自由之精神与独立之人格，仍然是我们这个国度最为稀缺的，同时，这也使文辉的小说呈现出一定的深度。

新乡是豫北的文学重镇，在年轻一茬的作家里，出现了两个较好的小说家，一个是安庆，一个就是赵文辉。2002 年，安庆和赵文辉同是河南省文学院首届作家班的学员，10 年后两个人都以中短篇小说成名。路子走得正。中、短篇小说，特别是短篇小说，是衡量一个作家水准最好的标尺，无论是叙事语言、虚构能力、认识社会和把握世界的能力，都能从这里看出山水来。我并不满足文辉在《一个人的豫北乡下》中所展示的文学成就，尽管他的小说也有对小说叙事文本的追求，但能看出他在许多地方还在徘徊。我在一家期刊上读到过他的小说《机井房》，其实，《机井房》就是收在这里的《张木匠》，换了题目的这篇小说的结尾也完全不同，而我本人更欣赏《机井房》里的结尾，到了《张木匠》里，就失去了生命在现实生活中的偶然性，冲淡了哲学的意味。就我的阅读感受，有一些问题文辉在今后的创作上还要认真面对，比如怎样才能突破现实生活对创作的拘泥，走出在平面滑动的现实；比如叙事语言，怎样才能摆脱现实主义旧轨的约束，形成自己的风格；等等。

孙犁先生有一个观点，说是佳作产于盛年。1969 年出生的赵文辉，这个从豫北乡下朝我们走来的眼睛里闪现着难以抑制的野性光芒的汉子，眼下正处在孙犁先生所说的盛年。这个性格倔强、做事认真的人，在我看来前景无限。说不定啥时候这汉子就会用他的小说狠狠地"杠"我们一家伙。这事我当真。熟悉文辉的人都知道，他总是让朋友们充满期待。

用文学捍卫精神的高贵

刘宏志

　　道德滑坡是近年来被社会广泛关注的问题。在社会物质财富剧增的今天，我们如何安放自己的灵魂？赵文辉用他的系列小说对这个问题做出了自己的回答。赵文辉近年来致力于餐饮人系列小说写作，已经在《北京文学》《中国作家》《小说月报·原创版》《长江文艺》等杂志发表十余篇中短篇小说，其中《喝汤记》《崖上》《沉默的传菜生》等小说还先后被《小说选刊》《北京文学·中篇小说月报》等杂志转载。这一系列小说中，作家借助餐饮人这个独特的视角，展现了市井人间驳杂丰富的生活样态，同时表达了他对这个时代精神的认知，和他对时代道德状况的关切。

道德对立情节模式建构与工具理性批判

　　赵文辉的餐饮人系列小说关注的是人的道德问题，这一点，从小说的结构模式就可以明显看到——餐饮人系列小说中，故事的情节冲突是围绕道德对立来建构的。短篇小说《喝汤记》是一篇篇幅不长但颇为精致的小说，小说围绕饭店中的一个场景展开描写，呈现了紧张且令人窒息的道德对立场景。"地包天"等几个无赖在饭店吃饭，饭店的馒头因为发酵粉没有揉开而出现黑点，于是，这几个人便以此为借口，向饭店索赔。索赔的闹剧最终因为另外一位吃饭的客人杜医生出面主持公道而不了了之，但是小说将几个无赖步步紧逼，饭店老板委曲求全的紧张感写得栩栩动人。小说结尾，曾开过饭店的"我"的妻子在高度紧张中不自觉地代入身份，主动替老板娘招呼客人的情节描写，在增加小说趣味性的同时，更呈现了鲜明的道德对立的结构模式："我"以及妻子，还有杜医生站在道德的立场上，"地包天"等无赖站在反道德的立场上。事实上，这种道德对立的结构模式，是赵文辉这一系列小说常用的情节冲突方式，如《崖上》中诚信经营的根子与坑蒙拐骗的亮子的对立，《沉默的传菜生》中老笨叔与艳红、徐小胖等人的对立，《我们的老板》中艳菊、老笨叔与徐小胖的对立，等等。在这个二元对立结构中，作者也塑造了一系列反道德的人物形象：这里面有打着顾客至上的旗号，以损害店家利益来满足个人私利，甚至不惜讹诈、勒索的各类顾客，如"地包天""绵羊鼻""坑王"（《喝汤记》）、金小妹（《沉默的传菜生》）、"烟熏嗓"（《一场搞砸了的婚宴》）；有个人私利至上，为了个人利益，不惜损害饭店利益，甚至为了钱而不惜杀人骗保的厨师徐小胖（《我们的老板》）、艳红（《沉默的传菜生》）；有为了自己挣钱，不惜坑蒙拐骗，损害景区声誉的饭店老板亮子（《崖上》）；有做传销骗自己闺密倾家荡产的田丽丽（《小菜一碟》）；有不务正业，好吃懒做却又没有能力的娄帅、余小胖、赵芳（《接风宴》）……这些反道德人物漠视人的情感和精神价值，只追求功利的人生目标，为了达到他们个人利益的最大化，他们可以无视道德，无视群体利益。从这些人物的塑造中，我们可以发现，这些反道德人物其实是工具理性价值观的典型呈现，作家通过对这些人物的刻画和嘲讽，表达了对这个时代甚嚣尘上的工具理性价值观的反思和批判。

三百年前，培根、笛卡儿、牛顿等思想家开启了人类的启蒙理性之路，强调科学精神和理性价值，解放了人的创造力，改变了世界的面貌。人类社会也由此开始飞速发展，在几百年间创造了巨大的物质财富。不过，启蒙理性对人的个体价值的强调和关注，在带来人类精神解放和物质极大丰富的同时，也带来了新的社会范式和价值倾向。查尔斯·哈珀指出，现代社会形成了一系列新的特点，"强调竞争与民主、专业与效率……人人只关注个人当下的权利、需求与幸福"。当人们只关注个体当下的权利，并且把理性用于为自己当下权利服务的时候，也造就了舍勒所说的现代人的善于经济、精于计算的人格，导致宗教般的神圣化、心灵化的境界遭到蔑视，人沦为外物拘禁的"奴隶"。显然，启蒙理性实现了人的解放，但是，在这个过程中，工具理性的价值观也得到了恶性膨胀，个体利益计算被强化到极致，人类精神中对道德完善的追求被放逐。这直接造成了现代人的精神生态危机，唯利是图、纵情声色，投机钻营、自以为是，为个人利益而不惜损害他人、群体利益。这也是我们担忧的社会道德滑坡的根源所在。餐饮人系列小说中的"地包天"、金小妹、"烟熏嗓"等人打着顾客至上的旗号，以捍卫顾客权利的理由，行使勒索饭店的举动，究其实质，就是畸形强调个人权利、追求个人利益最大化而漠视道德的工具理性价值观的具体表现。通过道德对立模式叙事情节的建构，小说在建构紧张故事情节的同时，也把工具理性价值观的利己主义特性表现得淋漓尽致，并实现了对这种价值观的批判。

失败者的微光与人类高贵精神的歌颂

如果说餐饮人系列小说中反道德的一方是这个时代工具理性价值观的体现，对他们的书写表达了作家对这种价值观的批判的话，冲突的另外一方，则显然代表了作家的价值指向。《喝汤记》中的"我"和妻子，是无法应付各种关系而不得不放弃饭店经营的失败者，但是，这两个失败者，在看到别的饭店经营者遇到困难的时候，他们不是幸灾乐祸或者隔岸观火，而是感同身受地为饭店老板娘焦虑，本来可以袖手旁观的杜医生也仗义执言，帮助饭店老板娘渡过难关。"我"和妻子，以及杜医生，显然就代表着人类精神中高尚的一面。尤其是"我"和妻子，作为生活的失败者，却依然替别人考虑，更显示了人性的高贵。

"失败者"群像是赵文辉餐饮人系列小说中非常有特点的人物形象。

按照现实生活逻辑，这些人是生活的"失败者"，他们或者是在人生的道路上走了弯路而一无所有，或者是因为能力有限而成为大众嘲笑的对象，但是在人生的关键时刻，他们都能呈现出人性中最高贵的一面，从而给我们关于人性的希望：《沉默的传菜生》中，少华的妈妈无法挽救自己的生活，也没有能力挽救自己的儿子，但是坚持做义工，去帮助别人；老笨叔失败到连妻子、女儿都嫌弃自己，但是他不顾自身利益，挽救了少华的生命。《一场搞砸了的婚宴》中的付青山，自己经济困窘，妻子残疾，给儿子办婚事的时候，因为饭店方面出现问题导致婚宴受到一定影响，有要求饭店赔付的理由，但是他并不愿意占别人便宜，坚持给饭店付了全款。《我们的老板》中的路大国自己经营困难，却对员工非常友善，而员工艳菊和老笨叔则知恩图报，在路大国人生低谷的时候，用他们微薄的积蓄竭尽所能地保护了路大国的饭店。《小菜一碟》中的大伟和艳菊，即便自己经营的饭店破产，也要坚持还清所有人的欠款再离开。《崖上》中的根子，因为坚持诚信经营，导致自家饭店的顾客不断被人抢走，但他依然坚持他笨拙的经营方式。仔细分析这些"失败者"形象，我们发现，诚信、知恩图报、对周边的人报以善意的关爱，哪怕损失自己利益，也要为正义、善良出头，等等，是这类人的基本特征。本质上，这类形象其实是对利己主义为本位的一种反驳。他们也渴望取得世俗意义上的成功，但是他们不会为了获得成功而背弃自己做人的基本准则，不会为了获得一些利益而不择手段。无论在什么样的情况下，他们都始终坚守着自己的精神操守。"君子固穷，小人穷斯滥矣。"某种程度上，我们可以说他们就是这个时代的君子。不过他们所有的努力，似乎也只是勉强保全自己和身边的人，而不能让他们的处境获得根本的改善。也因此，这种精神的坚守也让他们在这个以获取个体成功为目标的时代浪潮中显得有些愚笨，有些悲壮。但是，也正是在对这些人的愚笨和悲壮的书写中，凸显了人类精神的希望所在。如康德所说，世界上唯有两样东西能让我们的内心受到深深的震撼，一是我们头顶浩瀚灿烂的星空，一是我们心中崇高的道德法则。这些"失败者"的坚守，是他们内心崇高道德法则的外在表现，是他们努力发出的人性的光芒，虽微小却能带给我们震撼，给我们以对人性、人类的希望。这"失败者"的微光也告诉我们，强调个人利益固然是个体应该坚守的价值立场，但是，由此滑向工具理性的偏执则只能导致人类精神的迷失，真正能打动人心，能代表人性高贵的，永远是爱和对善良、正义的坚守。

在工具理性甚嚣尘上的时代，文学应该成为人类抵抗工具理性，捍卫人类精神高贵的最重要的防线。但现实是，很多文学已经在忙着吟咏成功者的赞歌，而忽略了人类精神的健康。从这个意义上，赵文辉的餐饮人系列小说有着极为重要的意义，他指出了这个时代人的精神生态问题，强调着人类道德的价值。他以自己的文学，捍卫着人类精神的高贵。

与生活保持必要的距离（创作谈）

赵文辉

　　我的生活经历过两个"极端"：2002 年辞掉超市副总一职，参加了河南省文学院举办的研修班，结业后到《平原晚报》编副刊，这期间啥都不想，就想把小说写好。为了减少与外界联系，我把手机号销了，开通了一个小灵通，很少有人知道。听说我姐因为联系不上我，气得把电话都摔了。就这样不管不顾地写了 5 年，写得天昏地暗。那几年全靠写小说换几个小钱养家糊口，经济非常拮据，一次水果都没买过，租的房子是顶楼，没有空调，夏天经常卷着席子去公园睡觉。

　　2006 年年底，我开始向生活妥协，创办了一家主题婚礼酒店。酒店的节奏陷进去就不好往外拔了，文学一下子和我成了陌路。整整 8 年，就看了那几本书，写的小说也是屈指可数。因为开酒店打开了自己，跟很多人建立了往来关系，红白喜事来往不停。每天一睁眼都有一大堆杂事在等着我，永远都处理不完，既没时间思考，也没时间厌倦。我知道，这种密不透风的日子几乎把我毁了。梭罗在《瓦尔登湖》里写道："我们的生命在琐事中浪费掉。"这话一点都不假。

　　作为一个生意人、一个对小说又不死心的家伙，我的真实感受是，挣钱是会上瘾的，也是痛苦的，因为手中的笔迟迟不能落下。

　　我每年要做几十场婚宴，接待的主家形形色色，包括主家请来拿主意的那些"见多识广"的亲戚们，啥样的人都有。接待他们时总是小心翼翼，唯恐失掉眼前的单子。多数人通情达理，但是有一小撮很难相处，左也不对，右也不对，你把心掏给他们，换来的还是冷漠或粗暴回应。

　　我一直想写写他们，却一直无从下笔。稠密的生活固然能带来丰富的创作素材，对创作有时候却是一种阻挡。正如卡尔维诺所说："谁想看清尘世就应同它保持必要的距离。"2016 年下半年，我痛下决心，把酒店转让出一大部分股份，从管理中脱离出来，未等有关手续办完就迫不及待收拾行囊，一头扎进了家乡的深山。这是我的第二次"极端"。

　　2017 年，酒店彻底转让给了一个同行，做得非常决绝。我用一年半时间攻读了 100 本文学书籍，做了 60 本笔记，为自己狠狠地充了一次电。又"故技重演"，把手机换了号码，很少与人联系。隐居期间，我开始审视我多年的酒店生活，时常一个人为之动情。慢慢地，一个个鲜活的人物跳了出来：憨厚诚恳却有着粗粝本质的乡下女孩艳菊，被失败感笼罩的老笨叔，还有那个"80 后"大伟——敬业勤恳，以工匠精神来对待每一道菜品，希望展示他的劳动成果，希望获得尊重。

　　我开始用文学的眼睛、小说的语言回味、整理这些往事，并且抛开故事的离奇，着重于对人的性格、心理的分析和命运的探索。于是，很多小说的坯子就形成了。我举一个例子：有一回，我和酒店几个服务员去小肥羊吃饭，邻桌喊服务员，我们一下子站起两个答应"有——"。如果把这件事延伸一下，假如邻桌是在找麻烦，我们不但站起来，还忍气吞声去把这场麻烦处理到底，最后却发现自己也是客人。这就是《喝汤记》的坯子。

　　第二次"极端"把我从密不透风的生活里解脱了出来。我开始着手我的"餐饮人系列小说"，记录当下餐饮人的生活，我想认真地写写他们——我的服务员和厨师，餐饮人的卑微和不易，生活的失败和挣扎，还有他们心底深藏的阳光。

赵文辉主要作品

短篇小说

《红棉花》，原载《牡丹》2004 年第 3 期，《小说选刊》2004 年第 8 期转载，入选《跳蚤女孩：好看短篇小说精选》（华艺出版社，2005 年 3 月）。

《厚人》，原载《北京文学（精彩阅读）》2005 年第 7 期，入选《〈北京文学〉2005—2006 年好看小说精选》（中国社会出版社，2006 年 9 月）。

《刨树》，原载《莽原》2011 年第 6 期，《小说选刊》2011 年第 12 期转载，入选《2011 中国年度短篇小说》（漓江出版社，2012 年 1 月）。

《在茄庄》，原载《当代小说》（上半月）2012 年第 5 期，《中华文学选刊》2012 年第 8 期转载。

《喝汤记》，原载《莽原》2022 年第 3 期，《小说选刊》2022 年第 7 期转载。

《崖上》，原载《中国作家》2023 年第 5 期，《小说选刊》2023 年第 7 期转载。

中篇小说

《棉检组长》，原载《长城》2006 年第 4 期，《北京文学·中篇小说月报》2006 年第 9 期转载。

《拿下》，原载《文学界（原创版）》2013 年第 6 期，《中华文学选刊》2013 年第 9 期转载。

《张菊花的拐角楼》，原载《安徽文学》2013 年第 9 期，《北京文学·

中篇小说月报》2013 年第 10 期转载。

《接近领导》，原载《飞天》2016 年第 6 期，《北京文学·中篇小说月报》2016 年第 7 期转载。

《沉默的传菜生》，原载《小说月报·原创版》2022 年第 6 期，《北京文学·中篇小说月报》2022 年第 7 期转载，入选《小说月报原创版 2022 年精品集》（百花文艺出版社，2023 年 1 月）。

小说集

《布衣心情》，内蒙古人民出版社，1998 年 8 月。

《爱心设计》，江西高校出版社，2009 年 5 月。

《掌上花开》，光明日报出版社，2010 年 9 月。

《一个人的豫北乡下》，中国电影出版社，2013 年 10 月。

《茄庄往事》，江西高校出版社，2017 年 10 月。

《苦水玫瑰》，中国书籍出版社，2018 年 6 月。

《黑羊白汤》，中译出版社，2022 年 4 月。

1970 年代

李清源

  李清源，1977 年 7 月生于河南禹州，中国人民大学创意写作硕士，中国作家协会会员。学医出身，中道从文，现供职于河南省文学院。作品常见于《当代》《十月》《人民文学》等刊，并被《小说月报》《中篇小说选刊》《北京文学·中篇小说月报》等刊选载；其担任编剧的动画连续剧《黄帝史诗》（第一部），入选 2014 年河南省中原人文精品工程。中篇小说《苏让的救赎》获《当代》文学拉力赛 2015 年度中短篇小说总冠军、杜甫文学奖、河南省优秀文艺作品奖等，中篇小说集《走失的卡诺》入选"21 世纪文学之星丛书 2016 年卷"。

关于焦虑和理想的言说

——评李清源的《苏让的救赎》

李勇

　　社会转型时代是一个风云激荡、泥沙俱下的时代，却并非英雄辈出的时代，不管我们用怎样一种浪漫的情怀和语言去想象它、描述它，都无法否认伤痛与困厄的存在。当然，并不是所有人都身陷伤痛和困厄，然而那些身陷伤痛和困厄的人们是时代"伟业"的致命隐痛，犹如巨灵的"阿喀琉斯之踵"。面对这些，文学能做什么？文学并不承担必要的道德义务，却自有揭出这种隐痛的冲动。20世纪90年代以来，二十余年的文学基本处于这样一种冲动之中，从90年代的"现实主义冲击波"，到新世纪的"底层写作"、"非虚构"文学，它们所关注的社会转型带来的问题、边缘人群（工人、农民）的生存处境，以及它们关注这些"问题"和人群处境的方式（现实主义写实）等，无不显现着文学的道德焦虑。

　　这种焦虑表现在描写对象的趋同——社会转型下的伤害与创痛；表现手段的一致——现实主义的写实；情感内质的相似——感伤、同情、悲悯、激愤。所导致的结果，最明显的即作品和表现对象之间无比切近的距离，这种距离有时达到了难分难解、近于消失的程度（如"非虚构"）。这种道德激愤下的写作，混合了各种各样并不纯洁的动机和目的（如商业化包装、成名的渴望），从而显得问题重重。文学的品质和个性难免受到损害。无论是"现实主义冲击波"，还是"底层写作"、"非虚构"文学，它们几乎一致地都受到过这方面的批评。而进入新世纪的第二个十年后，像"底层文学"那样直接关注社会转型的写作与新世纪初相比，似有落潮——至少已经退去了新世纪初的那种蜂拥而起的鼓噪和喧嚣,进入了一种似乎比较平稳缓和的发展态势。在这种态势下,社会转型叙事呈现出哪些新的特征?存在哪些问题?我们不妨借河南青年小说家李清源的《苏让的救赎》进行分析。

一

《苏让的救赎》发表于《当代》2015 年第 1 期,《小说月报》2015 年第 2 期予以转载,2016 年获得河南省最高文学奖——杜甫文学奖。这篇小说的故事并不复杂,描写了主人公苏让救父的故事:出身农村的大学毕业生苏让,在省城过着漂泊无定的租房生活,在被靓丽出众的大学女朋友抛弃后,他又结识了身材一流、面貌倒数一流的新女友谢春丽,因为谢春丽貌丑而占据心理优势的苏让,时常有恃无恐地伤害女友,并终于有一天导致她离家出走。这时,传来父亲打人被捕的消息,无暇处理感情危机的苏让连忙回老家营救父亲,然而费尽周折毫无效果,无可奈何的他试图卖肾救父,甚至想自杀……但就在山穷水尽之际,女友谢春丽终于暗伸援手,给他汇款、请律师,并打赢了官司,感激涕零的苏让返回省城后,经过一番努力也求得了一开始避而不见的女友的谅解,同时也把父亲苏克修接到了城里。

一个不甚复杂的故事,李清源的叙述却布设了玄机——首先是围绕苏让父亲被囚禁、苏让回乡搭救构建主要的故事框架,形成叙事的主线;其次是围绕苏让和女友的关系,形成第二条辅线。二线并行。第一条线索下的故事主要围绕苏让的父亲苏克修犯案被拘展开。苏克修是一个普通农民,却因殴打女友而被警察拘捕。那么他的女友是谁?真相是否像大家说的那样?这一系列疑问制造了包袱和悬念,作者以苏让为视点一一解开谜团。第二条线索下的故事是附着在第一条线索之上展开的,苏让的情感故事在作品开头也只是开了一个头,以苏让女友谢春丽的负气出走留下悬念，并在苏让回乡救父的过程中，通过苏让一步一步陷入绝境而一次次想起女友的好处却又一次次联系未果、寻之不见，让悬念步步增强。这样使得整个小说在一种悬疑的气氛下展开，从而吊人胃口，引人观读。

讲好一个故事是一个小说家的基本素质。李清源在这里显现了他的才华：他设置悬念，留下铺垫，并循序渐进、步步解疑，同时又强化细节（如谢春丽的丑）、制造冲突，从而成就了一个精彩的故事。尤为难得的是，李清源的语言富有古意，一些文言句式、语法、用词，都显现了当代小说家（尤其是青年小说家）并不多见的古典文学修养。而且这种文言化、化文言的语言，也在一定程度上使得小说的叙事干练、利落，从而增加了小说的可读性。

这部小说从题材来看，属于比较典型的社会转型叙事。它叙述的是一个关于底层的故事。但是，这里的"底层"已经不再是传统意义上的农民、下岗工人等，而是一个大学毕业生——苏让。当然，在小说中，苏让的父亲苏克修是一个地地道道的农民，而且他在小说中也是一个比较重要的人物，但是与苏让相比，苏克修无论从在整个故事中的重要性，还是从在作者的叙述中所占的比重来看，都要稍次。作品围绕苏让救父，着力呈现的是一个当代大学毕业生的生存困境。

这种生存困境首先表现在他的就业方面。通过小说，我们知道，苏让大学毕业后，先是"在一家养老集团谋了个职位"，但是薪资有限，只能在省城租房度日；后来女友劈腿，他辞职离开——

　　辞职离开后，工作换来换去，竟没有一个如意的。他当过内刊编辑，应聘过民校教师，在几家半死不活的文化公司干过策划，还尝试过推销保健内裤和万能钙片，就差没进传销组织碰运气。在职场拼搏之余，他还坚持文学创作，写了大量诗歌、散文和小说。如是奋斗了六年，他可悲地发现，愿望中的成功非但没有随着脱发速度的增加而日益靠近，反而在他的不懈努力下渐行渐远。文学作品攒起来亦几可等身，但是一篇也没在正经刊物上发表过。二十六岁那年，他看到一篇关于网络作家富豪的报道，怦然心动，于是辞掉工作，投身于网络写作。他从春天写到秋天，花光了所有积蓄，最后欠着一个月房租，灰溜溜地逃回了老家。他在家一住月余，闭门不出，老苏便找他谈心，问他意欲何为。他说他不想走了，想在老家创业。老苏让他谈谈创业计划，他养猪啊种蘑菇啊云来雾去乱说了一通。

老苏听罢，对他说：给我滚回城里去！要想回来，先把供你念书的钱还给我！

苏让只好返回省城。走之前，他得到老苏五千块钱的资助。他以此做本，批发了一堆盗版书籍，以三轮车载着游街摆摊，过起了与城管斗智斗勇的生活，月底计算收入，居然比上班和推销内裤要强。苏让遂坚心以此为业。有了点积蓄后，他在图书城盘了个门店，做起图书批零，从此告别游击时代，干起了坐地生意。

这之后，苏让又试图回老家参加村委会选举，但是尽管他"打扮成成功人士"，再加上他的"大学生身份"，最后仍敌不过大方送礼给村民的"开煤矿的土豪"而败北。

事业无成，情感偏也受挫。大学毕业后潦倒度日的苏让，他的感情生活和他的事业一样遭遇挫折：大学谈的美丽动人的女朋友另择高枝，万般无奈之下选择了面目"惊"人的谢春丽，勉勉强强的心理之下，一直不愿意成婚，蹉跎到了三十来岁依然家业难成。这样的苏让不可谓不挫败。然而，这样的苏让难道不正是当代大部分大学毕业生的真实生存写照吗？不必援引社会学的统计和调查数据，大学生就业的惨淡，城市年轻就业一族的生存艰辛，实乃当代中国人所共知、人所共见的事实。像苏让一样，这些年轻的大学毕业生当初都怀着一颗热情的、奋斗的、"坚信只要努力一定就会成功"的心，但是事实如此冰冷，以至于他们也逐渐适应了这种冰冷。直到有一天，意外的事情发生。对苏让而言，这件"意外的事情"就是父亲被拘禁。因为要搭救父亲，苏让先是四处筹钱，后来又试图卖肾，最后绝望以致计划自杀。幸亏谢春丽出手援助，最后才化险为夷。不过小说毕竟是小说，它构造故事，虚构意外和新奇，但真实生活中的无奈是实实在在的——买房、结婚、父母养老、看病……哪一件比"父亲入狱"这样的事情轻松？这样看来，苏让这个小说中的虚构人物还算是比较幸运的。也许正是这样的一种被普遍感知到的、已经成为一种无法回避的现实的"无奈"，在近些年成为文学比较关注的热点话题。

对于这个话题的书写，我们会想到方方的《涂自强的个人悲伤》，也会想到余华的《第七天》。这些小说中都有对于当代大学毕业生生存困境的描写。尤其是方方的《涂自强的个人悲伤》，和《苏让的救赎》有着非常多的相似之处——描写的都是当代大学毕业生的生存问题，而涂自强和苏让这两个大学毕业生又都是农村出身，都遭遇过情感上的挫折，都颇为努力上进，却仍难脱悲苦。只不过，苏让最后救出了自己的父亲，也找到了自己的女友谢春丽，与年纪轻轻身患绝症去世的涂自强相比，结局似乎要好很多。但这里折磨他们的困境是相同的，即他们都为生计所迫，属于余华《第七天》里描写的那种大城市里被生存挤压着的"鼠族"。

无论是《苏让的救赎》还是《涂自强的个人悲伤》，近年这一题材的小说，往往还会塑造另外一类年轻的都市"成功者"形象。《涂自强的个人悲伤》中家境优越、工作不愁的赵同学是此类，在《苏让的救赎》中则是慷慨潇洒、派头十足的朱律师。这位朱律师受谢春丽之托帮助苏让打官司，短暂的接触中，苏让始为其自信、潇洒所折服，并暗自自惭形秽；继而为其粗俗、无礼所惊讶，而有所不齿。在这里，小说特意描写这样一个人物，以和苏让形成比照。苏让和朱律师比照，完全处于下风：朱律师西装革履、豪车代步、高雅音乐做伴，苏让灰头土脸、一身寒酸；面临事情（苏克修的案子），苏让束手无策，只能甘受摆布，朱律师一出马便立即化险为夷、扭转乾坤。在这里，小说并没有透露朱律师的年纪，但通过他的行为举止、言谈、与谢春丽的交往等可以推测，他与苏让、谢春丽等肯定是年纪相仿的同一代人，但是其生活质量和水平有天壤之别。当然，他们之间更重要的区别在于他们的生活能力，尤其是在城市中所掌握的资源、占据的位置：苏让出身乡村，工作在底层，从事聊以糊口的各种营生，人脉贫瘠；而朱律师则条件优越，对社会有着深入的了解和把握，熟悉规则，善于利用，游刃有余。在小说中，朱律师的家庭背景并没有被详细深入地介绍，但我们或许可以推断：他应该不会是和苏让一样的寒门子弟。他和《涂自强的个人悲伤》中的赵同学应该更相似：有着优越的家庭背景，从而在各种社会资源、人脉的占有上有着先天的优势。

年纪相仿的两个年轻人，他们的处境、能力为什么会有如此大的差异？李清源在这里显然是要表达一种社会性的批判。不过，这种社会性批判还是次要的，更深层的批判是在文化和精神层面。朱律师这个外表光鲜亮丽的人物却有着一个并不光鲜亮丽的内心——他取笑谢春丽，鄙视苏让，言语粗俗，缺乏修养。对这样一个"成功人士"的塑造，显现了作者对当代精神文化的一种忧虑——是什么造就了这样一批外表光鲜、内在腐败的"当代英雄"？这种精神文化忧虑不仅在朱律师身上有体现，在苏让身上其实也有体现。在物质生活层面与朱律师有着鲜明差距的苏让，在精神层面上也并不比前者高尚多少，他对待女朋友谢春丽粗暴无礼、参加老家村委会选举弄虚造假，这些都说明苏让人格和精神的种种缺欠。

一般而言，为了表达一种批判，势必应该在两个人物之间"构造"一种显在的对比，而物质占有和精神（尤其道德）水平的反差是文学表达社会批判的惯用手段。但是在苏让和朱律师之间，他们显在的对比只存在于其物质生活水平和能力层面，在更深层的内在精神层面，他们并没有表现出我们所常见的那种反差，在他们之间，精神层面更多的不是差异，而是相似。这里显现出了作者自身的一种困惑，这种困惑即他有所批判、有所质疑，却无所肯定、无所皈依。或者说，他痛切地感受到了一种值得批判的现实，却不知道究竟该如何改变。这种无奈和方方在《涂自强的个人悲伤》中所传达的无奈相比似乎更为绝望，因为在方方的笔下，涂自强毕竟被赋予了一种积极、乐观、憨厚、质朴的品性，虽然有着如此品性的涂自强仍不免遭受致命的打击，但是他的那种品性本身毕竟还昭示着或许有的希望，而在李清源笔下，苏让身上负载的"希望"却是如此渺茫。

二

不过，李清源在表达批判的同时，也在试图传达着希望。这种希望，主要寄托在两个人物身上。首先是苏让的父亲苏克修。这个人物在小说中虽然只是一个次要人物，作者对他也缺乏很多直接描写，主要是从苏让的视角加以呈现，但他可以说是作品中刻画最成功、最饱满的一个人物。作者对他的塑造，主要通过两件事：第一件是他"残酷"对待病妻，第二件是他犯案被拘。小说开头首先写了苏让回乡途中听到的一个关于父亲的传说，在这个传说中，母亲死后托生成猪，父亲找到之后当场把它摔死，这是对苏克修残酷对待病妻的一个暗示。之后还有苏让对家庭生活的回忆，以及他的道听途说，这些都似乎印证着父亲对待母亲的"残酷"。直到后来父亲出狱直接面对苏让轻描淡写地澄清原委之后，苏让才知道自己错怪了父亲——他非但没有残酷地对待母亲，反而对她很"有感情"。第二件事中，苏让也是首先误会了父亲，他听信了其他人对于事件的描述，认为是父亲拒绝将捡到的钱财交公，而被女友（在苏让母亲死后所结交）举报导致被拘，并因此对父亲心生鄙视。但经过多方了解才知道，真相是父亲的女友试图分赃被拒，所以才举报，而父亲捡到钱财拒绝交公，以及结交这个女友（目的是贪图其丈夫车祸去世后的赔偿金），甚至平时还"偷人几棵菜，顺一瓶酱油什么的，就为了省几个钱"，都是以备儿子结婚买房之用。通过从苏让的角度"了解"到的这两件事情，我们看到，小说实际上是以欲扬先抑的手法勾画出了一个用心良苦、让人疼惜的农民父亲的形象。这个父亲外表强硬，甚至专横，对待妻子貌似缺乏温柔和关心，但实际上他外粗内细、刚中有柔。而通过苏让的双眼，我们也看到了一个底层乡村父亲的令人心疼之处：他身无长物，"除了些衣物和简单的生活用品，什么值钱的东西都没有，就连衣服也大都旧了，而父亲以前可是热衷穿新衣裳的"；"苏让从没想过，父亲也有权利选择他想要的生活方式，有权利用他自己的思维和眼光去观照这个世界，寻求他想要的自由"……

在这里，这个乡村父亲对儿子的爱和自身的卑弱构成的反差首先仍然是传达出了一种批判，但是他对于妻子、儿子的情感仍然让人感到温暖。这种血缘亲情固然并不具有太大的文化启示意义，却是一切拯救的起点。对于苏让这个儿子来说，他颓靡的情感和生活当然也需要拯救，而这个拯救的起点也应该是对于父亲的爱这样的人性温情的逐渐复苏。

另外一个暗含着"希望"的人物是谢春丽。这个貌丑惊人的女子有着一颗温暖的心，她固然貌丑，或许也富有心机（和苏让的结交很可能是她有意设计），但当苏让陷入危机时，她却不计前嫌、不离不弃，并大施援手，这说明了她心地的忠厚、良善。而且从她在其他危急和非危急关头的表现也能看出，她在城市生活的能力和经验也优于苏让（所以苏让在危机中总是渴望她的陪伴和帮助），这证明了她的坚强和机智。因此整体来看，这是一个充满阳光和朝气的青年人，她代表着自强、上进、乐观、聪明、灵活、不服从命运、勇于争取、努力向上，乃是鲜活生动、富有现代感的一个人物形象。

当然，整体来看，这篇小说对于"希望"的表达明显弱于批判——不管是苏克修，还是谢春丽，他们作为文学形象本身固然有着一定的活力，但是在体现社会生活的本相和本质方面，还是弱于苏让这个人物形象。这里牵扯到的原因主要有二：第一，当代社会生活的本相和本质究竟是什么？第二，作者在面对这样的社会生活本相的时候，他的内心世界是怎样的——他的情绪和判断是什么？第一个问题并不难回答，当代社会生活复杂丰富，而仅就这篇小说所描写的题材对象而言，它所反映的社会生活是当下中国社会的焦点问题之一——社会转型时期青年人的人生命运问题。这是一个复杂、沉重、让人焦虑的问题，20 世纪 80 年代路遥的《人生》

已经尖锐地提出了这个问题，新世纪后的今天，这个问题依然尖锐。因此，对这样一个问题的书写，本身便带着"先天"的沉重。而面对这样一个沉重的话题，作家在写作的时候自然也是沉重的，小说结尾最能说明这一点——从表面看，苏让救出了父亲，迎回了女友，但这个"大团圆"的结局依然是可疑的，真实的生活会像小说这么如意吗？即便苏让暂时过上了幸福的生活，但是他依然还要攒钱、买房、养老、看病、处理夫妻关系，这些生活琐事，哪一件都忽略不得，哪一件都不轻松。在这些考验面前，苏让的幸福会持续多久呢？我不相信作者真的会相信自己作品的结尾就是苏让这样的年轻人未来美好生活的开始，毋宁说，这样的一个结尾只是表达了作者个人的一种愿望罢了。而这愿望的背后，是更为显在的迷惘、困惑和焦虑。

然而，写作者的内心困境并不意味着文学的困境，甚至它还是文学走向混沌、厚重和博大的开始。在《苏让的救赎》中，展现在我们面前的有两种相对立的景观：城市和乡村。而对这两种生活景观的书写，后者似乎更为作者所熟稔——苏克修的性格及其家庭、他"破败的农家老院"、让苏让"折戟沉沙"的村委会竞选……这些都包含着更丰富复杂的可供发掘的内容。而与之相对的是，作者对于城市生活的书写却是较为概念化的，围绕苏让的城市生活着笔不少，但多粗线条勾勒。而当"城市"和"乡村"两种景观直接面面相对时——比如，朱律师随苏让回到苏家的老院子寻找办案证据——新晋的城市成功者朱律师和寒门子弟苏让的反应颇能反映作者本人的价值取向："朱律师在他们的院子里溜达，东研究西观察，仿佛玩味古董，对这座破败的农家老院充满兴趣。苏让则在父亲的房间里翻箱倒柜。翻着翻着，苏让渐渐黯然神伤。"作者在这里显然是站在苏让、乡村的立场上的，这也是一种我们最常见的人文性的悲悯立场。但是这种立场对写作向混沌、厚重和博大的方向发展是否有益？

一种决绝的肯定或者否定，固然可以成就文学，而且文学经典本来也有多种风格和类型，然而，对于小说这种本身带有"历史"性质的艺术体裁而言，特别是从社会转型这样一个特殊的时代背景来看，混沌性、复杂性、丰富性才是当代小说应该努力追求的。李清源的小说能展现出这方面的素质，比如，他对苏让这个人物形象的现实主义的描写和塑造（既不刻意美化，也不刻意贬低），便能看出他对真实生活的尊重，但他似乎还可以做得更好——如谢春丽（甚至朱律师这个有些扁平的人物）能否写得更深入、立体一些？对乡村生活和城市生活的描写能否展开得更充分一些？这里都有更多可供深入挖掘的东西。

　　另外，从批判和拯救的角度来看，河南作家惯于批判，虽然他们的笔下也有希望和寻找，但整体来看，对悲惨、酷烈、令人绝望的生存环境、文化劣根和人性困境的表达似乎才是他们区别于其他地方作家的标志。这种几乎被推向极致的社会、文化和人性批判在刘震云、李佩甫、墨白、邵丽、乔叶、南飞雁等作家笔下都能见到。他们这种对于中原的土地和人的书写，某种程度而言基本都是继承鲁迅的那种批判性的文化启蒙传统，然而，中原大地和中原文化是否有其他值得我们审视和发掘的传统？文学本身便是一种具有创造性的、独立性的文化存在，它包含文化，但是也以其独有的方式创造文化，这种"创造"有赖于作者对社会现实的观察和感知、对历史的钻研、对文化和人性的思考、对自我的省察等。这是李清源这样的颇有才华的年轻作家需要继续努力的。

我们为何需要写作（创作谈）

李清源

众所周知，现在文学非常边缘，社会大众关注文学的人很少，有限的大众关注，也常局限在几个话题人物身上。在这样的时境下，写作者要想通过文学换取一些现实的东西，是非常困难的。

作家要在作品里描写命运，个人的命运、民族的命运、国家的命运，乃至于全人类的命运，但作家本身很难通过作品来改变自己的命运。据说以前能，比如20世纪80年代能，但现在不能了，就算有，也因数量之少而不具普遍意义。妄图通过写作来求取名利，绝对不是一个好主意。

那么我们为什么还要写？

很简单：我们需要表达。我们需要用文学这样一种形式，来表达我们的存在、我们的思想、我们的境遇、我们在这个时代的得失成败和欢喜悲伤。所以我们要写作，不管有没有人关注，也不管是否会有回报。这就譬如喝酒，明明知道喝酒没什么好处，为什么还有人要喝？因为酒可以浇愁，可以忘我，可以让人在醺然中暂时放下所有的执念和痛苦，从而得到片刻的欢愉、一时的解脱，所以他们要喝，欲罢不能。

"兰生幽谷，不以无人而不芳。"同样，我们的写作也不能因为无人关注而停止，是我们需要写作，不是写作需要我们，正如是兰草需要世界，而不是世界需要兰草。我们写得好了，固然可以为世界增色，但我们不写，也无损世界的丰富与多彩。明白了这个关系，自然就会心平气和。

人生如此凉薄，我们需要写作！

李清源主要作品

《走失的卡诺》（中篇小说集），作家出版社，2016 年 11 月。

《筭筷引》（长篇小说），河南文艺出版社，2019 年 10 月。

《此事无关风与月》（中短篇小说集），作家出版社，2021 年 2 月。

陈宏伟

　　陈宏伟，1978 年生于河南光山，毕业于中国人民大学。中国作家协会会员，文学创作二级。著有长篇小说《陆地行舟》《河畔》《过眼》，小说集《如影随形》《一次相聚》《面膜》等。曾获万松浦文学奖、杜甫文学奖、茅盾新人奖。现为河南省文学院副院长，《散文选刊》主编。

作为一种社会学样本的扶贫事件

——评陈宏伟小说《陆地行舟》

张艳庭

作为一部直面当下现实的文学作品，《陆地行舟》通过主人公郁洋的扶贫经历和见闻，书写了精准扶贫这一宏大的社会事件。这种对时事现实的近距离书写，很容易使小说成为对政策的图解，造成人的消隐。而《陆地行舟》以独特的问题意识，通过对人物复杂心理世界的塑造，从宏大的社会行动深入人内心的幽微，将诸多的社会矛盾冲突转化为人物思想、情感以及行动层面的冲突。通过对这些冲突产生与消解的叙述，作者不仅呈现出一个复杂立体的人物形象，而且进行了一种独特的社会分析与社会反思。

一、自我的分裂与认同的危机

社会学家米德将人的自我区分为主我和宾我，宾我是作为社会角色的自我，按照"有意义的他人和整个共同体的观点来设想和认识自我，它反映了法律、道德及共同体的组织规范和期望"，而"人格（自我）乃是一个'主我'与'宾我'不断互动的过程"。

《陆地行舟》中，人物都以自我的社会身份和角色来行事。根据社会分层理论，社会中的人物必然被分配在不同的阶层。而小说中的社会阶层主要有两个，一个是作为帮扶者的公务员群体，另一个是作为帮扶对象的贫困农民群体。作为帮扶者的公务员，需要遵循公务员体系的规则，也要将其内化为自我处事的规则，成为一种内在性的知识。

《陆地行舟》采用第三人称有限视角叙事，也就是内聚焦的叙事形式，使主人公郁洋成为小说中唯一可以呈现其主观世界的人物。我们可以把握郁洋的主观世界，从而看到郁洋将外部标准内化的过程。美国社会学家伯格指出："只有在认同发生的情况下，内化才能发生。"小说多次写到郁洋默背工作相关的数字，他对这一行为的解释是："工作干得好不好，情况吃得准不准，就看数字记得牢不牢。"郁洋对之认同的原因是："想想看，如果在会议上面对领导的提问时，能说出一连串数字，甚至包括小数点后面的数字，必然震惊四座！"

社会学家韦伯认为，科层制推崇的是工具理性，而数字化正是工具理性也是技术理性最重要的表现。对背诵数字的推崇，其根本原因是对科层制本身的认同。郁洋在小说中也表露了自己想要在科层体系中晋升的愿望，称其为"挑重担"。在这种认同下，郁洋的宾我严格遵守科层制的相关规范。这种遵守与迎合不仅局限于工作的数字化等显性规则，对于共同体内的潜规则郁洋也遵守并迎合。如他放弃《隐山茶叶志》副主编的署名权；张根财的蓄水塔被偷，他也选择不报警，原因都是不想给领导惹麻烦，影响其在领导心中的形象，从而影响其升迁。

这些显性规则和潜规则都是构建郁洋社会性自我即宾我的内容。而郁洋的这些行动，可以理解为他的主我对宾我的顺从和认同。但与此同时，郁洋的主我又时时在内心里矫正自己的宾我。如面对复杂的乡村现实，他在心里感叹："农民并不是一个简单的符号，他们是一个个有血有肉的生命体。每一个人都有好恶、有爱恨，有内心的矛盾、冲突和忧伤。"

这种以自我为镜像来理解他人的思维方式，是其主我的体现。但这种思维方式在工作中，在具体行动中屡屡受挫，导致郁洋的自我认同陷入危机。这种自我认同的危机也是一种身份认同的危机。身份认同可以说是主我对宾我的认同，但又不仅仅是对具体社会角色的认同，更是对一种共同体以及制度秩序的认同。作者在《镜中之舞》这一部中，呈现了共同体内部的道德问题，问题的产生恰恰是为了维护制度秩序。这种制度秩序与道德冲突为郁洋带来了身份认同的危机。

这种身份认同的危机其实在每一章中都有所呈现。米德的自我理论认为，主我可以对宾我进行反思。在宾我的压抑下，郁洋的主我反思方式最后只剩下了隐喻和反讽：陆地行舟的隐喻，孤独城堡的隐喻，"人物"的反讽。如果说前两章的隐喻指向了外在世界，指向了社会现实，那么反讽则不仅指向外在的社会，还指向了自我。因为对"人物论"的反讽不仅指向了科层制中的等级制度，还将讽刺扩展至科层制中的人，即制度中的共同体。这共同体中的人不仅包括李北亚，还有那些为"人物论"鼓掌的人。郁洋作为共同体的一员，也被包含其中。这种反讽也是主人公主我与宾我同一化的最后尝试。因为反讽将之前的问题化和反思性进行了消解。如果说之前郁洋主我与宾我的矛盾是进行意义的争夺，那么最后郁洋只能以反讽来完成对意义的消解，来取消这种意义争夺，从而使自我达到同一。这种意义的消解既指向外部世界，也指向自我的内部世界。这种意义的自我消解，是一个人主体性的消解，宾我对主我吞噬，然后主我与宾我在意义上同归于尽。最后，郁洋的自我只残留下一个反讽的态度，成为他为自我的同一化寻找到的唯一位置。

二、自我理性化与人的异化

小说中，郁洋一直在不断地进行自我调节，在庞大的理性组织之中压抑个人的情感、想法、冲动，进而与理性组织保持一致。在小说中可以多次看到他压抑心中的愤怒，如胡组长对孙桂英家一事的张冠李戴，让他感到"极为恼火"，面对王区长却不得不压抑心中的愤怒，继续去完善那些形式工作。

郁洋不仅压抑自己的愤怒，也压抑自己的悲伤。他在看到马忠良重新搭建的蛇王庙时，"心中泛起了一种不可名状的悲伤"。但这种悲伤，他也只能默默在心中平息，而无法采取任何帮助马忠良的行动。而在第三章中李北亚诬陷他时，他也对李北亚拍了桌子，但对他行为的描述是"顿时失态"。作为小说中唯一进行内聚焦的人物，这可以看作郁洋的观察者自我对行动者自我的反思性评价。后来李北亚面露微笑，而郁洋感觉"真是肺都要气炸了"之时，却再无下文。个人的情绪在庞大理性组织的程序中消失得无影无踪。后来他通过理性思考，觉得不应参与其中，而应服从庞大理性组织的安排，即使他知道这安排有多荒唐。郁洋的这种自我理性化，反而使他离真正的自由越来越远，不仅不敢做想做的事，甚至连表达情感的自由也丧失了。

郁洋不仅行为受束缚，内心也无法获得自由。小说书写了两种不同的行动，一种为情感行动，另一种为目的合理性或形式合理性行动。这两种行动屡屡发生冲突。小说在《台风过境》一部开头就写了郁洋压抑情绪和情感的工作习惯："每次遇到火急火燎的忙乱之事，郁洋都会暗告自己多几分从容和淡定，只要按捺住焦虑不安的情绪，相信一切都可以掌控。"这句话描述了郁洋的感觉结构。小说紧接着写了郁洋对数字的认同，但随后就写到了一个颇具象征性的情景："默记的时候，郁洋大脑就有点迷糊，慢慢两眼睁不开了，顺势躺倒入睡。"

郁洋的入睡是一种倦怠状态的象征。这种倦怠，是人面对数字等工具理性内容时产生的一种状态。因为数字化本身就是一个去个性化的过程，当数字成为目的而不是手段，那么数字背后的人便被忽略。现代心理学研究表明，连接感是人自我的一种重要的心理需求，只有和他人产生真正的心理连接，人的自我才是完整的，也具有更大的心理能量。因此，郁洋的倦怠可以看作是心理能量匮乏的一种象征。在科层制内部，他无法与人完成这种连接。《台风过境》这一部中，与他产生最直接关系的人是检查组组长胡建华。他们更多是科层制中上下级的关系。郁洋只记得胡组长，而忘记他的本名，就代表了两者之间纯粹的层级性。在这种层级关系中，郁洋始终处在一种压迫中：虽有"气得浑身战栗"的辩解，却依然被以"审贼似的目光"来对待。郁洋也将胡组长眼中的自己总结为"卑鄙"二字。这种压迫性的关系一直存在于二人的交集之中。胡组长对形式的过分看重与强调，呈现了科层制对工具理性及合理化的注重。而在这种程序的合理性框架内，却不能保证真理、正义等价值理性。胡组长对合理性过分追求，却对村民叫妈的行为进行了误识，偏离了事实真相，冤枉了工作人员。在这期间郁洋被误解、被批评、被强迫。这种目的合理性行动与情感行动的矛盾，呈现了他的情感被严重压抑的状态。

在第三章中，小说的主题也从关于组织机制社会行动的外在隐喻转向人的主题。对"人物"一词的反讽性运用，即对于人的异化的反讽。在李北亚的"人物论"中，人的价值被分层，但在道德层面，社会地位和价值高的人并不一定比社会地位低的人更有道德，甚至有时候更为低下。制造"人物论"的李北亚就是其中的典型代表。李北亚作为一个专家、知识分子，"学者型的局长"，也把自己的聪明用于拍马屁，用于出卖诬陷朋友和编造谎言，欺骗公众。这也可以看成是一种异化。而这种异化不仅发生在李北亚身上，也进一步延伸到了那些赞同"人物论"并为之鼓掌的隐山区干部身上。而郁洋压抑自己的愤怒，并找渠道消解它们，对李北亚敬而远之，也是面对这种异化的一种消极抵抗，但这种消极抵抗无法改变他本身异化的事实。

"人物论"即一种社会分层论。分层即意味着社会所建构的等级体系。对"人物论"的质疑，就是对社会分层的质疑。反讽不仅指向这种社会分层，而且指向了科层制，因为等级性正是科层制的重要特征。

科层制的另一个重要特征是工具理性，工具理性在科层制共同体内部是行之有效的，但小说书写了一种双重空间，即科层制空间和乡村空间。扶贫将这两种空间或共同体体系连接了起来。原本在科层制共同体内部行之有效的逻辑，在乡村空间中却是失效的。工具理性的失效进一步凸显了帮扶者行为的可笑。不仅如此，如果说第二章主要书写了科层制中工具理性的失效，那么第三章则写了科层制内部道德的失效。而道德的失效则进一步凸显了人异化的实质。

米尔斯认为:"理性组织是一个使人异化的组织。"韦伯也认为,人类的合理化进程无法保证给人带来意义与价值,相反,合理化的机制反而可能成为人的囚笼。而《陆地行舟》中对人的异化的书写,更具体地体现了这一反思。

三、社会控制与争取承认的斗争

社会控制是社会学的基本概念,是社会之所以存在的基础,指的是"社会迫使桀骜不驯的人回归既定轨道的各种手段"。社会控制的手段丰富多样,而权力手段是最重要的手段之一。米尔斯认为:"现在,广为盛行的权力手段是管理与操纵人们的同意的权力。"郁洋在小说中遭遇很多不公,从《隐山茶叶志》署名到被胡组长冤枉不能申冤,到成果被李北亚利用,每次他都只能被动接受。每一处不得不同意,都可见权力操控的痕迹。

而对于小说中的另一群体,贫困农民则呈现了两种不同的态度。小说中真正的弱者是贫困农民。弱者在这种权力关系中大多是顺从的。孙连发面对郁洋的帮扶,就没有提自己能力的有限性,而是同意,进而付出了生命的代价。而郁洋这样一个机制内部的低权力者,在面对另一阶层时,却又成了一个高权力者。这种权力转化与社会分层密切相关,从中可以看出权力的流动性特征。正是因为这种流动性,它几乎无处不在,相应的操作也无处不在。

在斯科特《弱者的武器》一书中,作者认为装呆卖傻也是弱者最常用的一种武器。这种武器集中体现在张根财身上。张根财向郁洋表露出憨傻的一面,却隐瞒种瓜一事及其收入,为的是不影响其贫困户身份。小说中,郁洋对此也有察觉:"这使郁洋轻吁一口气,再朴实的农民其实也有狡黠的一面。"这种顺从背后的狡黠就是弱者的一种武器。但小说中弱者并未一味地以顺从和狡黠为武器，马忠良就是最典型的代表。马忠良反抗的主要是权力。他的一意孤行甚至超越了弱者的武器的范畴。所以，郁洋才将他称为"牛人"。黑格尔将人类的冲突概括为一种争取承认的斗争。马忠良就是在争取一种承认，对他付出劳动的承认。在这种争取承认的斗争中，马忠良不顾一切，所以最后获得了郁洋的认可和尊重。事实上，孙连发宁愿累死也要穿完珠子，也是在争取一种承认，即让帮扶者或官方认为他可以自食其力，也是有价值的。

小说中，每个人都在进行争取承认和尊严的斗争。其实连瑞也是在实行一种弱者的反抗，其消极怠工和搞男女关系也是因为争取承认斗争的失败。在这种复杂的权力关系中，弱者的身份也是流动的，而这种斗争也会一直持续。

社会控制的方式不仅有权力手段，还有其他手段，在《陆地行舟》中，体现在对赠予原则的使用上。社会学家莫斯认为赠予和还礼是一个根本性的社会原理，"赠予物包含'灵'和'心意（人格）'，而接受方则受还礼义务的心理性约束"。根据莫斯的理论，赠予原则并不受经济原理和制度的限制。

朱主任在马鞍村的行为，屡次触犯村民的尊严和正当权利，才会引发村民与他的冲突：泄露村民儿子疾病的秘密，所以招致村民的殴打；发放外国奶粉，也招致村民的怨言。但是朱主任并未理解。他秉持的态度仍然是一种作为社会文化的赠予原则。在赠予原则中，被赠予者有回礼的义务。即使不是一种物质的回礼，也要回以精神性的礼，即感谢和赞美。以这样一种作为社会无意识的赠予原则来思考，他的火冒三丈也就合乎逻辑。事实上，他赠予奶粉这一行为，正是中了消费主义圈套。正如那个年轻媳妇所说，厂家无偿赠送奶粉，是为了让婴儿产生依赖，然后让消费者购买，而消费者购买的价格中就隐含了那些赠送的奶粉的价值。但这并不是朱主任的阴谋，而是一种消费主义阴谋。但朱主任无意之中将赠予原则与这种消费主义阴谋相捏合，显示了朱主任的脱离现实，也使社会控制变得复杂化。从此可以看出，小说不仅书写了公务员扶贫者和贫困农民两个场域，还涉及消费主义作为主导规则的场域。多个场域及其规则引发了冲突，在这种多重冲突中，底层农民的权利和利益最终受到了损害，而争取权利与尊严的斗争在这种复杂的思想环境下也会不断变更面貌。

四、社会冲突的呈现与未完成的叙事闭合

社会冲突是现代社会学关注的一个焦点。社会学家达伦道夫认为，社会冲突无法避免，在任何社会中都无时不在。齐美尔等社会学家则指出冲突积极的一面，认为其是最具活力的互动和交往形式。《陆地行舟》聚焦于对社会冲突过程的书写，但这并非对问题的解决，而是对问题的掩盖。于是表面上冲突解决了，但问题仍然存在。体现在小说的叙事层面，则是小说的叙事闭合完成，意义闭合却无法完成。

《陆地行舟》开头第一句话——郁洋驱车抵达白云寺镇马鞍村之前，好几次都虚惊一场——就颇具象征性地写到了小说的关键词。"虚惊"就是小说的一个关键词，暗示了冲突的解决。一般意义上来说，所有小说都必须解决矛盾冲突，才能够完成叙事闭合。但使矛盾冲突消失的方法，不仅有解决，还有掩盖。不管是解决还是掩盖，都能够促成一种叙事闭合。叙事闭合更高的层面是意义闭合。小说《陆地行舟》中的叙事闭合并未促成意义闭合，反倒凸显了意义冲突。因此，这种"惊"并未被化解成为虚惊，而是始终存在，成为一种社会现实中的震惊，这种"惊"也成为对社会现实最严厉的拷问。海德格尔在阐释人的存在问题时，指出应以存在代替存在者，意在揭示人的存在并非静态固化的存在，而始终是一种情绪的绽出与流动。小说中，"惊"成为一种最重要的情绪，人卡顿在这一时刻，成为对社会现实最重要的反应。本雅明也认为，震惊是不容易被化解的。人无法顺利地将之转化为经验。震惊是一种最重要的现代性体验，同时也是现代美学最重要的特征。小说在叙事层面写了冲突的解决和问题的掩

盖，产生了虚惊的叙事效果，但将问题在意义层面凸显，却使人产生了震惊的效果。

批评家詹姆逊认为："一切文学都可以解作对群体命运的象征性沉思。"陈宏伟也在小说《陆地行舟》中体现了对两个主要群体命运的象征性沉思。通过书写以主人公为代表的科层制人员自我的分裂与认同的危机，以及自我理性化的努力与最终的异化，呈现了对科层制人员以及理性制度的反讽与反思；通过社会控制的多样性表现，也书写了弱者争取承认的斗争的必然性与复杂性。而权力的流动与弱者身份的流动，也使社会冲突变得复杂。作者在小说中对种种冲突和其解决方式的揭示，也体现出作者的态度：冲突和矛盾不应被掩盖，而是要给予解决。这种对公共议题的深入思考与介入式呈现也反映了作者文学书写公共化的努力。

所以，小说《陆地行舟》的调性是反讽与悲悯的共存，是两者的复调式呈现。在这种复调式书写中，小说呈现了其否定性等诸多特征，从中可见批判现实主义的立场。这种饱含压抑的审美体验，却能够带给读者反思的动力。同时，小说也暗含着一种解构的策略，郁洋只能在一个反讽的位置上确立自己的存在，而这样的存在，就是荒诞的存在。在现代文学理论中，荒诞就是无意义。小说拒绝意义的封闭，一方面是对读者反思的邀请，另一方面也可以认为是在引入无意义的炸弹，炸毁社会系统给每个角色提供的"庞大的'自欺设备'"，这显示了小说作为一种否定性艺术的价值，进一步增加了小说的文学价值和社会价值。

寻找一种复杂的"质感"

——《陆地行舟》创作谈

陈宏伟

　　我计划写一个扶贫题材的中篇三部曲，篇名分别叫《陆地行舟》《台风过境》《镜中之舞》。一个评论家朋友听说了连连摇头，他说太贴近现实的主题对小说创作极为不利。因为即使不看，也大概知道里面写的是什么。他说小说需要飞翔，需要从现实世界腾空而起，如同山野的雄鹰。而像"扶贫"这类贴近时政的故事，如同扎根于田野的藤蔓植物，别说飞了，站都站不起来。记住，写小说要寻找梦想中的好故事。朋友的话令我犹疑，最直接的后果是导致第三部迟迟没有完稿。

　　朋友的话没错，但我心里终究不甘。谈到文学的当代性，说的是作品总要依赖一个特定时期的社会状态，完全独立于时代的作品是不存在的。况且许多文学大师的作品也是借时代之力，然而无论放在什么时候去阅读，其艺术和情感的力量都历久弥新。可见，强烈地关注现实与优秀作品并不矛盾，并不会对小说不利。怕只怕，我们的写作是否真的具有当代性，是否真的呈现这个时代的生活状态和精神状态。我在自我怀疑与自我肯定相交织的矛盾情绪中写完了《台风过境》。

　　我的确在底层机关参与过两年扶贫工作，经历的生活感受颇为复杂、沉重，这更加让我认识到，"扶贫"作为基层政府重中之重的工作，在当下的文学作品中反映得太少了，近乎被文学界无视。这岂不也是不正常的？为此，就算这个题材对小说再不利，我愿意正视它一次，哪怕最终归于失败。很显然，"台风过境"是一个隐喻，它包含的艺术密码非常简单。

但是现实世界的山川、河流、温度和湿度，人物的样貌、脾气和情绪，我又觉得很难用一个隐喻去表述，那是一种不可言传的意境。写作的时候我沉醉其中，甚至将生活真实与艺术虚构相混淆。我力图写出真正贴近现实的小说，不要飞翔，如果是藤蔓植物，就将根系扎得深一点，再深一点。

　　贴近当下生活的现实主义仿佛很容易被人看低，被认为是生活的复制或翻版。我觉得这不是现实主义的问题，而是我们拿司空见惯的故事，或者简单的、不现实的虚构来冒充现实主义。真正的现实主义具有生活表象所没有的复杂"质感"。我相信小说的目标在于呈现精准的生活描述，如同我曾经从事的精准扶贫一样。

陈宏伟主要作品

发表作品

《子夜落雪》（短篇小说），《莽原》2000 年第 3 期。

《勾引》（短篇小说），《芒种》2003 年第 12 期。

《鸵鸟》（短篇小说），《青春》2004 年第 1 期。

《千条计》（短篇小说），《安徽文学》2004 年第 3 期。

《一把军刀》（短篇小说），《青春》2004 年第 11 期。

《蓝琳女士的大衣》（短篇小说），《延河》2004 年第 12 期。

《英雄》（短篇小说），《四川文学》2005 年第 5 期。

《宾馆情人》（中篇小说），《广州文艺》2005 年第 7 期。

《辅导课》（短篇小说），《广州文艺》2006 年第 2 期。

《如影随形》（中篇小说），原载《江南》2011 年第 5 期，《小说选刊》2011 年第 10 期选载，《中篇小说选刊》2011 年增刊第三辑选载。

《鱼湖》（短篇小说），《山东文学》2011 年第 9 期。

《突围》（短篇小说），《文学界（原创版）》2011 年第 11 期。

《U 形转弯》（短篇小说），《飞天》（上半月）2011 年第 12 期。

《暴雨即将来临》（短篇小说），《北方文学》2012 年第 5 期。

《爱吃薄荷糖的女孩》（短篇小说），《清明》2012 年第 4 期。

《无花果》（中篇小说），《飞天》2013 年第 1 期。

《看日出》（短篇小说），《江南》2013 年第 2 期。

《柠檬奶茶》（短篇小说），《当代小说》2013 年第 5 期。

《关于女诗人雎鸠的谈话录》（短篇小说），《地火》2013 年第 3 期。

《温柔的黎明》（中篇小说），《文学界（原创版）》2014 年第 2 期。

《一次相聚》（短篇小说），《青年文学》2014 年第 10 期。

《斜塔》（中篇小说），《雨花》2015 年第 5 期。

《修身格言》（短篇小说），《创作与评论》（上半月刊）2015 年第 5 期。

《远方那么远》（中篇小说），原载《江南》2015 年第 6 期，《作品与争鸣》2016 年第 8 期选载。

《透明的玻璃瓶》（短篇小说），《长江文艺》2016 年第 1 期。

《合影》（短篇小说），《红岩》2016 年第 1 期。

《可疑的男孩》（短篇小说），《湖南文学》2016 年第 2 期。

《三角形的秘密》（中篇小说），《小说月报·原创版》2016 年第 3 期。

《还乡记》（短篇小说），《雨花》2016 年第 3 期。

《拍摄记》（中篇小说），《飞天》2016 年第 5 期。

《孤旅》（短篇小说），《福建文学》2016 年第 7 期。

《威尼斯面具》（短篇小说），《百花洲》2016 年第 4 期。

《去外婆家》（短篇小说），《安徽文学》2016 年第 8 期。

《娇妻》（短篇小说），《滇池》2016 年第 8 期。

《孤独之子》（长篇小说），《莽原》2016 年第 5 期。

《去苏州》（中篇小说），《山东文学》2016 年第 12 期。

《面膜》（短篇小说），《长江文艺》2017 年第 9 期。

《暮色中陌生人》（短篇小说），《山花》2017 年第 9 期。

《折纸游戏》（短篇小说），《江南》2017 年第 5 期。

《沙》（短篇小说），《福建文学》2017 年第 11 期。

《闪电》（短篇小说），原载《福建文学》2018 年第 4 期，《决策》2018 年第 8 期选载。

《陆地行舟》（中篇小说），《红岩》2018 年第 4 期。

《台风过境》（中篇小说），原载《湖南文学》2018 年第 8 期，《小说选刊》2018 年第 9 期选载。

《逆旅》（中篇小说），《山东文学》2018 年第 11 期。

《茶乡一夜》（散文），《作家通讯》2018 年第 11 期。

《段小姐你好》（短篇小说），原载《福建文学》2019 年第 2 期，《小说月报》2019 年第 4 期选载。

《镜中之舞》（中篇小说），原载《湖南文学》2020 年第 9 期，《作品与争鸣》2020 年第 10 期选载。

《花事》（短篇小说），《长江文艺》2020 年第 10 期。

《细浪》（短篇小说），《青年文学》2021 年第 8 期。

《美人》（短篇小说），《广西文学》2022 年第 1 期。

《双栖》（短篇小说），《长江文艺》2022 年第 3 期。

《青春访谈》（访谈），《青年文学》2022 年第 6 期。

《弦歌》（短篇小说），《广州文艺》2022 年第 9 期。

《大国之"盾"》（报告文学），《人民文学》2022 年第 10 期。

《淮河饭店》（短篇小说），《福建文学》2022 年第 12 期。

《孤行》（短篇小说），《百花洲》2023 年第 1 期。

《魔戒》（短篇小说），原载《长江文艺》2023 年第 10 期，《小说选刊》2023 年第 11 期选载，《青年文摘》2023 年第 12 期选载。

出版作品

《如影随形》（中短篇小说集），作家出版社，2015 年 11 月。

《一次相聚》（短篇小说集），河南大学出版社，2018 年 10 月。

《远方那么远》（中篇小说集），河南文艺出版社，2020 年 5 月。

《陆地行舟》（中篇小说），河南文艺出版社，2020 年 5 月。

《面膜》（短篇小说集），郑州大学出版社，2021 年 1 月。

《河畔》（长篇小说），河南文艺出版社，2021 年 12 月。

维　摩

　　维摩，原名王小朋，1979年生，职业编辑，业余作家。近年开始文学创作，作品散见于《天涯》《福建文学》《四川文学》《山东文学》《散文百家》《小说月刊》等文学刊物。出版有中短篇小说集《巨翅白鸟》，现居洛阳。

魔幻现实与苦涩人生

——读维摩小说集《巨翅白鸟》

祁雯

　　《巨翅白鸟》是洛阳青年作家维摩的一部中短篇小说集。这部小说集以作者的故乡洛阳为背景，涉及洛阳城的诸多文化元素，具有独特的城市气韵和风格。小说集中的同名小说模仿了马尔克斯的《巨翅老人》，呈现出了魔幻现实主义色彩，又加以运用中国古典诗词意象和修辞手法，形成了魔幻而浪漫的诗意氛围。就小说集的精神内核来讲，维摩潜入现实生活的深处，借助人物的行动，展现他们的心灵与现实、理想与凡俗的巨大错位，并借此展开对庸常生活、荒诞人生的追问和思考。

一、独具特色的九都气韵

　　在众多作家的作品中，我们经常能够看到作者故乡的影子。比如，鲁迅笔下的鲁镇、沈从文笔下的湘西世界、莫言的高密东北乡、李佩甫笔下的平原等，这些作家都以故乡为文学创作背景，或是寄托对家乡的思念，或是批判人的劣根性。《巨翅白鸟》的作者维摩是土生土长的洛阳人，在小说集中，我们也能够看出作者想要展现故乡风貌的意图。

　　洛阳是"九朝古都"，古称豫州，别名"凤凰城""九都"。小说中故事发生的背景大多是在"九都市"，出现的报纸是《九都日报》，品尝的酒是九都大曲，杂志社是作者本人所在的《牡丹》杂志社，可见洛阳就是小说故事的发生地。小说集涉及洛阳城的诸多方面，包括城市布局、美食文化、名胜古迹、城市建筑、围棋文化等。

在城市布局方面，作者在小说《心理活动说明书》中以幽默的口吻讲述九都市是一个狭窄的长方形，"面积不大，就是长得邪乎，从东走到西需要两个小时，从南走到北却只需要放个屁的工夫"。九都市极其对称，在城市的中轴上竖起了一根柱子。这根柱子就是洛阳的九龙鼎花岗岩雕塑，是洛阳悠久历史的象征，在柱子顶端的西周兽面纹方鼎更是洛阳青铜时代的权力象征。在小说中，作者没有夸耀九龙鼎的古朴、凝重，而是戏谑其为"一根朝圣的阳具"。

在美食方面，洛阳四面环山，降雨偏少，天气干燥且偏寒、偏冷，因此形成了独特的饮食文化——汤文化，被称为"汤城"。"洛阳水席"是当地人引以为豪的国宴菜，其中大多数都是汤。当地还流传着一句俗语："早起一碗汤，给个神仙都不当。"足见洛阳人对汤的喜爱。在小说《心理活动说明书》中，作者就多次提到早汤：牛肉汤、羊肉汤、驴肉汤。在作者的笔下，炖汤的厨子也兼职屠夫，他们宛如文惠君帐下的庖丁，解牛技巧游刃有余。

洛阳历史文化丰厚、朝代众多，旧王朝遗址也是不计其数。作者在《巨翅白鸟》中说："这个城市的地下掩埋了一百多个旧王朝的帝王，他们的骨殖早已化为泥土，陪葬品被人盗掘精光，只有故事成为人们津津乐道的话题。"这些各代皇帝的故事成为"根号二"这样的普通百姓茶余饭后的谈资。他们所讲的历史也许是张冠李戴、信口开河，但是他们乐此不疲地借此满足自己的消遣欲望。

洛阳名胜古迹众多。《邙山奇侠传》中的邙山位于洛阳市北，历代多有皇帝、名人葬于此，有"生在苏杭，葬在北邙"之说。邙山的最高峰为翠云峰，上有道教名观上清宫。小说描绘了唐朝时期穿丝绸、戴牡丹的洛阳人；借唐朝苏老汉游洛阳城，提到了洛阳的名胜古迹龙门石窟、龙门奉先寺、白马寺、翠云峰以及上清宫。

在城市建筑上，作者在《量子录梦机》中提到了中州路、河西区的苏式建筑红砖楼，这些都与现实中的洛阳接轨。

另外，洛阳还是著名的"全国围棋之乡"。2005年，洛阳围棋职业段位总和达到整整100段，从那时起，洛阳便被称为"百段之城"。古人将围棋的技艺水平分为棋艺、棋理、棋道三个层次，棋道与天道、人道有着相似之处。在小说集第一篇小说《空瞳》中，作者维摩便汲取洛阳当地丰厚的围棋文化，以棋道喻人道，文化内涵丰厚，读起来饶有趣味。

《巨翅白鸟》小说集中收录的小说风格多变，有描绘青春疼痛的，有描绘现代乡土的，有书写都市异人的，有表现魔幻现实的，还有唐代传奇、军旅生活、官场人情。无论是哪种风格和内容，作者维摩都将诸多洛阳城的历史文化与城市风貌融入小说的创作当中。虽然只是局部描述和碎片化书写，但是足以让我们领略洛阳的特色风格。并且在不同的短篇中，作者也沟通了洛阳古今，让洛阳的历史跃然纸上。不过，在语言上，作者维摩并没有特别突出洛阳本地的方言色彩；在内容上，也没有更加深入地描绘洛阳的风土人情。可以说，洛阳的诸多元素为小说提供了发生的背景，增加不少亮点和文化内涵，不过，洛阳的整体风貌并不十分清晰，地域性不够明显，作者还没有建立起一个完整而丰满的文学故乡。

二、魔幻浪漫的诗性叙事

《巨翅白鸟》是与小说集同名的短篇小说，它是一部具有魔幻现实主义色彩的作品。小说借鉴了哥伦比亚作家马尔克斯于1968年创作的短篇小说《巨翅老人》。《巨翅老人》中，下了三天的大雨后，长着翅膀的老人被认为是天使落入人间，被贝拉约一家收留。小镇的居民对老人做出了各种揣测和判断，老人继而成为贝拉约夫妇的摇钱树。在承受了巨大的痛苦和折磨后，老人在寒冬里奄奄一息，却又奇迹般地在来年春天恢复生机，最后长出羽毛，飞向了无际的天空。

《巨翅白鸟》与《巨翅老人》的故事情节高度相似，并模仿了《巨翅老人》中采用的神话隐喻。在《巨翅老人》中，故事的开始即大洪水和瘟疫："大雨连续下了三天，贝拉约夫妇在房子里打死了许许多多的螃蟹。刚出生的婴儿整夜都在发烧……星期二以来，空气变得格外凄凉。"这是对《圣经》神话中有关大洪水的经典描述的有意模拟，寓意着神对人罪过的惩罚。洪水退去之后，被认为是"天使"的巨翅老人也来到了人世，在经历了人世间的苦难之后，重新恢复生机，离开人世，这与《圣经》中耶稣受难的经历十分相似。在《巨翅白鸟》中，故事的开头同样是"大雨下了三天"，被称为"神仙"的乌龟趁着涨水逃走了，"房东的孩子闹夜哭"，雨停了之后，杜遇捡到了白鸟。拥有了白鸟的杜遇得不到邻居、亲人的理解，同样承受着众人的凝视和非议。在故事的结尾，"大雨覆盖了整个城市"，产生了大洪水，杜遇和那个巨翅老人一样，长出了羽毛，飞向了天空。

　　不过，与马尔克斯不同的是，作者维摩将"老人"改为"白鸟"，使得整个小说更加富有中国古典文学的诗意氛围。"白鸟"是一个含义非常丰富的意象。自古以来，"飞鸟"就是一种比较常见的古典诗赋意象，它内涵丰富，意境深远，其源头可以追溯到神话时代对飞鸟的崇拜。古时候的先民会将飞鸟想象成开天辟地的英雄，比如《山海经》中的"精卫填海"，反映了先民对理想的不懈追求。这篇小说中出现的巨翅白鸟很容易让人联想到一种在古诗词中经常出现的鸟——白鹭。白鹭体形瘦削，喙直而尖，颈和足均长，尾短，其样貌体态都和文中所描绘的巨翅白鸟十分相近。在古代诗歌中，白鹭象征着自由、高贵和纯洁，如诗人杜甫在《绝句》中所写："两个黄鹂鸣翠柳，一行白鹭上青天。"白鹭所象征的品格与文章所要表达的巨翅白鸟的内涵相契合。在这篇小说中，作者常常将白鸟比喻为纯洁、美丽的女人，当杜遇将白鸟抱回家时，老桑开玩笑说这是"抱女人"的手法；当杜遇将白鸟放在副驾驶座上时，白鸟被比喻为"好莱坞电影里的疲惫美人"。小说将白鸟耀眼的白色羽毛比作缀有蕾丝和流苏的长裙，像是一个美丽女子的打扮。当老桑想要窥探这"裙子"的底部时，白鸟会呈现出自卫的状态，可见白鸟的纯洁、不容侵犯。另外，白鸟也是孤傲的、超凡脱俗的。当白鸟起飞时，"每个人都看到了白色大鸟展翅的一刻，他们深信它本应该飞翔在尘世之上，藐视村庄和城市，唾弃蝼蚁和人群"。

除此之外，小说中的三个人物也和白鸟有着密切联系，分别是不同的隐喻。其一，白鸟是杜遇已逝女儿的化身。杜遇与白鸟之间的举动像是一位父亲与女儿的亲密互动，杜遇会抱着白鸟，让白鸟枕在自己的肩膀睡觉，而白鸟也会寻求杜遇的庇护。白鸟常常出现的场景是阳台，而女儿生前也喜欢待在阳台，"陈红说过，女儿每次回家，都要陪她在阳台上坐一会儿"。在陈红眼里，白鸟会让她想起女儿，恍惚间将白鸟当作女儿。另外，从外形上来看，二者也具有相似性，"女孩儿颀长瘦削，有点像眼前的这只白鸟"。所以，白鸟很可能就是已逝女儿的化身，意味着杜遇和妻子心中对女儿的追忆和寄托。其二，白鸟就是杜遇，或者是杜遇想要逃离纷扰尘世的内心投射。文中提到过，杜遇"这家伙牵绊太多，总是活得不洒脱"，点明了他为世俗生活所羁绊的内心。杜遇的房间与阳台相通，他和白鸟都喜欢待在阳台上。阳台可以理解为杜遇逃离尘世的一个独立空间，这个空间隔绝了"油脂样沉重的空气"，连接着"深山溪水的幽径，白鸟的每一次振翅，都会有湿润和清凉席卷而来"，带给杜遇身心的清爽和思想的安宁。白鸟和杜遇之间也存在着独属于他们的心灵联系，杜遇能够发现并触摸白鸟在光鲜亮丽外表下的脆弱，抵达白鸟的内心，白鸟也习惯性寻求杜遇的庇护。杜遇和白鸟喜爱自由、高贵纯洁的品性。在失去女儿、与妻子离婚分家、众人的凝视和叨扰之下，杜遇也终于不再忍受生活的重压，在众目睽睽之下，变成了一只巨翅白鸟，摆脱沉重的肉身，消失在蓝天。这样的结尾是作者的一个浪漫化的处理，给残酷的现实加上了温暖而奇幻的色彩。化身白鸟后的杜遇直追先前的白鸟而去，也许是选择去和死去的女儿团圆，也许是摆脱内心的挣扎，去追寻自己理想的生活。其三，白鸟与人物孙鹭也有着高度的相似性。首先，她的名字中包含有

"鹭"字。前文提到，鹭是一种鸟，很有可能就是文中巨翅白鸟的原型。当杜遇看到孙鹭发来的消息时，杜遇的想象是"像是看见孙鹭正擎着秀丽的颈子等他，他胸腔里春水涌动"，可见孙鹭有着与白鸟一样的优雅姿态。就孙鹭的性格来看，她是一个喜欢文艺、像鸟儿一样向往自由的人，却做着她不喜欢的新闻编辑，写着她并不喜欢的废话。在听说了白鸟的故事后，她发自内心地问道："鸟不是应该向往自由吗？"可见她内心里对自由的向往。在故事的结尾，孙鹭来到了杜遇留给她的房子里，看到了杜遇房间中涌出的绿色光芒，"在光芒中看到了那只巨翅白鸟"。也许白鸟映射的是孙鹭的理想，当她看到白鸟的那一刻，她也真正地找到了自我，回归了自我，最终辞去报社的工作，经营花店，成为小巷里深藏的文艺女神。综上，维摩所采用的"白鸟"意象，丰富了小说的表意空间，加深了小说的内涵，也给文章增加了一些诗意的氛围。

　　除了运用"白鸟"这一诗词意象，维摩还从古典诗词中汲取精华，运用多种表达技巧，将现实与幻境融为一体，呈现出一个神奇、魔幻、怪诞的场景，使得整个画面似真非真、似假非假、虚虚实实、真假难辨。为了达到魔幻的效果，作者维摩十分善于使用古典诗词中常常采用的通感、化虚为实的修辞手法，用形象的语言使感觉转移，将视觉、嗅觉、触觉、听觉等不同的感觉相互沟通、交错，彼此挪移转换，使得意象更为活泼、新奇，创造出新颖奇特的意境，让读者在欣赏的过程中产生丰富的联想，获得充分的美的享受。比如，在小说中，对"风"的描绘就采用了通感的修辞手法，"老王看见丝丝缕缕的绿色凉风从杜遇房间的门缝里流出来，淌得满地都是，从墙壁来看，似乎积得有四五寸深，正在无声无息中缓缓退潮"，这里化触觉为视觉，将无形的风化作有形的流水，使得整个叙述更有画面感，增加了故事的奇幻色彩，突出白鸟能够在炎热夏季带来清爽凉风的神奇特点。通感的技巧使得文字突破语言的局限，使文字产生的美感更加丰富和强烈。

　　在老王打开杜遇房间的场景中，作者更是将魔幻色彩发挥到了极致。

杜遇的房间宛若一个生机勃勃的野外森林，里面跑出了各种各样的动物。它们在跑出房间后，都撞为绿色的碎片。这样的魔幻手法在小说集的其他单篇中也多次出现。在《量子录梦机》中，写"我"在睡梦中，梦到妻子鹿惊丽来扯自己的被子："她扯得急，刺啦一声，被子就碎成了一堆蝴蝶，轰隆隆挤满了整个房间。"这种魔幻的场景预示着这是主人的梦境，为后文揭示妻子已逝埋下伏笔，同时也给文章增加了一些奇幻和浪漫的色彩。

除了魔幻的表达之外，作者维摩还多次借鉴马尔克斯在长篇小说《百年孤独》中第一句的句式。比如，在《倒叙流年》中，作者写道："很多年后我才明白，那天晚上我错过了向何小腰表露心迹的最好机会。""直到很多年以后，我才弄明白我爸在办公室的那句'别怨我'是啥意思。"再比如，在《空瞳》中，作者写道："他用毛巾擦嘴的时候，纱窗外突如其来的夜风撞进了怀里，就如同 20 年前的那个晚上，他一个人在车间值班时，李工慌慌张张推门进来时一样。"这样的叙事角度能够将不同的时间和事件高度集中，极大地丰富了文字的内涵。

维摩借鉴了马尔克斯《巨翅老人》的情节，向魔幻现实主义致敬，同时，他也巧妙结合我国古代诗词的经典意象和修辞手法，捕捉生活中的奇异画面与典型人事，在小说中营造出一种奇幻、浪漫、富有诗意的意境。马尔克斯曾经说过："我认为虚幻只是粉饰现实的一种工具，但是，归根结底，创作的源泉永远是现实。"通过魔幻的叙事手法，作者将《巨翅白鸟》的故事呈现得诗意而浪漫，将普通人的生存状况、心理问题和价值虚无等表现了出来。

三、荒诞苦涩的庸常人生

在小说的精神内核上，维摩潜入现实生活的深处，借助人物的行动，展现他们的心灵与现实、理想与凡俗的巨大错位，并借此展开对庸常生活、荒诞人生的追问和思考。这部小说集中的人物大多是生活中的不甘愿者，他们在现实的泥泞中挣扎，默默承受着生命的沉重。

《空瞳》中的老唐头为了帮助李工而收养了素素，但是他从未将这件事告诉他人，自嘲老来得子的他多年来始终保守着秘密，默默担负起养育素素的责任。这篇小说中有两处老唐头出门办事的情节，其中的细节十分感人。为了凑齐素素借读上学的钱和帮素素找到一份工作，老唐头两次去寻找素素的生父求得帮助。这两次出门，老唐头都是选择在中午默默走出家门，而老太太则是心照不宣地在家中照例做着炸花生、拍黄瓜、煎带鱼、拌豆腐这四样菜，把酒盅摆上，默默等待老唐头回来。在老唐头回来之后，老太太同样地问："妥了？"老唐头同样地回答："妥了。"老两口无言的默契和简单的一问一答让我们十分感动，这看似简单的行为和言语隐藏着多年来在生活琐事重压下形成的默契。

在小说集中，很多故事中的人物都饱受着亲人逝世的苦痛。不过，作者没有对人物的死亡展开详细叙述，而是将这些死亡刻意模糊和隐去，着重去展现在世人的苦痛和折磨。在《巨翅白鸟》中，去世的女儿对夫妻两人打击很大，而那只奇幻、美丽的白鸟，也许就是两人心中女儿的化身，映射着两人对女儿的思念。在《倒叙流年》中，李榜样在妈妈去世之后，总是独自在公园里画画，用画画排遣自己对母亲的想念。李榜样的父亲在妻子去世之后再没有过笑脸，积攒了太多负能量，"提前进入了更年期，就像是一只受了惊吓的河豚，鼓起全身的短刺，随时随地准备给别人来那么一下子"。在《量子录梦机》中，妻子对于"我"是十分重要的，"我""在乏善可陈的生活里持之以恒地浪费着光阴和粮食，唯一的亮点是娶了鹿惊丽"。在文章的叙述中，虽然故事的主人公是范特西，却时常穿插着"我"对妻子鹿惊丽的回忆。虽然明知范特西的发明是一种无法实现的狂想，但是"我"依然希望他能够成功制造出录梦机，留存下妻子的音容笑貌交给儿子。《回乡》中，红果的老公去世两年了，"每次想到男人她都想哭，可是人前她从来没有哭过"。《邙山奇侠传》中的"昆仑奴"帮助崔公子打死了猛犬，救红衣女子逃出牢笼。也许是因此想到了自己曾经击退雄狮、拯救商队的英雄事迹，想起了那段在大海中做水手航行的时光，想到了曾让自己心动不已的船长的女儿，他不再做昆仑奴，选择躲进深山，自己耕种，时常面对着船队的坟墓发呆。作者没有着重描写"昆仑奴"的内心世界，而是用他的行动默默诉说着他的孤独。

另外，故事中的人物大多都怀抱着世俗难以容纳和实现的理想，不愿放弃，默默坚持，在理想与现实的旋涡中挣扎着、追求着。《倒叙流年》中的"我"喜欢画画，却是一个色盲，"我喜欢画花、画鸟、画眼前的风景，画胸中的大海，只不过每一张画都是黑白灰三种调子"。《量子录梦机》中的范特西从小是一个数学天才，但是学校教育和社会生活不能够容纳他的痴狂独特。从宇宙大爆炸到弦理论，从牛顿力学到霍金虫洞，范特西始终沉浸在科学世界的狂想中，始终坚持着对数学的狂热喜爱。他虽然看上去像是一个爱幻想的疯子，但是他的痴狂在这个浮躁而又急功近利的时代显得弥足珍贵。在《细腰》中，理想和平静被时代生活的泥泞和污浊吞噬，朝着不可预见的方向发展，那个身影淡如菊、热爱艺术的何小腰竟会变成"泥坑大象般污浊的样子"，留下无尽的心酸和落寞。

除此之外，在表现小说人物的苦痛和挣扎的同时，作者维摩也借助人物的经历和话语，缓缓地道出朴素、简明的人生哲理。

小说《空瞳》中，作者将唐素素下棋的眼力与其识人处世的心力相结合，以下棋的道理比喻社会生活和人际关系，以"实"和"势"分析父亲和养父、周成和宋明的不同关系，并教育她深思熟虑、目光长远。另外，作者还通过棋局的形势来展现人物的矛盾冲突、心理状态，主人公素素不仅仅是在下棋，也是在以棋识人。最后一次宋明和素素的棋局对战十分精彩。多年未见宋明的素素心情激动，在对局中，她从信任宋明，落子毫不犹豫，到对宋明反应的疑问，到失望，落子强行取势，再到孤注一掷，最终投子认输。棋局看似平静，实则暗潮汹涌，生动地体现了主人公的心理活动变化，而素素也终于在这场对局之后心灰意冷，视网膜脱落，成了盲人。这次输棋让她失去了进棋院事业编制的好机会，也让她看清了宋明，真正做到了"心明"。复明之后，她不再渴望生父安排工作，心如止水，缓慢平和地下棋，回回都赢一目半，追求的恰恰是围棋所追求的和谐共生之道。唐素素变成了"空瞳"，她看透世间情感，真正做到了深思熟虑，也真正用心参悟了棋局和人生。

在一些描绘青春疼痛的作品中，作者感叹时光易逝，揭示人生的痛苦本质。在小说《倒叙流年》中，心事重重的赵红叶感慨"人之所以痛苦，在于追求错误的东西"，"我"在长大之后，才明白这句话是"无可奈何的吐槽，遇到挫折后的自我安慰，它的最大用处就是让失落的自己重获平衡""痛苦本来就是人生的常态，我明白过来时最美好的青春已经离我远去"。《细腰》中，"我"在回忆与何小腰的故事时，感叹时光对记忆的侵蚀，"人生如同河水，无论多大的狂风，也不过激起一时的水花，过后还是滚滚流入大海，那些水花只会在记忆里渐渐淡去，直到平如镜面，再也想不起来"。时过境迁，曾经美丽的少女变成如今粗俗、丑陋的模样，让"我"怀疑自己曾经的记忆是否真实，也许这个人根本不曾出现过，过去的美好只是一场幻梦。在《红缨在手》中，通过李红缨无奈成为英雄的故事，感叹"命运就是这么冷冰冰的不近人情，它可以在你意想不到的时候把耀眼的光环强加在你头上，也可以在你最需要眷顾的时候对你落井下石"，尽显命运的荒诞本质。

在《邙山奇侠传》这部独特的描写唐传奇的作品中，作者借鉴古代劝谏文的写作方法，通过苏老汉与女皇之间的互相问答道出君臣相处之道、人与自然和谐共处之道："四海之内皆为王土，王土之上皆是子民，除了人，鸟兽虫鱼也是。"通过大侠萧峰的传奇经历，道出"千两黄金不卖道，十字路口送知人"的道理，感叹知音难遇、英雄不再。因此，小说一方面展现人物的生存痛苦、理想难求、价值虚无，另一方面也借此展开思考，发出对生命本质的哲思，感慨荒诞苦涩的庸常人生。

综上所述，小说集以洛阳为背景依托，显现出独特的城市气韵。其同名小说《巨翅白鸟》借鉴了马尔克斯的《巨翅老人》，并创造性地运用了中国古典诗词常用意象和手法进行创新，使其更加具有古典韵味和诗意氛围。整部小说集中的小说有着作者对生命、人性的深情观照，使得作品能够展开生活广阔的一面，同时又能深入人心。作者将理想、浪漫、幸福与凡俗、痛苦、孤独交织在一起，传达出世俗生活的无奈、青春成长的伤痛、时代的繁杂与浑浊、理想之路的坎坷和曲折，构建起一种苦涩却不失浪漫、哀愁而不过分忧伤的氛围。总的来看，维摩尽可能选入不同的叙事手法、内容和风格的小说，精心进行情节设计，在语言上精雕细琢，既能够满足多样读者对于故事性的期待，也能传达出深刻隽永的人生哲理，展现独特的审美内涵。不过，小说的模仿痕迹、技巧运用有些明显，未来能立足自己独有的地域优势，发挥已有的叙事才华，构建起自己的叙事王国，当是维摩最值得读者期待之处。

故事总能找到最合适的讲述者（创作谈）

维摩

我的一位记者朋友，是优秀的饭桌讲述者，只要他在场，饭局一定是欢乐的。他能用略带乡音的普通话讲许多故事，有些是他的亲身经历，有些则是道听途说，有些显然是鸡零狗碎拼凑而成，包含了许多加工臆想的成分，但是从他嘴里讲出来，总是很有意思。有时候遇到了重复的故事，他仍然能讲出与上次不同的东西来。可惜他不写小说，同样可惜的是，我无法像他那样在饭局上讲故事。

同样一个故事，会挑选不同方式的讲述者，这在生活里屡见不鲜。我们常常听到一个故事被讲得非常精彩，也常常会看到同一个故事被讲得蹩脚、尴尬。小说也会遇到这样的情形，找对了语气，能把一个司空见惯的事情写得别具风味；找错了角度，会导致表达困难，甚至半途而废。故事通过这种方式来选择属于自己的讲述者，似乎是另一种通灵术的展现。这个讲述者未必是亲历者，但一定是与读者有着某种默契的人。他们甚至可以改变事件的细节和场景，但是总会让故事饱含张力。

同样的事情，还会降临在同一个人的不同阶段。比如《黄梅路鱼铺简史》这个故事，很早我就得到了主线和人物，但是一直无法下笔。那时的我，看待事情喜欢套用自己的价值观，总觉得有人是对的，有人是错的，有人是傻的，有人是坏的。很多年以后，我经历了很多事情，听到了很多故事，窥视了很多心灵，渐渐能够理解每个人在不同状态下的选择。这个时候，重操旧故事，突然有了柳暗花明的感觉。

其实，故事的讲述也是一种人生阐述，你理解到哪个地步，才可能阐述到哪种地步。故事总能找到最合适的讲述者，我希望每个写作者都能在恰当的时候听到故事的敲门声。

维摩主要作品

中篇小说

《红缨在手》,《前卫文学》2017 年第 5 期。

《心理活动说明书》,《红豆》2020 年第 9 期。

《黄梅路鱼铺简史》,《清明》2021 年第 5 期。

短篇小说

《回乡》,《雪莲》2010 年第 5 期。

《空瞳》,《红豆》2018 年第 3 期。

《巨翅白鸟》,《广州文艺》2018 年第 4 期。

《右臂文身说明书》,《延河》(下半月刊)2018 年第 10 期。

《倒叙流年》,《伊犁河》2019 年第 3 期。

《邝山奇侠传》,《椰城》2020 年第 5 期。

《量子录梦机》,《天涯》2020 年第 6 期。

《细腰》,《六盘山》2021 年第 4 期。

散文

《读城笺》,《鸭绿江》2015 年第 3 期。

《私菜谱》,《黄河文学》2017 年第 5 期。

《我不能再谈那些遗忘》,《四川文学》2018 年第 3 期。

《旧楼浮光》,《天涯》2018 年第 6 期。

《拾忆书》,《福建文学》2019 年第 3 期。

《十万神佛伊河流》,《广州文艺》2020 年第 12 期。

《哮喘症候群笔记》,《山东文学》2021 年第 2 期。

中短篇小说集

《巨翅白鸟》,河南文艺出版社,2020 年 6 月。

1980年代

南飞雁

　　南飞雁，1980年生。郑州大学中文系毕业，中国人民大学文学院创造性写作专业硕士。河南省作家协会副主席、河南省文学院副院长、郑州市作家协会主席。在《人民文学》《十月》等刊发表中短篇小说多部，并被《中篇小说选刊》《小说月报》《北京文学》等杂志选载。长篇小说《大瓷商》荣获中宣部第十一届精神文明建设"五个一工程"奖、中篇小说《灯泡》荣获《人民文学》年度中短篇小说奖、中篇小说《红酒》荣获《中篇小说选刊》年度优秀中篇小说奖。担任编剧的电影《中原女警》荣获中国电影华表奖、《放映路上》荣获河南省第十届精神文明建设"五个一工程"奖。

南飞雁小说中的 "世态人情"

丁子钧

南飞雁 1980 年出生于国营黄泛区农场，后一直居住在小城漯河，18 岁考入郑州大学中文系，19 岁写出自己的处女作——长篇小说《冰蓝世界》，书写高中时期的生活，弥漫着青春的气息。此后，他又出版新历史主义小说《大瓷商》，之后进入鲁迅文学院学习，写出第一篇以"七厅八处"为故事发生场域的中篇小说《红酒》。

在此后的 7 年时间，南飞雁陆续发表了《暧昧》《灯泡》《空位》《天蝎》《皮婚》等 5 篇小说，2018 年将这 6 篇小说结集成册，出版了短篇小说集《天蝎》，真正意义上形成了自己独特的"七厅八处"文学样貌。因这几篇小说以官场为核心场域，描写的是厅处级公务员的生活，多以职位斗争和暧昧情感为故事发展线索，展现的是官场生态，表现出独特的审美样貌，所以多被人贴上"官场小说"的标签。但是作者本人不满意这样的说法，认为如果真要贴标签的话，与其说是"官场小说"，不如说是"世情小说"。在此，笔者十分认同作家本人的观点，尽管作家以中年男性的视角，面向官场打开自己的视野，但是在叙事之中，官场只是作为社会生活的"类"，或者说是特殊的"类"，与官场之外的社会现实有着千丝万缕的联系。官场中的处世规则、生存之道，置于现实社会中同样适用。所以，作家只是借助"七厅八处"这个特殊场域来切入生活，展现最平凡、普通的生活，最复杂、幽微的人性。

一、原生的"世态人情"

在南飞雁的这几篇"七厅八处"小说中，最重要的是他对于世态人情的细腻描绘。在南飞雁的个人创作中，"世态"就是一个特定的环境，是一个宏观的环境，在这个环境中，大家面临一些问题和困境，面临不得不去处理的人际关系以及看待人际关系的角度。而"人情"二字，则要从微观上看，讲的就是人们在这样一个特定的环境中，如何去面对这些问题，如何解决这些问题，如何处理这些错综复杂的人际关系，以及他们在做这些行动时体现或折射出来的一些内心深处很微妙、很隐秘的东西。具体来说，所谓"世态"在这里指的就是官场，所谓"人情"指的是在面对官场中的权力斗争、互相倾轧、感情交易时，个中人物所展示出的内心世界。

南飞雁是如何建构小说中的世态人情的？首先在于其特殊的视角，即中年视角。从第一篇小说《红酒》开始，作者就将着眼点放在了三十多岁、职位不高、婚姻失败的中年男性简方平身上。此后，小说中的竺方平、穆山北、聂于川、穆成泽都具有相同的属性。在生活中，三十多岁的年龄虽不算老，但也早已不再年轻，背负着养家的责任，已是经过社会打磨，懂得人情世故。在事业上，这个年龄的人还处于上升期，既不是一无所有的基层小员，又不是官大权盛的大人物，只能宦海沉浮，希望可以用尽手段再升一级。作者选取这样的主人公来洞察官场生态，别有其精妙之处。这样的主人公是官场之中的在场者，但无论是在生活中还是在事业上都处于中间地带，也是能看到最多世态、最为苟且也最能苟且的人。在这样的视角之下，文本展现出的世态人情就更加饱满丰富、贴近现实。

其次在于"七厅八处"场域的设置，作者将关注的眼光放在了官场之中，又放在了一个不大不小的区域上，这个场域处在官场的中层，既沟通着平民百姓，又联系着上层人物。在这个常常就是几个或十几个人的场域中，总是有一心谋升职的上司、只求安稳等退休的老职员、常年请假在家的病号，以及无论怎么努力都毫无成果的底层小员。"七厅八处"的人员构成是复杂的，正是这种复杂，才可以体现出芸芸众生的样貌。这个特殊的场域可以说是作者建构其"世态人情"的背景所在。

二、以男女之事窥官场之情

作者建构世态人情的方式，是以男女之事窥官场之情。《红酒》的主人公简方平，34岁，离了婚，因讨了钟副厅长的喜欢，一路从副处调升至正处，最后觊觎副厅级的助理巡视员。这一切都与红酒分不开，红酒之于简方平，好像他遇到的四个女人——刘晶莉、王雅竺、女博士、沈伊娜，既是他谋求职位的工具，又是他暧昧时的道具，发挥着重要的作用。作者对人情世态描绘细致，体现在面对四个不同类型的女性时，简方平拿出的是不同的红酒。桃乐丝之于刘晶莉，既可以体现品位，又是最惠而不费的，连这个女人在简方平眼里也是最实惠的；玛高红酒之于王雅竺，是出于简方平对其家庭背景的重视和忌惮；维斯塔娜之于女博士，是因为女博士对此并无研究，随便什么都可以糊弄过去；布内奴之于沈伊娜，代表"在一起"，是简方平发起进攻时的号角。简方平在面对四个不同女人时选择不同的红酒，展示出的其实是四种面向、四种处事方式、四种生活观念。这四种爱情里面，既有互相算计的你退我进，也有迫于压力的被逼无奈，既有各取所需的爱情交易，又在某些时刻夹杂着真心。亦真亦假，其中既蕴含着庸俗的生活智慧，也透露着为人处世的圆滑。这是中年男子必备的生存技能，无可厚非。正在于此，文本才显示出最为原生态的生活面貌，作者对此也并没有进行价值评价，只是将生活最本真的样子展现在读者面前，至于个中臧否，全靠读者自己判断。

《暧昧》更是将男女之间你进我退的感情纠葛描写得淋漓尽致。徐佩蓉与聂于川，一个离婚，一个丧偶，聂于川想借助徐佩蓉的背景再官升一级，徐佩蓉想借助聂于川这个自己在学生时代暗恋过的人来填补空虚，这本就是一段不平等的关系，两人各怀心事，所以就注定两人不是正大光明地恋爱，而是遮遮掩掩、欲盖弥彰地暧昧。暧昧最大的好处就在于谁也不用负责，"他跟她暧昧，最大的优惠是她的幕后，而最大的障碍也是。在世俗生活面前，他的前途、未来、能力、品格全是狗屎，只能估算而无法折现。眼前这个猫戏鼠、鼠戏猫的忧思，本就不平等，多亏他是高手，懂得把握，善于经营，才保持了相对平均的态势，才不至于让她太有优越感"。爱情成了高手过招的游戏，感情不过是权力斗争中的砝码，作者告诉我们，这就是最真实的生活，爱情到最后不是轰轰烈烈，而是各取所需。你无奈也好，唏嘘也罢，都无法改变这样的事实。但作家又往往在这悲凉底色上给读者一丝希望，作品中的人物大多最后都升迁、结婚，或得到自己想要的。或许这就是作家所理解的生活，兜兜转转还是要向前发展的。

《空位》讲的是关系户小蒙和小沈为争一个正式编制，各自使出十八般武艺的故事。不仅是两人在斗争，而且是两位背后的家长在斗争，更是有权力和没实权的利益方在斗争。小蒙使了坏心思将小沈拉下来，最后却也抵不过权力的大腿，又将到手的编制送入他人手中。生活就是这样，于无声处又起波澜，而官场更是如此，没有板上钉钉的事，谁也说不准。生活在其中的人，时刻都是战战兢兢、如履薄冰，而当真正有了走出去的机会时，却又贪恋这围城的安逸。这正是当下人们的生活状态，焦虑、迷茫，背负着巨大的生存压力，却没有人愿意放弃工作。透过官场的小世界，现出的是官场外的大世界。

《天蝎》延续了以男女之情窥官场之事的传统。天蝎是星座里面的一种，竺射手在脱离了杜天蝎的掌控之后，又进入丁天蝎的牢笼之中。在这场暧昧之中，竺方平因为身份地位一直受丁婧蓉的掌控，看似被动，但因一次车祸被厅长夫人张姨撞了之后，意外地获得平等的身份。丁婧蓉看似是掌握主动权的那方，但随着老丁倒台，她也只能将希望寄托于面前的这个男人。主动与被动之间的转换，有时就是这么出人意料和奇妙。且因为老丁的意外倒台，两人之间蓦然多了些惺惺相惜的真情。故事结尾，丁婧蓉揽着竺方平的胳膊，竺方平幸福地边走边想，等儿子长大了一定要告诉儿子："找老婆要找个天蝎座的女人，就像你妈。"平凡而又普通的温情一瞬间就充溢在整个故事之中，冲淡了这对夫妻在婚姻之前的蝇营狗苟。

《皮婚》更是烟火气十足，无非是办公室暧昧与家庭婚姻生活之间的羁绊，主人公穆成泽在两个女人之间游离，这两个女人于他好似红玫瑰与白玫瑰，最后却也看懂其中道理，回归婚姻生活中去。没有波澜起伏的情节，没有突如其来的转换，生活就像流水一般裹挟着人向前，无所谓好，也无所谓坏，这就是生活本身。

至于《灯泡》则是一篇稍显不同的小说，主人公是一位以"黑嘴"著称的小公务员，"小穆22岁扎根七厅，是个办事员；如今42岁，官至副科长。20年里共换了五个处室，跟四位科长反目成仇，和多个同事打架，三次被考核为'不称职'，诫勉谈话可以忽略，不是太少，而是太多"。其实，这里的"黑嘴"不过就是多说几句狠话、真话而已。这样一位主人公，是体制内的边缘人物，在官场中并不讨喜，所以几十年了得不到提拔，妻子又下了岗，家里经济情况惨淡。而要想改变现状，主人公首先要改掉"黑嘴"的毛病。连妻子都知道猪肉不注水就没钱可赚的道理，"黑嘴"再不融入体制，仕途自然无望。从反抗体制到融入体制，显示出人到中年在生活重压下的无奈。这种转变虽耐人寻味，但是他并没有变得一发不可收拾，成为利欲熏心的恶臭之人，而是更加深知如何适应和利用规则，"嘴该黑的时候，坚决要黑，灯该亮的时候，坚决要亮"。只是何时该黑、何时该亮，心中早已有数。当柴米油盐渗入文本之后，官场的一切都显得难以言说，要作者做出尖锐的批判是不可能的，因为生活本身并非非黑即白，作为芸芸众生中的一分子，谁又能免于俗套？正如小说集《天蝎》一书的封底上写的："这是森林中的一棵树，竺方平是树上的一片叶，丁婧蓉是叶上的一只蝎，丛林里的众生，皆能从中找到自己的影子，男男女女，一眼狼藉，深情如海，鸡毛蒜皮……烦扰后有欢愉、落魄中有坚守、彷徨间有从容、冷眼里有悲悯，这就是我们熟悉却未能明言的凡俗日子。"作者所要做的，正是将这未能明言的凡俗日子呈现在读者面前。

三、"世态人情"的价值所在

南飞雁小说中所突出的原生"世态人情"，价值所在是绕开了"官场小说"中常见的权力书写，反而凸显作者自身的城市生活经验。这也就回应了作者所说的并非"官场小说"而是"世情小说"这一提法。南飞雁作为"80 后"作家，与同代人一样，从青春写作进入文学场域。"80 后"作家这个代际划分，带着独特的身份与意味，提起"80 后"，可以随手归纳为几个模块——青春、城市、个人化、乡土等。总的来说，可以分为两大类：乡村书写与城市书写。以郭敬明、韩寒、张悦然为代表的青春文学作家，虽然创作趣味各有不同，但主要在于书写校园生活、青春的疼痛与迷茫，局限于个人狭小的感受，呈现出一种私语化的特质，受众群体定位在青年学生读者。另一类乡村书写，以李傻傻为代表，由于其乡村生活经验的模糊和不确定，将想象与虚构融入乡村生活的体验中去，使得文本呈现出某种狂欢化的状态。而南飞雁在大学时代发表的青春小说《冰蓝世界》虽走的是和韩寒、郭敬明同样的青春写作的路子，但并未受关注，反而是"七厅八处"系列进入读者和批评家的视野。

结合作家个人的身份特征，我们可以洞悉造成这一问题的原因。这里的身份，一层含义指出身与社会地位，另一层主要指文化认同。南飞雁虽然出生于农场，但后来进入城市学习、生活，对于农村的经验并不是很丰富，对于乡村生活的体验也并不深刻，反倒是作为一个"进城者"，逐渐适应甚至是享受城市生活。作家孙频曾在回忆同学南飞雁时就说，永远穿运动装、外形落拓的南飞雁，其实是一位谙熟各种品牌、衣服、表、车、红酒、香水的精致男。显然，作者更为认同的是城市文化，否则就无法写出《红酒》这样的小说，所以选择自己熟悉的城市生活经验作为书写对象，是南飞雁的必然选择，"七厅八处"系列小说就是在这样的情况下应运而生，而原生的"世态人情"自然书写的就是作者本人真实的城市生活体验。

梁鸿曾概括了"文学豫军"的两个特征——"村庄情结"和"权力情结"。前者代表着一种地域空间的文化心理，起着"文学原乡"的精神作用；后者则是一种本雅明式的"光晕崇拜"，散发着稀罕、特权、距离与永恒"光晕"的，便是福柯所研究的广义上的"权力"。不同于老一辈的作家，在写官场时极尽笔墨写权力倾轧和官场政治斗争，探究权力的运作方式，表现出对权力或鄙夷或反讽的意味，呼唤正义与真善美；南飞雁则是另辟蹊径，他笔下的官场，少了些权力崇拜，隐去了对权力运作方式的探讨，多了些生活琐碎与烟火气。生活的希望与无助、苟且与焦虑、人生的迷茫与前景问题，这些不仅是作家在日复一日的平凡生活中的切身体会，同样具有普适性，是当代社会中每个人的生存状态和精神体验。如果说南飞雁的小说仅仅是在刻画官场的生态，未免将其窄化，其小说的独特之处在于透过"七厅八处"的场域，按照生活本身的逻辑，实现对于城市生活经验的真实书写。这种真实带给读者的，除了展现一种别样的职场样貌之外，还提供了精神上的警醒与反思，在生活现实背后，是人性在挣扎，是选择的两难，是你死我活的斗争，是生存与精神的双重困境。作者对于人性的深刻体察埋藏在真实生活经验的书写背后，读者会思考：我们是否和他们一样？在面对同样的抉择时，我们是否会比他们更高尚？每个人心中都有自己的答案。作者不做任何价值判断，不代表作者没有自己的价值判断，南飞雁的文字就像一根绵长的针，扎在每个阅读其作品的人心中。

总之，南飞雁小说所刻画的绝不仅仅是官场这一领域，将其小说定位为"官场小说"难免遮蔽掉其他东西。或者说他虽然写官场，但不是"官场小说"，其笔下的官场更类似于职场，其所描写的"世态人情"，也是真实的城市生活体验。在这样一个物欲横流的时代，我们被时代裹挟向前行走，渐渐被异化却不知所以。滚滚红尘中的凡夫俗子好像默默地认定自己的命运，再也不回头张望。而南飞雁给我们提供的就是这样的一瞥，一个不大不小的场域"七厅八处"，一群位置不上不下的男男女女，是整个社会的缩影，他让我们停下来审视自己的生活，道出我们心中的不可言说。

小说想象的域外和本土（创作谈）

南飞雁

我不善于当着这么多人说话。上一次这样的体验，还是刚刚上大学接受军训的时候，那是 1998 年。我们所有大一新生踢了一天的正步，傍晚时分，围坐一圈，教官让每个人做自我介绍。我的自我介绍是，我是从河南省漯河市来的，我叫南飞雁，很高兴跟大家做同学。周围的人都笑了。我想，他们的笑声有两个原因：第一，漯河的特产是双汇火腿肠，大概从我的体形可以和火腿肠找到某种微妙的联系；第二，我的名字太像一个武侠小说中的人物，而我本人似乎跟飞檐走壁关联不大。

这大概就是想象的最初形态。小说的想象和市井的想象，当然是有所不同的。想象对于小说而言，涵盖了"写什么"和"怎么写"这两个基本问题。写什么说的是见识，怎么写说的是常识。见识和常识之间模糊一片、边际不明，只有想象在混沌之处漫游。

举一个例子来说，我居住和生活的地方，是河南省的省会郑州。在三千六百多年前，这里是商王朝的国都。在六十多年前，这里还只是京汉铁路经过的一个小县城。郑州旁边的开封，一千多年前是一个有一百五十万人口的国际大都市，现在的开封市区人口还不到一百万，而在 1949 年，整个开封城区的人口只有二十八万，不到其鼎盛时期的五分之一。

三千多年也好，一千多年也好，除了史书上的记载，能让我们回到过去的还有想象。如果把它作为小说写下来，一个正在两个城市中生活的人和在座的诸位所进行的想象，肯定是不同的，这就是小说想象的本土和域外。

　　小说的想象当然不只让我们穿梭时空。在我的概念中，小说的想象更多应该强调当下。我再举一个例子。郑州郊区的一个县级市叫新郑。清代的《古文观止》、王力先生的《古代汉语》第一篇文章就是《郑伯克段于鄢》，也是国内大学中文系开学所读的第一篇文章。其中的郑伯，当年就住在新郑。新郑有一座始祖山，山下县城里有个卖卤肉的，只要有时间，我就在周末去爬山，爬了山就去吃猪头肉和大肠。老板五十多岁，跟谁都一见如故，交浅言深是他最大的特点。有一天，老板告诉我，他很难过，因为他的店铺要拆迁了，他决心要做一个"钉子户"。当时我一边吃着猪头肉，一边想象他的难过之处：担心挣不到钱了？重新开店成本太高？拆迁补偿不合理？种种想象之后，老板自己说，平房拆了盖楼房，就卖不成卤肉了，就得换地方，这也不是最难过的，他是害怕换了地方，熟客们找不到，吃不到他的手艺。

　　我感觉自己被戏弄了一样。中国作家眼下关于想象力的危机，是不管作家们再穷尽想象，也不及生活和当下的现实性。就像两个人赛跑，作家的想象力无法超过现实生活本身的丰富，超不过，还无法退场，还必须坚持下去，不然就彻底跟不上现实生活的脚步。我在郑州生活，距离卤肉店五十公里，车程一个小时，但对老板和卤肉店而言，我的想象来自域外，他则是来自本土。

　　因为每人有十分钟时间，对不善说话的人来说很漫长。我想用第四个例子来结束我的话。我有两个儿子，大儿子十二岁，上小学五年级。我在家负责辅导他写作文，基本上每次辅导的结果都会受到他妈妈的批评，说思维混乱、没有主题。今年春节，一家人去泡温泉，大儿子的作文题目是《开心的一天》，却没有写怎么泡的，泡了之后如何开心，他写的是泡过温泉之后，带着弟弟在雪地里疯玩。回忆起当年家里只有他一个孩子，泡完温泉只能自己看电视，暗含着批评我和他妈妈不跟他玩的意思。这篇作文我认为很好，但是他写完之后，自己否定掉了，决定重新写，因为妈妈看了会不开心，老师看了也会不开心，而题目是《开心的一天》，他就必须让看到文章的人都开心。

从那篇文章开始，我认定大儿子不会成为一个好作家。任何一个作家的想象力最为可怕的戕害，是自我约束、自我管理、自我审查，而这是与想象力的根本背道而驰的，会让作家丧失掉独立的表达、独立的思考，时间一长就成为习惯，成为传统。而在那个时候，不管作家身处域外还是本土，他的灵魂是被自我扼杀的，这正是一个作家灵魂深处爆发力、创造力、想象力的终结。而我来到人大，参加创造性写作的学习，正是渴望在坚守本土之际，找到达到域外的出口——码头、车站和机场——而这一切的基础所在，就是我有自己的脚、自己的船、自己的车和自己飞翔的翅膀。

（本文是2016年作者随中国人民大学文学院创造性写作专业同学与香港科技大学同学座谈交流活动上的发言。）

南飞雁主要作品

《冰蓝世界》（长篇小说），长江文艺出版社，2001 年 1 月。

《大路朝天》（长篇小说），海峡文艺出版社，2002 年 10 月。

《大学无烦恼》（长篇小说），河南文艺出版社，2002 年 12 月。

《梦里不知身是客》（长篇小说），河南文艺出版社，2005 年 8 月。

《幸福的过山车》（长篇小说），河南人民出版社，2005 年 9 月。

《大瓷商》（长篇小说），河南文艺出版社，2007 年 6 月。

《天蝎》（中篇小说集），上海文艺出版社，2018 年 6 月。

《省府前街》（长篇小说），河南文艺出版社，2019 年 3 月。

孙全鹏

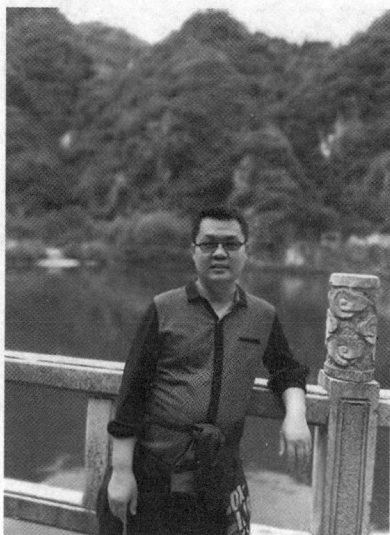

孙全鹏，1985 年生，文学硕士，中国作家协会会员，河南省作家协会理事，周口市作家协会副主席。2008 年开始创作，有多篇中短篇小说发表于《中国作家》《四川文学》《广西文学》《当代小说》《当代人》《莽原》等文学刊物。短篇小说集《幸福的日子》入选中国作家协会 2019 年度"21 世纪文学之星丛书"。曾获周兴嗣短篇文学作品优秀作品奖，郑州市第二十二届文学艺术优秀成果奖，周口市第六届、第七届和第八届文学艺术优秀成果奖。出版长篇小说《幸福的种子》、短篇小说集《幸福的日子》。

全鹏的写作道路

胡平

令人欣喜的是，这位"80后"作家孙全鹏创作路子很正。他扎扎实实从短篇写起，从自己最熟悉的乡村生活写起，并不盲目追求时尚的都市情绪表达，或急于尝试数十万上百万字长篇的叙述。他的作品几乎每篇都不超过万字，篇篇都在省级以上文学期刊发表——这就是我所说的路子正。凭他的才能，靠他的城市生活体验，他完全可能成为他这一辈人中的网络写手，获取名上和利上的可观效益，可是他并没想这样做。

写小说，最好从短篇写起，因为一个短篇足以显示作者在人物刻画、情节设置、语言成色等方面的功力，或暴露这些方面的缺陷，而长篇却往往容易藏拙。有些与全鹏同龄一开始就写长篇的人，往往只能将长篇进行到底，若返回头来写短篇，则很难通过期刊编辑的法眼，因为编辑们可以轻易挑出很多毛病。全鹏将来肯定会发展到写长篇的，那时的他可以说已经科班毕业了。

一次活动中，我接触到一位耕耘网络的"80后"女作者，她农民家庭出身，擅长都市言情和玄幻穿越题材创作，每日笔下流淌文字数万，但从未写过故乡。我问她什么缘故，她的回答是写农村没人看。她说的不是没道理，今天的年轻读者们，更向往的是现代情境和虚拟世界。但遗憾的是，她只能多凭想象写作，无意中却牺牲了自己最重要的文学资源，即经验的生活和对生活的切肤体验。而这两者，正是产生好作品更坚实的基础。

　　全鹏不是这样。他是从乡土小说写起的，并长期钟情于此。《幸福的日子》所收入的作品，全部与一个叫作将军寺的村落有关，它无疑是作者家乡的化身。小说集的题材是齐整的，可视为系列性的创作，它们表达出作者对生命之根、对个体生命历程的忠实，这也是他的作品能够富于文学性、具有温馨感染力的缘故。

　　纯文学之"文学性"是个有着确定内涵的概念，有其专业标准，并不简单以读者数量的多寡为依凭（读者也分为专业读者和非专业读者）。纯文学或传统文学是讲究原创和独创性的，在内容上，着重探索人的更广阔、更深入的精神领域；在艺术上，重视创新，反对任何现成形式的重复。全鹏正是努力去这样实践的。

　　譬如，他小说中"奶奶"的形象就是独特而绝不重复的。奶奶曾是将军寺村唯一一个靠捕鱼养活一家的女人，把生意做到县城去。后来又喜欢上养鸡，养到几千只鸡。她喜欢用柳条扎成鸡笼子，精心放进去一只大公鸡和一只花母鸡，乃至于去世后，家人还惊讶地在她床下发现九个柳条编成的新鸡笼。这是一个传奇又普通的乡间妇女，她的一生已经结束，但幸亏有作者，给读者脑中留下一个可感的、耐人琢磨的人物。没有人会怀疑确有过她的存在，她也从未出现在其他作家的笔下，其中便已经体现了纯文学一定遵循的价值观。

　　文学作品中，许多真正可贵的细节，不是来自想象，而是来自生活自身的演化，由各种生活逻辑交织发展产生，给予作者以暗示。

　　全鹏所运用的乡村语言，孕育于他生长的环境。"将军寺村就是屁股大的地方，一扫帚就能扫完，将军寺东头的事，风一吹消息就到村西头了。"这些话语，打上了当地的民间印记，鲜活而地道，满足了文学性的追求。小说被称为语言的艺术，全鹏在语言运用上有天然优势可凭据，是可以走得很远的。

　　全鹏小说的一种特点是，写得朴实，并不太追求故事性。就是说，不大设置曲折的情节，不大埋伏出人意料之笔，这使他的作品内容较为单纯，节奏较为平缓，染有某种散文的意趣。这也是一种有味道的写法，长处是尽量保留了生活的原生态和日常气息，以素朴的基调赢得人们的信赖。你会以为他作品中大部分人物及场景都是真实的，并不来自虚构与营造。当读者与作者达成这种默契时，艺术交流便变得更为融洽。

作者为人们呈现了一个他眼中的世界，这个世界不叫人惊讶，也不令人平静。作者着重考察生存其内的人们各式各样的心态、希冀、遭际，乃至命运。《幸福的日子》里，老锅是那么质朴，诚心诚意向人学养鸡，甘做一年帮工。他曾挣上过好日子，到头来却因求富心切、贪图小利撒手人寰。《方便面》中，小豆子的父亲常年在外务工，留奶奶独自在家操劳，直到奶奶去世后才匆匆赶回，小豆子对他只有陌生。《祖传的军功章》里，一户农家偶然发现爷爷遗下的军功章，确信它能值十来万元后，引起几个孙辈的争夺。《再相逢》中，曹明明依仗教育局岳父的权势一路做到校长，又因被妻子发现隐情而官场失意。《娘在哪里》中，杜大山的父母本有一段人见人羡的婚姻，却经不起旁人的挑拨，造成双方无可挽回的重伤。《长长的秋风》中，父亲一时失足，导致夫妇感情破裂。二十年后，父亲返乡寻求妻子的原谅时，发妻已长眠地下，儿子也已难以辨认。《三妹》里，三妹与"我"青梅竹马、感情纯真，只因后来生活道路不同，彼此渐行渐远。再见面时，"我"成为大学生，三妹却只能在发廊里为"我"理发。他们最后的相逢，竟是在风月场所。这些作品中，人性、亲情和伦理成为全鹏叙述切入的角度，一幅幅人间图景使人分外感到生活是美好的，生活也是不容易的。人们彼此相处，互相塑造和改变着对方，又同时被处境改造。人性制约着人生，人性的弱点则可能经不起旅途的考验。古往今来，无数人怀着复杂心情总结过自己的一生，留下深沉的教训与经验，但这并不一定使后来人变得更为明智。每个人还是需要走上自己的旅程，望尽天涯路仍是困难的，许多人在选择面前仍存有茫然。全鹏的小说是现实品格的小说，是为当下人写照当下人，人们能从中多少读出一些人生的真谛，强固一些良知，也就够了。人们需要小说。

　　全鹏也尝试除写实外其他形式的表达，如《鼠人》《李小花》等作品，以灵动变形的格调书写严肃的主题，展示了作者更广阔的艺术探索，也是值得称赞的。没有人能预测他将来的写作面貌，但我们相信他会越走越坚实。

留住和铭记（创作谈）

孙全鹏

六七岁的时候，父亲在家里贴了一张地图，那是一张我们县的地图。父亲指着一个地方对我说，这是咱庄，这是咱庄前的河。我当时识字不多，父亲告诉我村前的那条河是将军寺沟。我那时候还小，不明白弯曲的小河与地图上一条曲线的关系，感到很神奇：我们村前的河竟然能出现在地图上？那岂不是很多人都知道这个地方？这两个疑问一起刻在我的脑海里。后来我上了大学，读了研究生，才慢慢了解到，这个地方基本上无人知晓，费尽力气解释后，别人为了不让我尴尬，才配合着说一声"哦"。

我相信，每一个人都怀有对家乡持久的热爱，尤其是童年时期成长的经历，那是怎么也抹不掉了：石碜静静地躺在墙角的泥土里、雨后小路上的泥巴裹满你的鞋子、麦田里飘来一阵阵麦香、朝阳与一团团炊烟相互诉说情愫……我在写作时总是关注心里的村落，那个"将军寺"一直藏在我的心中，不断淤积在心中，直到生根发芽。我想写一些东西记住曾经的日子，那童年里的点滴记忆总是让人难以忘怀，这就有了短篇小说《幸福的日子》《方便面》《祖传的军功章》《洋葱没有心吗》《叔叔不见了》，中篇小说《本命年》《银色世界》《知了》等。

我想将村里的人物表现出来，他们一直在我身边，陪伴我。大家看到了每一个人的精彩——他们真实地存在着，并感受每一个人的奋斗、欢喜和悲伤。村子值得记忆，村里的人太可爱了，有的善良而没有得到应有的回报，有兄弟因为家产而暴露了真面目，有远离家乡四处闯荡最终回到老家才找到宁静，也有无法解释的鸡笼子散发着神秘的气息，更有遭到生活挤压而成为"鼠人"，因为进城追求美好生活而四处碰壁……但他们都非常坚强，内心坚守着对幸福日子的追求。我忍不住让他们直接跳出来，走向更广阔的天空，展现出爱恨情愁、悲欢离合，让更多人认识他们，让更多人认识自己。这是一个活生生的世界，这是豫东南世界的一个缩影，在脚下这片神奇的黄土地上。我希望这是通向世界的一种方式，也是打开心结的一把钥匙，更是身边人对幸福生活追求向往的见证。

　　写作，就是记住、留住和铭记。将军寺村，永远就在那里，无惧狂风暴雨，静默无言，但伟岸、不屈、坚持和厚重。

孙全鹏主要作品

《祖传的军功章》（短篇小说），《莽原》2017 年第 1 期。

《心上秋》（短篇小说），《延河》（下半月刊）2018 年第 1 期。

《方便面》（短篇小说），《四川文学》2018 年第 5 期。

《楼上楼下》（短篇小说），《时代报告（奔流）》2019 年第 9 期。

《尿奶奶》（短篇小说），《广西文学》2019 年第 10 期。

《哨子》（短篇小说），《中国铁路文艺》2020 年第 4 期。

《这出戏不好唱》（短篇小说），《厦门文学》2020 年第 9 期。

《叔叔像一只田鼠》（短篇小说），《莽原》2021 年第 1 期。

《白月光》（短篇小说），《辽河》2021 年第 8 期。

《你就这命》（中篇小说），《牡丹》（上半月刊）2021 年第 9 期。

《那只黄毛兔》（短篇小说），《当代小说》2022 年第 3 期。

《银色世界》（中篇小说），《躬耕》2022 年第 6 期。

《迷上骑行》（短篇小说），《伊犁河》2023 年第 2 期。

《三人行》（短篇小说），《雪莲》2023 年第 8 期。

《金疙瘩》（短篇小说），《中国作家》2023 年第 12 期。

《幸福的日子》（短篇小说集），作家出版社，2020 年 8 月。

《幸福的种子》（长篇小说），百花文艺出版社，2023 年 12 月。

李知展

李知展，1989年生，河南永城人，现居洛阳。中国作家协会会员，鲁迅文学院第三十四届高研班学员，《牡丹》杂志副主编。在《人民文学》《中国作家》《小说月报·原创版》《江南》《钟山》《大家》等刊发表小说200余万字，多篇作品被《小说选刊》《小说月报》《北京文学·中篇小说月报》《长江文艺·好小说》《作品与争鸣》等选载，收入多个年度选本。短篇《明月怆》被《人民文学》外文版译为英、意语。曾获第二届"紫金·人民文学之星"短篇小说佳作奖，广东省有为杯小说奖，《莽原》《红豆》《黄河文学》等杂志奖。著有长篇小说《平乐坊的红月亮》，出版小说集《流动的宴席》《孤步岩的黄昏》《只为你暗夜起舞》《碧色泪》。

消费主义影响下乡村书写的转变

王姗姗

消费主义是现代性的驱使因素之一，也是现代性的重要影响之一，两者互相推动。在全球消费主义盛行而经济发展并不均衡的今天，消费主义使人物化，每个人都要面对商业社会带来的冲击，以至于脱离乡土文明走向城市的人的苦难是普遍存在的、去性别化的。"命运"式悲剧在人性堕落和符合商业化的精明狡黠的催化下，变得空洞且不可信。除此之外，家庭关系原有的血脉和亲情之间被迫带入了消费主义这一经济因素，造成人伦纽带逐渐松动，最终导致家庭关系的疏离。

消费主义原本是在社会物质极大丰富的前提下产生的，但乡村内部物质和精神的时间差并没有影响人们采取新方式思考和处理人与物的关系。传统中人和人的关系也被人和物的关系替代，变得简单、易改，不够持久，不够深刻。"市场逻辑"成为为人处世的指导原则。消费主义影响下的村民争取消费不仅仅是满足实际需求，更是在追求一种被社会刺激的欲望，且永远无法满足。简单的物质需求是可以被一定量的劳动满足，但其内心的消费欲望远高于实际劳动所得。不仅如此，当周围的环境皆倾向于更高的消费水准时，自身的物质欲望水涨船高。为实现这种超前消费，必须牺牲或者交换原本可以在低消费水平环境中维持的人际关系，亲属朋友不再以爱来维持，而以是否能带来利益为标准进行取舍。

李知展作品的主要题材毋庸置疑是乡土，作为出生在 20 世纪 80 年代末的作家，其乡村写作与 20 世纪五六十年代出生的乡土作家有很大不同。

20 世纪 90 年代，尤其是 2000 年后，商业化、城市化的影响使物欲日渐细化，且凸显为消费主义。当代乡村，经济基础和上层建筑之间又存在一定时间差，小说中的人物对于物质利益的渴求已经合理化、常规化。这一过程中，消费主义是一个无法被忽视的诱因，它对人的诱惑并没有被城乡界限隔离，相反，在城乡界限逐渐模糊的当代，消费主义轻松渗透。消费主义日渐凸显的趋势触动成长于其中的李知展，而他又以敏锐的觉知，将某些乡村里常见的现象写成别样滋味，而物质正在消解乡土内核的现状也一并呈现。

一、去性别化的苦难认同

在李知展的小说里，苦难属于每一个人。当然，优秀小说家的作品中，文本里几乎没有任何一个角色是完全幸福的，每个人背负着不同种类和不同程度的苦难，聚集在一起就是人类历史成长中的苦难。之所以在这里提及去性别化，首先是因为李知展小说中原本很明显的性别意识：介于女性"第二性"的属性，这一性别意识集中体现为李知展对当代乡土女性苦难的识别。传统乡村社会中，女性挨打是常态，反抗者少之又少。而在当代乡村，经济能力远落后于符合消费主义的语境，李知展赋予其人的意识和思想已经紧随消费主义高度发达的道德追求。女人对于家庭暴力是不满的，容忍不过是为了用这一苦难等价换取什么，可能是社会语境对她的包容，也可能是得以维持看似完整的家庭，从某种程度上来说是对女性物化的坚持。

女人被打是乡村普遍存在的情况，李知展详细且真切地描写了女人被打的过程："柴狗不是，那是真打，如逢敌军，短兵相接，血肉纷飞。四朵也反抗，寡不敌众。真的，男人打起来虎虎生风，四朵脑袋嗡嗡的，密集的踢、踹、扇，四朵总感觉是很多人向她围攻。平日里这个狗一样夹着尾巴没出息的小男人，只有在打她时，才焕发光彩，蓬勃生动。"在社会竞争中身处劣势的男人获得的屈辱感，在打女人的过程中被释放，女人的悲惨是他们得以找回尊严的途径。这种性别意识的征服和压制，带有明显的现代性性别话题意识。不仅如此，家暴带给女人身体和精神上的创伤是永恒且不断更新的。李知展小说中一部分女性可能还没有意识到摆脱婚姻也许是走向不被挨打生活的开端，而另一部分女性则认为婚姻不过是一个被重复的困境，当鬼爷问四朵，你还会嫁吗？四朵并没有坚定地回答，她心里清楚，婚姻对她来说是火坑。这不是四朵一个人的觉醒，是她站在无数个被打的"四朵"的肩膀上看到的女性未来。

但起码这些女性角色都拥有了一个共同的反抗姿势，即弑夫。可身单力薄的女人本就无法抵抗丈夫的暴打，又如何能单独完成弑夫呢？在这种情况下，她们需要依靠其他男性来帮助自己完成这项壮举。而这些男性帮助她们的前提，不只是单纯身体爱欲上的沉浮，更是内心深处对相似经历的认同，即去性别化的苦难认同。

小说中认同女性苦难的男性，往往同大多数女性一样地位低下，并且长时间受社会和家庭挤压。他们家庭贫苦，性情温和，有韧性，有耐心，又善良、包容，且象征男性力量的身体也呈现不同程度的孱弱和缺陷。鬼爷、刘小个的职业都是常人不乐意提及的，鬼爷的"独"并不是一种高贵，而是一种乡村中的边缘化身份。刘小个有类似的职业，寡言少语，不被乡亲邻里待见。尤其明显的是陆卫平，瘸腿，身体虚弱，从小像个女孩子，在暴虐的父亲和冷漠的社会中，他强迫自己强大，当目睹夏青苗的悲惨处境时，认同便顺理成章。在符合消费主义语境的现代性中，男女平等是一定的。不过李知展小说中的男女平等，并不是基于高水准经济发展之上主动要求的同等权利，而是苦难中男女同样处境的被动理解和认同。

其中最直接且最有说服力的去性别化认同是母子认同。如果说陆卫平对夏青苗的帮助有男女爱慕的驱动，那他对母亲的守护，以及手刃父亲，则是标准的去性别化认同。他从出生起就目睹母亲在父亲的家庭暴力中艰难度日，又因为父亲对他也长久无理施暴，导致父亲成为他和母亲共同的仇人。如果说在《红鬃烈马》中这对母子之间的苦难认同中消费主义的男女平等并不够直接，那《碧色泪》中母亲对何无心的呵护则直接讽刺了消费主义对他人的侵蚀。

母亲终于爆发，将面前的瓷碗摔到地上，碎成一地云烟。"老大你家孩子放在老家我带时你可曾给过一回奶粉钱？老二你县城的房子首付的六万块是谁出的？晴晴你的大学学费是怎么来的？"母亲拉过何无心，"都是你们这看不起的傻子兄弟一回回跟人家当孝子哭出来的血泪钱啊……你爹这五六年的医药费不说，端屎把尿秽物清洗你们谁做过一次？"

孩子、房子、教育，这些现代文明消费观念渗透了一个经济条件并不宽裕的乡村家庭。当代乡村的完全开放刺激人对消费的渴望，人物欲的膨胀远远高于自身能力，在这种情况下，又不愿意对消费做出让步，委屈自己，那就只能榨取别人来换得消费满足；也正因为是榨取别人，这种贪婪更无止境。如此说来，作者把何无心设置为一个天真的傻子，尤其能说明精致的消费主义下人的高度精明，只有傻子才会顾念感情，无私奉献。而改嫁又冒着生命风险一生再生的母亲，在小儿子的苦难中看到了弱小悲剧的集合，她的这段独白，无疑是对消费主义掷地有声的控诉。

无论是鬼爷与四朵、何秀英与刘小个的暧昧男女关系，还是何秀英与陆卫平、何母与何无心的母子关系，获得苦难认同的前提是双方都是在物质竞争中处于劣势的人，他们更能彼此体谅。消费主义带来的性别平等以变异的方式提前进入乡村。

李知展鲜明的性别意识和对身份地位的敏感，一则来自现代文明中对男女平等的强调，一则受消费主义语境中女权被过度强调和渲染的影响。他的小说中，婚姻和爱情对女人的挟持已然不是终身的，读者总能从细节安排中发现另外一种可能，这就形成了婚姻的现代性。毕飞宇说婚姻是现代性的替罪羊，男女关系作为小说中吸引读者的命脉常驻情节，其任务之重由来已久，乡村中去性别化的苦难认同建立起来的男女关系，是消费主义在物质贫乏之地所展露的端倪。

二、"命运"式悲剧的伪命题

离开乡村，去往城市，是所有乡村年轻人的共同人生道路，对于他们而言，在成年、教育、婚姻、工作等人生路口思考到底是留下还是离开未免显得多此一举。我们清晰地感觉到，李知展笔下的年轻人对乡土没有足够的依赖和难以割舍之情，土地本身已然失去了对年轻人的捆绑力，脱离和抛弃可快速完成。正如文本中多处呈现的，从乡村到城市并不困难，道路一般不遥远，一辆小推车、自行车即可抵达，无须跋山涉水，"城市"因为地理位置的不遥远变得不再神秘。这种地域界线上的模糊就是在证明城乡意识的模糊，在人们的认知里，消费水平一样，即社会地位一样，人可以通过消费证明自己已经达到想要拥有的社会地位，人因为"消费"拥有了"自信"。与此同时，城市的迅速发展急需大量劳动力，从乡村走出的年轻人可以通过获取文凭和出卖力量换来落脚城市的机会。可乡村原生家庭无法在城市复制，家庭成员便分散为个体，自立门户，在城市建立新家庭，开启新人生。与 20 世纪不同，2000 年以后的进城人员，不再因为文凭、技术、劳力拥有分配工作、房屋等特惠待遇，人的生存空间完全自由，消费领域极度膨胀，乡村年轻人开始面对全球最领先的消费理念，并且相信自己也可以实现。

消费主义原本是社会和个人拥有殷实购买力的基础之上产生的过度购买，这中间本身允许存在一定程度的断裂、沟壑、不同步。但对于在乡村长大的年轻人来说，物质基础和消费欲望之间的跨度之大，远远超出了安全范畴，这将导致其人生格外艰难。但即便如此，仍没有人想过离开城市，更不可能放弃在城市拥有中等甚至高端的消费能力（无论哪种都远高于他本身的经济能力），以此证明自己拥有城市人的身份。

传统"命运"式悲剧是一种受无形的力量驱使，无法躲避、无可奈何、无能为力的人类结局。而李知展小说里年轻人的悲剧，以及由年轻人导致的原生家庭的悲剧，并不是被动无奈，而是一种明显且主动甚至某种程度上自知的选择。在物质和消费主义的诱惑下，不少人拿原生家庭与其交换，尤其是年轻人，在他们身上看不到犹豫和彷徨，而是对消费主义一往无前的坚定和贪婪。爱情和亲情覆灭的悲剧，虽然看起来相似，但绝对不是命运驱使下的趋同，而是自我主导。"命运"式悲剧在消费主义下宣告破产。

林志良对于自己的婚姻和未来是有自主选择权的，至于他最后的悲剧，读者对于他"试图反抗过"并不买账，我们看到的是一个浅尝辄止、在物质享乐上丝毫不能委屈自己的青年人。知心的爱人和未出世的孩子统统不能让他为物质退让。

林志良虽然才华不太出众，但也能在城里找一份工作，但他觉得当市场调查员拉不下脸，面对那些老板的吆喝，更是难堪。"后面他还做过教育培训、公司文案，甚至是保险推销员、派单员，哪一个都不好干，皆不长久。仅一点，城中村握手楼阴暗潮湿的环境，以及那份嘈杂，他就受够了。林志良自小独门独院，居则喜静，睡眠浅，有个风吹草动就被惊醒，再睡就困难重重。可隔壁的同事们呼朋唤友，打牌到半夜，吵闹粗口，壮怀激烈，再吆三喝五去烧烤摊吃夜宵，睡几个小时起来洗把脸，白天仍生龙活虎的。林志良顶着被连续缺觉折磨出的满脸躁色，神经衰弱，黑眼圈浓厚，只能一边杀意四起，一边深切地感叹：还是这帮劳动人民的孩子耐操啊，生活的盐碱浸泡，林志良都快要淹死了、被腐蚀了，他们却洗热水澡似的。林志良叹口气，认清了自己的能耐。"

他的能耐是在环境优渥、物质殷实的基础之上去找夏青苗这样的漂亮女孩子恋爱，因为漂亮女性正是对他消费主义的一种满足。当他需要为所谓的爱情放弃物质享受时，他也不过是勉强支撑一下，做做表面文章。当副市长的千金发挥自己对消费主义的崇拜时，林志良同之前的夏青苗一样成为被消费的物质，没多久，林志良定了亲。父母对这桩婚姻的评价是将来可以为儿子获取比父亲更高的职位、更大的权力。在副市长千金和林志良共同追求消费主义的道路上，林志良看似被前者"购买"，但从林母所说的"值"能看出来，林家在这场婚姻中获得了远高于家庭本身的消费能力的欲望满足。

"他曾试图挣开栅栏，转了一圈发现，还是栅栏里舒服啊。他和栅栏狼狈为奸、互相成全。"作者在文中对林志良命运的总结如此，从婚姻起初对夏青苗的不舍，到最后物质享乐带来的满足，他在半清醒半无知中似乎看清了自己，但也并不打算改变什么，一步高于一步不断向上攀爬的消费欲望着实令他舒服和满足。

如果他能吃苦，能在找来的任何一份工作中坚持下来，他和夏青苗是不是就能有情人终成眷属？恐怕也未必。婚后物质的挑战远大于恋爱中的，会进一步挤压林志良早就习惯的消费水平。就算林志良完全脱胎换骨，愿意为夏青苗这个美人放弃物质，那就能保证夏青苗也完全熄灭对消费主义的渴望吗？夏家虽比不上林家，可她家毕竟也曾经殷实过，尤其从夏青苗最后以死获取 30 万元的精明策划能看出来，夏青苗终究会扑向消费主义的征途，不过是早晚而已。

三、农耕文明衰落中的家庭疏离

消费主义膨胀的必然结果，就是乡土家庭的衰落。乡土社会中的家庭关系是复杂且庞大的，宗族伦理对家族拥有绝对的控制和管理权力。宗族之间有不可理喻和不近人情的纲常伦理，但同时也拥有着不可推卸和不可小觑的责任与道德。随着乡土中国的转变，宗族分裂为越来越小的家庭单位，人际关系扩大，以牺牲人情为代价。我们与越来越多的人熟识，但与我们保持亲密的人屈指可数。大家庭解散，小家庭团结，曾是现代文明推进的一个过渡。但当消费欲望远远大于物质基础之后，个人地位身份的认同已经不需要依靠家庭，换句话来说，无法依靠。当家庭无法在物质上继续满足其人员日益膨胀的消费欲望之后，就可以被轻易舍弃。正如齐格蒙特·鲍曼在《流动的现代性》中所说的："身份——唯一的和独特的——只有在每个人购买的东西中才能获得，并只有通过购物才能对它加以控制。人们通过投降而获得独立性。"家庭不再是身份获取的必要条件，消费才是。

《碧色泪》中的大儿子何入海不是老何亲生的，这个身份的设置存在某些隐喻，血脉在父母和孩子之间的关系已然不重要。就连老何一直期盼的女儿何晴晴，在小说中除了出生之前被反复渲染之外，出生之后被提及的次数倒是少之又少，在家庭中应有的角色是缺失的。而恰恰是她，在消费主义的浪潮中获取最多。这就说明出生越晚的孩子，越新的乡村青年，和乡村与土地的纽带关系就越脆弱。何入海和何晴晴就是典型的远离原生家庭，以个体身份进入城市的代表，追求高度消费水平，从而获得全新的社会身份。

《明月怆》在诉说乡村文明衰落的过程中也直接呈现了旧家庭分崩离析的结局。云千山的妻子、大儿子、小儿子、徒弟以及孙子都不理解他，也日渐远离他。云千山是在坚守祖宗留下的拳法，更是无意识中想要以祖传拳法维系家族纽带，然而，"大儿子早在城里开了个小饭馆，一年难回几次家，肚子都隆起富态的弧度，小时候那点儿功夫，早就像撂荒的土地，荒草丛生了……""他最器重的小儿子，也对他晚上要求练一遍拳法的提议表现得越来越不耐烦，说急了，青筋暴起，大眼珠子瞪着他，质问道，你说，练它有什么用……"小儿子不愿意留在乡村，必须去往城市，就算手指被机器斩断，只要获得相应赔偿，就可以实现更高的消费水平，拥有城市的普通婚姻。

云千山在消费主义语境下也无法自处，"他和两个徒弟去县城的小广场表演。四面八方通背拳，原是出于应战的需要，并不具有多少流行表演的观赏性，远不如那边几个做促销的小姑娘露露胳膊踢踢腿扭扭屁股吸引观众，卖力打了一通，抱拳施礼，观者寥寥，云千山寂寞之感顿生。无奈之下，只有一再表演他的铁裆功"，"但是路人往往买椟还珠，对拳法没有什么兴趣，只有对重物击打裆部这种事的猎奇而已"。面对消费主义猛烈强大的攻势，云千山也只能寂寞、尴尬、受尽屈辱、自我贬值和主动屈从。他表演的铁裆功引来了地方和省电台的娱乐和体育节目的关注，以满足大众的娱乐心理。后来，他又受雇去酒店演出，"和那些小姐一样，被食客消遣"。女人被物化，云千山也被物化，不能幸免。小孙女云英好像是唯一肯定他、崇拜他的人，这让他得到尊重，也看到了希望，他和孙女之间的血缘关系似乎可以抵抗消费主义的冷漠。但随着孙女的突然去世，云千山刚燃起的希望戛然而止。而孙女的这场意外也体现出消费主义的残酷，家底深厚的少年可以理直气壮地用钱掩盖醉驾事实，云英的父亲从得失利益考虑，也同意接受对方提议，丢下一句"活着的人还要生活"，似乎在说云英能换得其他人的消费能力，何尝不是死得其所。

云英的离世是一场意外，但乡村旧家庭的散落是必然结果。云千山的希望在云英，但云英毕竟还小，谁能确保她将来不会在其他诱惑下改头换面，变得像她爸、她二叔那样，最终离开爷爷，忘记拳法？

夏青苗的结局也是旧家庭散落结局的具象体现。夏青苗的父亲被迫破产，她失去继续读书的资格。虽然暂且找了一份工作，但未婚先孕，又被心上人抛弃，不仅如此，她在怀孕期间又屡次被范忠营强奸，她是男人视角下女人物化的极端呈现，始终处于被支配、被凝视的地位。当她走投无路时，读者不免为她能想到精明的计划而感到庆幸，但在庆幸的同时，也是满腔苦涩，一个女人要靠死才能彻底脱离苦海。更悲哀的是，如果这场死亡并不能获得相应补偿，那就毫无价值。莽山后坡自挂枝头的女子看上去就没有夏青苗死得有价值，但那女子又何尝不是另一个夏青苗，怀着孩子，上吊自杀，以此脱离被物化的命运。两者的对比是物质消费的进化，夏青苗自己也知道，不能死得一文不值，因此选择在紧要关头让范忠营赔偿 30 万元。这 30 万元买了她的死，也买了全新的人生。从某种程度上说，夏青苗离开夏家，就等于死了，这个小镇上永远没有了这个人，而她永远失去了回去的资格和理由。这一情节隐喻着年轻人彻底离开原生家庭，重新在城市获得新的人生，且不可逆。

夏青苗"死了"，回不去了，那其他还活着并且拥有回去身份的人呢？

母亲的葬礼上，四个孩子再次聚齐，老大何入海升任科长，老二何流洋生意也渐至顺风顺水，幺妹何晴晴即将嫁给殷实的岭南本地郎。

只有葬礼才能给孩子们回去的理由，而他们回去的意义是什么？父母离世，原生家庭已经不存在，回去也不能重建原生家庭，不过是把从前彻底送进坟墓，完成分离仪式罢了。年轻人后期对消费的达成，是建立在前期对家人的盘剥之上的，盘剥结束之后，家庭就没有保留的必要了，血脉和亲情没有成为不可割舍的纽带，相反，是证明自己没有消费能力的耻辱，是提醒不能崇拜消费主义的回响。何母的葬礼宣告着传统乡村家庭彻底落幕，分崩离析，何家四兄妹接下来奔向不同的地方，各自为战，为一层又一层的消费主义浪潮埋单。

写作十年：文学仍是我生命的光（创作谈）

李知展

"作家"在我心目中一直是个很重的词。以我浅薄的理解，它不仅仅是一份职业、一个称谓，更多的是一种道义和责任。这十余年里，我写了两百万字，却从不敢称自己为作家，觉得自己只是一个稍微勤恳的习作者罢了。经历了年轻时虚荣而猛烈的写作，开始慢慢步入中年的沉缓。十年来，生活上几经变迁，空间上从豫东到岭南，不曾间断的是写作。写了十年，就像一场漫长的暗恋，不再一腔孤勇和躁动，站在三十五岁的分界线上回顾和探望，仍然觉得文学是我的信仰，是我生命里的光。

豫东永城的东北向是古芒砀，地图上苏、鲁、豫、皖交界的针尖之地，我曾咬牙切齿要逃离的地方，却是浪荡得再远也挣不掉的故乡。此地有一条寻常小河，地名于是也就简约为条河，是广袤的华北平原上再普通不过的一条河罢了。河水路过村子，懒懒地睡了一会儿，便泊成了一汪湖，因极清澈，形状似雪花，人们便叫它雪湖……条河、雪湖、莽山，是我写豫东方寸之地故事里常出现的名字，而事实上，这里既没有河也没有湖，都是小说家言，只一座低矮浑浊的旱山，在小说里化名为莽山。

生长在这样的乡村，如无意外，你一眼可以看尽命运。一把秧苗，走过刘邦斩蛇的汉，走过梁园夜宴的好月亮，走过隋炀帝经由此地下江南的七宝楼船，走过群雄逐鹿的隋唐，却始终走不出四季轮回的手掌，祖祖辈辈勤勤恳恳，也仅能勉强维持一代代的延续。小时候，我常放牧几只羊，任它们去吃草，而我倚靠在某个年代久远到湮灭不可考的坟包前，吃挖来的茅草根或者叼一根狗尾巴草，呆呆地看云。风吹过来，太阳落下的方向，是我们李家的祖坟，不用去看，那些按辈分依次排开的坟冢便了然于心。活着，他们一辈子端着碗吃饭；死了，碗扣过来，压在他们身上，成了一个个覆碗般的坟。没有意外。我常想，他们在世上生龙活虎的时候，是否像我一样，对这土黄的一切感到厌倦，而生出奔逃之心？

然后，叛逆而倔强的瘦削少年在打工潮的裹挟下，在城市四处辗转，吃了苦头，经了世事，血脉里激烈动荡的河流越过了青春期执拗狭窄的关口，抵达开阔的平坦之后，水流已经平缓下来。我已平心静气，就如村子里的一棵茅草、一块石子。祖父去世那一年，我从漂泊的远方赶来，面对坟头跪下。那一刻，我悲哀地流下泪来，不管逃得再远，那种冥冥中血脉的牵连，在跪下的那一刻，让我依然感受到那份故土深处的呼唤……我心说：好吧，故乡，我们握手言和，都不计较了，你终究是我的生死之所，翻来覆去，我还得写你。时至今日，写到豫东故事，仍是我最动情的部分。

后来，常有人问谁对我的写作有影响，和其他作家不同，一被问到，总要列举加缪、博尔赫斯、卡夫卡之类的大师，而我热爱的是汉字，我希望影响我的是《诗经》、《楚辞》、汉赋、唐诗、宋词这一脉馨香，但其实不是。在对一个写作者价值观、审美观会有影响的敏感的少年时代，我读不到这些，因为整个乡下找不到几册像样的文学书，唯一能指望的只是语文书上那些名垂千古的篇目，流传最广的那些诗词。好在这些也够了，它们抑扬顿挫的韵律和美好的口感，喂养了我最初对于审美的饥渴的胃。

外出打工后，浪荡过许多地方。做过保安、配货员、码头搬运工、建筑工等等，辗转多处，武汉、厦门、苏州、运城、郑州、深圳、东莞……刚一开始，在一家建筑工地上做小工，白天提灰、扛水泥，晚上，在床上支着几块砖头躲在蚊帐里看书。因为年轻，并不觉得苦。同事们问看的什么书，我每次都尴尬地回一句，武侠小说。他们闻言抢过来也看，但看了几眼便知上当，就又掷还给我。稍后在一家酒店后厨做工，所有打杂的活计，譬如倒垃圾、洗工衣、传菜、淘洗、清理后厨等等，都是我的任务。早上，先来到后厨把灶火引燃，把各种肉菜清点好，根据当天的需要，把鸡鸭鱼肉剁成块。那半年里，无法计算有多少鸡鸭鱼在我刀下被"碎尸万段"。每天我握着它们解冻后冰凉而柔软的身体，就像握着另一个自己，特别是鱼，它们一直睁着天真和空洞的眼睛，显得特别无辜，我在砧板上剁它们，心想是否也有一种冥冥的主宰把我们搁置在命运的砧板上慢慢地剁……鱼看着我，我看着鱼，长久地看着。

依旧改不了看书的毛病。我很小心地把书放在储藏室的夹缝里，趁中午休息的时候关上门看一会儿。这种感觉很好，虽然面对的是一堆堆钳子、扳手、拖把等杂物，打开书，这一会儿这方小天地都是我的了。一本书就如一个世界，超越这狭窄的现实空间和逼仄灰暗的人生，我看到翩跹的蝴蝶，闻到芬芳的花香……小说看得多了，心里便也痒痒的，要动手来写。开始完全不知道门路，一上来就写长篇，其实也不知什么是长篇，只觉得有很多话要说，半年下来，在公园里，在床板上，足足写了二十多万字，现在看来，全是废料。但当时那种情感是真挚的。

十六七岁的少年辗转漂泊，在最真实的人世间打转，我深陷在生存的各种泥淖和夹缝里，曾看不到一点微弱的希望。在绝望的日子里，我写了许多，写希望，也写绝望。绝望有多深，希望就有多强烈。常常是一点点温情，就足以让我持续念记和感动。正如评论家张艳梅老师所说，温暖构成了我最初的小说底色。因陷入人生的寒凉，我首先需要用笔尖虚构的温暖来慰藉自己。现在看来，这一批充满温暖诗意的小说当然存在着许多问题，比如，韵味有余而力量不足，过度重视语言而以辞害意。但它们对我而言仍是重要的，借由写作，对那些人、那些事，我思考着、讲述着，用安静的心写着干净的文字，并以柔韧的心去感受命运的恩威并施。

这么一路磕磕绊绊地写下来，慢慢到了自觉阶段。此时，最直接的写作动力无非想写出好的小说。我的理解，好的小说无非世道人心，所谓"好诗不过近人情"。至于拙作经常被人贴上"诗味"的标签，可能是说语言和小说的意蕴指向，这当然是很高的要求，力有不逮，心向往之。如果说有什么来源的话，可能与对汉语的迷恋有关，一路《诗经》、《离骚》、司马迁、庾信、杜甫、黄景仁、废名等等读下来，常常忍不住感叹，汉字真是美（这美里当然包括风骨、悲慨、激扬、哀婉、亮丽等），可以写出很美的东西来。我愿意做一个敏锐的感受者，尽量把每个汉字的意蕴准确地传达出来。

十年里，发表了两个小长篇，不止六十个中短篇，常常觉得羞愧，一是没写出什么名堂，二是确实写得有点多了。其实也没那么勤奋，无非无聊之人，工作、家庭之外，除了阅读和写作，也没其他爱好。不知以后能写成什么样子，但写作已如同宿命，我会继续在虚构里穿行，试图理解和厮守着卑微而甜美的人们，并诠释其中盘根错节的爱恨。或者正如有人评价安德烈·莫洛亚所说：作者一生笔耕不辍，精进艺事，认为"艺术乃是一种努力，于真实世界之外，创造一个更合乎人性的天地"。

莽山、雪湖、条河就是现实地理之外我虚构的豫东之地，它那么小，却又辽阔无比，在这里，我可以安放全世界的人和故事，安放所有人性的幽暗和灿烂，安放此生我对小说的求索。下个十年，努力写得少一点、好一点，希望再写几个十年，这些虚构的地名和我，或有光照进来，面目逐渐清晰。

李知展主要作品

2018 年

《虹殇》（短篇小说），《解放军文艺》第 1 期。

《美丽的敌人》（短篇小说），《星火》第 1 期。

《伊人何琴琴》（短篇小说），《天津文学》第 7 期。

《逃笼鸟》（中篇小说），原载《小说月报·原创版》第 7 期，《小说选刊》2018 年第 8 期选载。

《高处多悲风》（中篇小说），《长城》第 5 期。

《英雄》（短篇小说），《中国作家》第 11 期。

《水蝴蝶》（短篇小说），《青岛文学》第 11 期。

《纸婚祭》（中篇小说），原载《作品》第 12 期，《小说选刊》2019 年第 1 期选载。

《光做的桥梁》（散文），《小说选刊》第 10 期。

《只为你暗夜起舞》（中短篇小说集），中国致公出版社，2018 年 11 月。

2019 年

《我看见星河万千》（短篇小说），《湖南文学》第 2 期。

《合唱》（中篇小说），《青年作家》第 3 期。

《夜鸢》（短篇小说），《广州文艺》第 4 期。

《流水绑》（中篇小说），原载《福建文学》第 5 期，《北京文学·中篇小说月报》2019 年第 6 期选载。

《夺泪来云轩》（中篇小说），《芒种》第 10 期。

《鬼爷》（短篇小说），原载《清明》第 5 期，《小说月报》2019 年第

11 期选载。

《明月怆》（短篇小说），《人民文学》2019 年英文版、《人民文学》2021 年意大利文版。

《孤步岩的黄昏》（短篇小说集），作家出版社，2019 年 5 月。

2020 年

《劳燕》（中篇小说），《福建文学》第 1 期。

《观音祝》（中篇小说），《长城》第 2 期。

《落下的都很安静》（短篇小说），原载《鸭绿江》第 9 期，《小说月报》2020 年第 11 期选载。

《回魂》（中篇小说），《湖南文学》第 10 期。

《黄昏误》（短篇小说），原载《作品》第 11 期，《小说选刊》2021 年第 1 期选载。

《烈焰梅花》（短篇小说），《小说月报·原创版》第 12 期。

2021 年

《碧色泪》（短篇小说），《长江文艺》第 1 期。

《今冬无雪》（中篇小说），《青年文学》第 1 期。

《环形泪》（短篇小说），《啄木鸟》第 1 期。

《虎变》（中篇小说），原载《广州文艺》第 2 期，《小说月报·大字版》2021 年第 4 期选载。

《桃夭》（短篇小说），《四川文学》第 4 期。

《红鬃烈马》（中篇小说），原载《中国作家》第 9 期，《小说月报·大字版》2021 年第 11 期选载，《作品与争鸣》2021 年第 12 期选载。

《流动的宴席》（中篇小说），原载《江南》第 5 期，《小说选刊》2021 年第 11 期选载。

《樊素英》（中篇小说），《福建文学》第 10 期。

2022 年

《陈醉》（短篇小说），《青年作家》第 1 期。

《青蛇叩水》（短篇小说），原载《中国作家》第 10 期，《小说月报》2022 年第 12 期选载，《作品与争鸣》2023 年第 1 期选载，入选《2022 中国年度短篇小说》（漓江出版社，2023 年 4 月）、《中国好小说·短篇卷：2022 中国年度优秀短篇小说选》（中国书籍出版社，2023 年 5 月）。

《平乐坊的红月亮》（长篇小说），《小说月报·原创版》第 5 期、第 6 期连载。

2023 年

《带露行》（短篇小说），《大家》第 1 期。

《玉是石头的心》（中篇小说），《小说月报·原创版》第 2 期。

《美人牡丹阵》（短篇小说），《清明》第 2 期。

《偕行》（短篇小说），《湖南文学》第 2 期。

《隔河相望》（中篇小说），《广州文艺》第 6 期。

《心灯》（短篇小说），原载《人民文学》第 7 期，《小说选刊》2023 年第 8 期选载。

《天堂焰火》（短篇小说），《青年作家》第 11 期。

《雨燕》（短篇小说），《绿洲》第 6 期。

《流动的宴席》（中短篇小说集），百花文艺出版社，2023 年 1 月。

《碧色泪》（中短篇小说集），安徽文艺出版社，2023 年 2 月。

《平乐坊的红月亮》（长篇小说），河南文艺出版社，2023 年 6 月。

1990年代

郑在欢

  郑在欢，1990 年生，河南驻马店人，长居北京。作品见于《人民文学》《十月》《钟山》《小说界》等。第四届"钟山之星"年度青年作家、第四届《小说选刊》"中骏杯"新锐作家、封面新闻名人堂·2021"年度新锐青年作家"。2022 年9 月，入选由中华文学基金会设立的首届（2021—2022）王蒙青年作家支持计划·年度特选作家。

看不见的豹子与折断的枪金

——评郑在欢《忍住Ⅲ》

刘诗宇

从《驻马店伤心故事集》到《今夜通宵杀敌》《团圆总在离散前》，再到最新的长篇小说《3》，我一直追读郑在欢的小说。兴趣始于经验的差异，《暴烈之花》《勇士》等篇什里的人和事都有"震碎三观"的残酷狠辣。我们几乎是以非虚构的眼光审视那个驻马店世界，作者也并不避讳，把更多"真人真事"讲给我们听。

这样的故事总会讲完，到时候作家怎么办？这篇《忍住Ⅲ》让我看到作者暂搁奇人奇事，回归人之常情。现实生活中，我们并非时刻为陌生人的生死共情，更遑论那些幽微的、只能藏在心里的记忆和情绪；但好的文学有办法让每一个读者变成当事人，把别人瞳孔里的地震、心灵中的风暴也变成自己的。人之常情虽然难写，但好处在于这种创作资源不会枯竭，是作家敞开自己，走向无限的必经之路。

如果一定要概括，我觉得《忍住Ⅲ》的主题是人与过去告别的无奈、感伤。曾经依恋的家乡，反感了；曾经亲密的兄弟，生疏了；曾经喜欢的事物，无趣了；曾经坚持的原则，放弃了。人生总有一个阶段，我们要不断背弃故人，也背弃过去的自己。

为了这个主题，作者抛出了一个问题作为故事情节的核心：过年回乡，看到好兄弟张熙的妻子和别的男人走出旅馆，"我"是该装作没看到，还是该仗义执言？

为了让这个简单的问题变得复杂，更接近现实生活中的人情世故，作者把上述每个因素都写成波动着的"变量"。我和发小张熙的感情暗藏款曲。过去我贫穷矮小、随波逐流，张熙富有帅气、做人有度，他曾对我的同情、俯就、尊重与我曾对他的感激、依赖都发自内心，但这里掺杂着我的自卑和不安。成年后各自漂泊，童年情谊早像水中月经不起打捞，曾经的龃龉却变成鞋里的石子愈加清晰。

张熙的妻子王丽萍家中行三。大姐王丽、二姐王萍曾是所有少年的梦中情人，没人在意老三王丽萍，以至于她也出落成美女，让"我"多少有点只能暗藏心底的、失之交臂的唏嘘。王丽萍私会的男人小龙黑白通吃，从小就是我们又敬又怕的人物，小孩子都以和他攀上关系为荣。小龙和张熙曾是好兄弟，小龙追求过大姐王丽，张熙追求过二姐王萍，在那些青涩得犹如烂俗小说的岁月里，负责挡着两个青年的，正是人小鬼大、牙尖嘴利的王丽萍。

九曲回肠的复杂关系在"我"心里，当然也是在作者层层递进的讲述里一直清晰豁亮，所以看到隐秘的一幕"我"才会寸步难行，格外煎熬。这段写得很巧，在第一人称的叙事里，这一幕发生后作者没写"我"的任何想法，只是写槟榔的口感、香烟的味道，躁动的赌博与夜晚都让我"恶心""心脏像火烧""差一点要吐""累"。在生理心理学范畴中，有名为"心身反应"的概念。在这个层面上，生理感觉更能让读者体会"我"心里的纠结。郑在欢熟悉盖里奇的电影，这一幕不禁让人想起《两杆大烟枪》中艾德输了赌局之后的恍惚镜头，这是一种通过感觉，让极端情绪有效传递到受众心里的瞬间。

回到小说，"我"拿不准沉默和声张到底哪种对张熙更好，更不知会不会因此落下埋怨，甚至惹祸上身，虽曾旁敲侧击，最后还是选择假装无事发生。经过人际关系和往事的铺垫，以及作者在关键处的闪烁其词，我们不知道这里是否还有一点阴暗的可能性，即"我"感受到了某种难以察觉的、带有负罪感的慰藉。

但事情并不会真的这么过去，某种程度上"我"代替了当事人，让它的后果烙印在自己的生命之中，仿佛出问题的既不是张熙的婚姻，也不是偷情的王丽萍和小龙，而是背叛了张熙、背叛了童年情谊的"我"。小说开篇就用倒叙的手法写家乡没有暖气的冷、没有热水洗澡的脏，其实这可能不是家乡的事，而是从此之后"我"心里的事。我嫌弃的也许不是家乡，而是要剥离过去、残缺的自己。

小说结尾写得也很巧。若干年后张熙已不再与小龙合伙做生意，但和王丽萍的婚姻依旧。"我"和张熙在老家重聚，玩牌对赌。我抓着好牌"枪金"不断加码，张熙也不停跟注，我较劲上头，押上所有的钱，才想起张熙一直是个心里有数的人，也许对于那件事也是一样。虽然作家没有挑明，但人生已如赌局，你以为自己重情重义，其实关心的还是输赢；再好的兄弟也不会把手里的"豹子"提前亮给你看，因为人心隔肚皮，那就是赌局的规矩，人生的规矩。

小说的最后一个段落，写"我""又一次感觉到了冷""又有点不喜欢回家了"。这一次的"心身反应"来得没那么剧烈，却有点决绝，我终于还是与过去的自己告别了。小说的名字叫"忍住"，甚至还要写成一个系列，那么忍的是什么呢？我猜就是这种对于当事人来说有切肤之痛，如天崩地裂，但又因为所有人都会遇到，所以在旁人看来无甚稀奇的事情。

曾经我认为，如果郑在欢能把盖里奇、昆汀·塔伦蒂诺式的荒蛮与黑色幽默带入当代文学，应该会产生独树一帜的效果，读罢《忍住Ⅲ》，我又对他多了一层平淡而山高水深的期待。希望未来有一天，他能把两种路数合二为一，进入一种独特而自由的状态，这对于当代文学的读者来说，应该是一件幸福的事。

让路过的都停下来（创作谈）

郑在欢

甚至是那些着急赶路的人。

小时候我们去放羊，本来是不用的，放羊是大点的孩子要承担的工作。我们去放羊，就是因为有一个大点的孩子，他要完成这个任务，但他一个人太过孤单，他让我们也跟着去的一个办法就是，他会讲故事。他讲牛郎织女，和任何书上写的都不一样，他讲自己的叔叔遇鬼，和他叔叔讲的都不一样。在大人看来，他在"顺嘴胡诌"，我们不管，就是爱听。我们不顾大人的反对，强行牵着自家的羊装模作样跟着他，到了地方把羊拴好，就带着点期待听他瞎扯，看他今天又有什么新货。他没那么多故事书可看，大部分时间是自己编的。为了进入状态，他会先扯点别的，故事在不觉中开始，我们也听得越来越起劲。有些路过的大人，看我们一脸专注围着他，也过来听两耳朵，大人会耽误赶路，我也因为听得入神，有一次没看住小羊，让它们误食喷了农药的植物而死，回去被奶奶好一顿骂。

这整件事就是小说创作的过程。从我说"小时候我们去放羊"开始，到那个讲故事的孩子，他没有直接开始自己的故事，而是"先扯点别的"，虽然现在他没有从事写作，但他具备小说家的素质，他知道"先扯点别的"是关键一环。

小说是什么？从写作开始，我一直时不时会想这件事，每次得出的结论都不太一样。现在我的感觉是，小说就是借着给你讲故事的名义"扯点别的"，小孩子知道你在扯，还是愿意听，更妙的是那些赶路的大人，他们已经过了务虚的年纪，还是喜欢扯。相比喜欢奇幻故事的小孩，大人更喜欢吹牛嘛，吹牛可能会让人讨厌，可他们会为一个小孩的故事停下脚步，这就是小说具有魔力的地方，它让正在说话的人具有足够的吸引力，即使那些所谓有"正事要干"的成年人，也会因为一段讲述驻足倾听，这时候你就要问了：

有没有正事？

我们来到这个世界，是为何而来？为了"正事"吗？这种事一直在变，小时候的正事是学习，大了开始工作，结了婚要养家糊口，这些事情和你到底有多大关系。所有这些事情和人的关系，都只是扮演，你在用尽力气扮演从众的角色。演得好，你会有成就感，因为你在扮演的时候完成了一部小说作品，可能还会成为别人口中的小说。演得烂，你自己都不知道你在干什么，你会说你白活了。而小说，是在直接创造这种成就感，你讲了一段好玩的故事，有人因此停下脚步去听，你就成功了一次。重复这段讲述，或者写下来，这就是你的人生。没有人可以质疑。蒂姆·伯顿有一部电影，叫《大鱼》。那就是一个灵活掌握了小说这种技能的男人成功一生的范本，他一辈子都在讲述传奇故事，总有听众兴趣盎然。他比较狠的一点是直接拿第一人称去讲，这只是作家一个司空见惯的手法，他用在现实的讲述里，虽然讲的是奇幻故事，但到他死的时候，没人敢去质疑，当然质疑也没有什么用。他早就成功了，通过自己的讲述，把这些故事印在每一个人的脑袋里。让这些听众在他的讲述中入神、惊叹、质疑，可能还有反思、诘问，再然后是触动，想要再听一遍。只听他讲。别人可讲不出那个味道。遗憾的是，他不是作家，虽然他掌握了小说这门手艺，他死了，他创造的故事就成了绝版，印在每一个知情者的脑中。后人可以去演绎，去延伸，但那已经不是他的故事，只是他留下的故事，因为他不是作家。而作家，是会把小说写下来的人，作家不在了，他的故事还在，如果足够好，当然也就会存在得足够久，影响足够多的人去意识到小说的魔力。这就是作家鸡贼的地方。

这也是作家的贡献。

作家的贡献是什么？现在有一种论调，对文学普遍悲观，会觉得随着科技的进步，文学已经成了古董货，没人看书了。如果你也这么认为，你当然不会知道作家的贡献是什么，我上面说的也就白说了。无论到了什么时候，小说都是人类世界里的硬通货，路边讲故事的小孩，电影里虚构自己人生的父亲，这些人都因为掌握了小说这门技术而获得成功。科技、政治、历史，这些都是人为了达到内心和谐而制造出的浮光掠影，人真正在乎的，是内心可供言说或者不可言说的感受，所有这些感受都是通过小说的方式给的。当一个人的讲述可以让路人停下来，他就是这种感受的产出者。作家把小说写到纸上，他们是专注产出这种感受的人。

郑在欢主要作品

《驻马店伤心故事集》（短篇小说集），上海文艺出版社，2017 年 1 月。

《今夜通宵杀敌》（中短篇小说集），上海文艺出版社，2021 年 10 月。

《团圆总在离散前》（中短篇小说集），江苏凤凰文艺出版社，2021 年
9 月。

《3》（长篇小说），《十月·长篇小说》2021 年第 6 期。

《乐事》（日记体小说），北岳文艺出版社，2023 年 5 月。

《雪春秋》（长篇小说），上海文艺出版社，2023 年 9 月。

尚　攀

　　尚攀，中国作家协会会员，鲁迅文学院第二十届中青年高研班学员，现为河南省文学院专业作家。2010 年 1 月在《莽原》杂志上发表短篇小说处女作《并肩而行》，之后陆续在《青年文学》《青年作家》《莽原》《山花》《山东文学》《延河》等文学期刊发表长篇小说《随风而逝》《出陈庄记》，中、短篇小说《青春破》《韧韧的烦恼生活》《供体》《烟火扑面》《脚下的天台》等 30 余篇。出版小说集《青春破》《脚下的天台》、长篇小说《短歌行》《明明如月》等。曾获河南省"五个一工程"奖、河南省"五四文艺"奖、郑州市"五个一工程"奖、郑州市文学艺术优秀成果奖、莽原文学奖等。

以情爱书写探索青春叙事的多种可能

——浅谈青年作家尚攀的小说创作

彭永强

一

　　尽管是"90后"作家，尚攀在文学创作方面称得上惊喜不断、硕果累累，他不仅在《青年文学》《山花》《延河》《山东文学》《莽原》《青年作家》《当代小说》等众多纯文学期刊发表了数十篇中、短篇小说，广受好评，而且出版了长篇小说《短歌行》《明明如月》、小说集《青春破》《脚下的天台》等，其创作出的文学文本不仅数量上可观、令人赞叹，质量上同样个性鲜明、精品频出，形成了与众不同的风格与气韵。

　　作为一位从事文学创作仅十余年的青年作家，尚攀的勤奋好学、孜孜以求，以及源源不断的创作才华，是广大读者有目共睹的，亦是为数众多的文学写作者难以企及的。正是因为在创作上的丰收与探索，尚攀曾经是河南省文学院历史上最年轻的签约作家，在年仅24岁时就成为中国作家协会会员，并于数年前成为河南省文学院专业作家。

　　在文学创作道路上，尚攀一步一个脚印，行走得迅捷而踏实，他既往取得的创作成绩值得充分肯定，以后的文学创作同样大有可为，值得期待。

二

　　优秀的文学作品往往能做到个性化与典型化的对立统一、有机结合，既有一定的概括性，又有它之所以成为自身的特异性。从这一角度而言，尚攀的小说文本通常以情爱书写为线索，以不同的风格、不同的角度、不同的创作手法，去努力探索青春叙事的多种可能，在创作实践中，较好地做到了共性与个性、形式与内容、思想与语言等多方面的衔接与契合，不愧为青春叙事中的精良之作。

　　以青年男女为写作对象，尤其是以青年男女的爱情故事为切入口，铺陈故事，剖解人生，此类的"青春叙事"占据了尚攀小说文本的绝大部分。值得重视的是，在以尚攀等人为代表的"90后"作家的小说文本中，现代视角之下的青春，很显然与白话文运动以来直至20世纪八九十年代近百年间的"青春叙事"大相径庭，它们无论是在形式上还是观念上、内容上，早已与时俱进地打上了"新世纪"的烙印。尚攀青春叙事小说的优秀之处，在于他不仅讲述了一个个一波三折、生死离别或者混乱荒诞、惊世骇俗的爱情故事，更重要的是在此基础上，常常能够再现新时期多元化社会时态中五花八门、精彩纷呈的爱情观念，能够直抵人心深处的良善与卑劣，能够折射爱情故事背后部分青年群体复杂乃至荒芜的精神状态，亦能够以爱情故事之一斑，窥见社会现状之全豹……

　　长篇小说《短歌行》被图书出版方归类为"都市言情小说"，当然，从文本的具体叙事线索来看，这样的定义、归类自有其道理与逻辑。然而，相较于类型化的言情小说而言，尚攀的这一文本内蕴更丰富，视域更广阔，思想更深刻，呈现出的社会现实同样更令人深思。仅仅就恋爱的外在形式而言，《短歌行》就呈现了陈晓光与孟雅的"契约式"恋爱，杨晴与范佩西的"悲情式"恋爱，杨晴与李海生的"出轨式"恋爱，陈平与小青、左漫漫、丽萨等诸多女性的"流水式"恋爱等多种形态。当然，小说文本所呈现的，并非仅仅是爱情形态的复杂多样，而是隐藏在一个个曲折离奇、匪夷所思的爱情故事背后的人性真实、精神状况、社会生态等。在阅读文本之时，诸多情节让我动容——尤其是在现实面前被伤害得体无完肤的范佩西最终选择了自杀，这样惨烈的青春及爱情，无疑能让世人更多地了解到当今青年的生存现状、心理纠结、精神困顿等。

《短歌行》有众多可圈可点之处，评论家郑润良曾经如是评价："《短歌行》对几位人物的爱情故事的处理是相当成功的，这些爱情故事曲折、富于戏剧性，这种戏剧性不是人为地编造，而是基于作者对新时代青年情爱伦理的观察与思考。小说中的几位年轻人，都经历过情感的混乱与迷茫，最终都选择了爱情，选择了最初的梦想，并且这种书写都紧贴着人物的情感逻辑与生活世界，充满真实感。"

与《短歌行》有所不同而又相映成趣的是《明明如月》，这是一部关于记忆、救赎和梦想的长篇小说，文本以第一人称推进叙事，以主人公苏青云的情感经历为主线，讲述了他由农村到城市所经历的生活变迁、情感历程等，以"新写实主义"的笔法生动呈现了当代青年的生存状态和精神世界。小说的主人公苏青云（"我"）在乡村出生、成长，后在省城求学，大学毕业之后留在省城谋生，在对城乡生活都非常熟悉的基础上，作家通过主人公苏青云的人生历程，在一定程度上展示了曾经的"城乡二元体制"给人们的现实生存尤其是精神世界留下的深深印痕。在为时不长的"青春履历"里，主人公苏青云与不同类型的女性明月、芳菲、美清、玲珑等人之间，发生了类型不一、各有特点的爱情故事。尽管《明明如月》依旧以情爱书写作为叙事主线，但是在感情故事的背后，作者非常巧妙地将人生百态、社会风俗，尤其是当今社会城乡青年的精神风貌、心理真实等纳于笔底，进行了客观再现，引人关注，发人深省。

与长篇小说相比，按照个人的审美趣味，我认为，尚攀的中、短篇小说更精炼、更传神，也更有韵味。

中篇小说《我最好朋友的故事》讲述的情感历程世俗而残忍，主人公李尔在对以爱情为名义的异性朋友进行选择时"兼容并蓄",随意而泛滥,而当他真正寻觅到自己的真爱、两情相悦之时,才发现真爱竟然是曾经一位情人丽萨的女儿……小说充满了古希腊命运悲剧的意味,亦暗合了中国民间传统"种瓜得瓜,种豆得豆"之义理。

中篇小说《同路人》以大学教师钟峰、国企员工凌晓珂等人的爱情故事为线索,通过前后呼应、对比的手法,展示了以心灵或利益为基础的不同的爱恋状态,小说给人以震撼、沉思,同时,作者在叙事手法上进行了有益的探索,丰富了文本的容量与内涵。

相比而言,短篇小说《脚下的天台》在情爱故事的布局上就略显单薄一些,然而,这篇小说呈现出的文本厚度并没有因之有丝毫减弱,相反,在隐喻、象征等手法的使用,以及文本思想深度的开掘上,反倒再深一步,更胜一筹。

中篇小说《烟火扑面》同样写得细腻别致,妙趣横生,以我之见,可以称得上青春版的《倾城之恋》。张爱玲的《倾城之恋》关注的是家国破败的大形势下,作为小人物的饮食男女在其中的命运沉浮,视角独到,切口细小,而《烟火扑面》相比而言切口更小,作家尚攀甚至连大的社会形势亦弃之不顾,专注于观照尘世小人物的爱恨情仇,以精细入微的心理描写,刻画个人在情感变化之间的"毫发毕现"。

此外,中篇小说《青春破》《供体》《韧韧的烦恼生活》、短篇小说《误入新世界》等,均有不少创新、突破之处,尤其是叙事手法上,力避循规蹈矩,各有"破圈"之点。《供体》不仅以多视角的方式推进叙事,而且作者在展示残忍现实、挖掘人性复杂等方面,表现得成熟而深刻,游刃有余。《误入新世界》则以荒诞的故事情节,折射现实世界中部分人类的扭曲与变异……

纵观尚攀笔下的青年男女,常常兼有张爱玲小说人物的"世故"与钱锺书小说人物的"智慧",他们的诸多对话,细细品来,韵致有味,而且能形象精准地彰显人物自身的身份与性格。

基于个人经历、社会身份，以及审美认知的差异，不同写作者对于世界的认知能力和水平也必然参差不齐，各有千秋。青年作家尚攀在小说文本中非常注重对个人深层隐秘意识的开掘与呈现，以富有个人体验的方式，表现主体对于客体世界的体验、认知、审美、反思。

三

文学包罗万象，可以蕴含人类所能观察、知觉、体验乃至联想到的一切客观存在、精神活动，乃至文化内涵，这样一来也就使得文学内蕴浩瀚、形态丰富——尽管文学的中心价值并非传授知识，却往往可以将各个门类，各种各样的自然科学、人文科学等相关知识容纳其中。

尚攀小说文本中的人物以青年为主，这与作家的身份、经历、阅历等密不可分。作为一名"90后"作家，尚攀在社会中摸爬滚打的经历有所欠缺，他的人生经验大多来源于读书，以及求学、工作等尚不丰富的人生经历，读者从其小说文本中亦能略见端倪。"在他（作家）写作时，他不是创造一个理想的、非个性的'一般人'，而是一个'他自己'的隐含的替身，不同于我们在其他人的作品中遇到的那些隐含的作者。"著名学者韦恩·布斯以"隐含的作者"名义对此进行了深入解读，在尚攀的小说文本中，我们不难找到翔实而确凿的证据：

> 每每想到这些，陈晓光都会觉得庆幸，庆幸自己去了省城，上了大学，见识了不同的人和不一样的世界。
>
> 虽然他也经常在书里或电视里看见那个繁华的都市，但当他真正地走进去感受它，并生活在其中时，他才真正体会到不一样。他也知道，他和那个世界是疏离的，虽然生活其中，但他并不属于那个世界。他向往那种世界，希望能和它保持同样的气质与生活方式，那是他的梦想。

《短歌行》中的这一段文字，不仅是作家尚攀的切肤之感，而且是数以千万计由乡村进入城市者的生命体验，普遍、真实、典型、深刻，又极具基于社会学意义的研究价值。

除社会学意义之外，尚攀的小说还具有非常典型的民俗学价值。长篇小说《短歌行》《明明如月》对中原地区的节气、饮食、乡村风俗、人情世态等进行了详尽的描摹，细心的读者完全可以从文本中探索到当今社会的枝枝叶叶、角角落落，并可举一反三，对整体社会风貌进行合理的推测与判断。以《短歌行》为例，其中有一小段与饮食相关的文字别有趣味：

> 熬辣椒油的方法很简单，只需在炒菜锅里倒些植物油，等油热了以后，再把准备好的红辣椒放进去，等到辣椒酥脆的时候捞出来，然后放在蒜白里捣碎，最后把捣碎的红辣椒和植物油倒进碗里即可。

这样的精细描述，常常能让人想起汪曾祺笔下那个活色生香的美食世界，从中可见作家尚攀对生活观察之细致，亦使得小说文本富含多重价值，利于不同的读者从中汲取自己所需的营养价值或美学元素。

四

感性显现与理性思索的结合，常常成为文学作品得以远播、世代传承的重要属性，欣赏主体从审美的角度去关注文学作品，从中得到美与自由的享受，从而使得一次真正的审美历程得以完成。在这样的审美体验中，读者们会发现，尚攀的小说温婉细腻，语言风格韵致有味，心理描写细致入微，称得上"心理现实主义"的上乘之作。

当然，任何一枚硬币皆有正反两面，若从女性批评等角度来看，尚攀的若干小说文本仍然存在不少值得深思的地方。

尚攀小说文本中的诸多人物，尤其是男性角色，有不少人还活在男权话语的"单色世界"里，无论是《明明如月》里的宋既明、苏青云，《我最好朋友的故事》中的李尔，还是《短歌行》中的陈平、陈晓光等，作为新世纪的青年知识分子，他们对于女性的态度尽管相比封建社会时期的士大夫们有着明显的进步，但在某种程度上依然未能完全摒弃对于女性的轻视、把玩、戏狎等不正常心态。由于"爱情"原本就蕴含着非理性"情""欲"的部分，如果坚持文学"真实性"原则，必然无法漠视情、欲在爱情和婚姻中所起的作用。特别是在"情"与"欲"方面，文本中的一些人物的所作所为，无疑会让一些女性读者感觉不适、兴致索然。同时，在尚攀大部分的小说文本中，女性大多是弱者，是被保护、被追求、被臆想、被评说的对象，她们基本处于被支配的地位，常常丧失话语权，仅仅"被动"地完成小说作者赋予她们的使命与任务。当然，我们目前所处的社会现实中这样的现象的确比比皆是，小说中这些人物在男女视角上的"畸形"，或许正是作家意图彰显的生活的真正底色。

以我之见，尚攀的小说创作整体上是优秀的、成功的，同时，尚攀作为专业作家，尤其是极其年轻、前程无量的专业作家，在写作方面，他对自己，以及广大读者、社会各界对他的要求必然会更高一层，他应当向着文学的更高山峦去攀登、去冲锋。按照这样的标准来看，尚攀的小说创作存在一些有待改进之处，譬如，对于非典型性情节、细节的"迷恋"与"纠缠"，尤其是在长篇小说《短歌行》《明明如月》中，均有若干庸常化、随意化的景象和对话描写，显得文本不够简洁与精练。此外，尚攀小说的表现领域大多集中于"青春"题材，选材视域较为"小众"，在我看来，对于"广阔天地"的深刻体悟、深入开掘，必将有助于作家取得更为丰硕的艺术成果。

以青少年为主要表现题材的文学文本，很容易停留在对于他们现实生存、精神状态的浅层再现上，其更深层次的价值或意义相较而言更难实现——当然，这并不意味着青春叙事就一定缺乏璀璨厚重的经典之作，歌德的《少年维特之烦恼》、塞林格的《麦田里的守望者》、卡勒德·胡赛尼的《追风筝的人》、巴金的《家》、余华的《十八岁出门远行》等，均是青春叙事中的传世之作——从这一层面而言，青年作家尚攀得心应手地完成了具有结构精巧、语言细腻等诸多优点的上乘文学文本，同时，对于更深意义与价值的挖掘上，依然拥有提升空间。

我们相信，站在更高平台之上的青年作家尚攀，一定能够创作出更精致、更厚重、更深刻、更浩瀚的小说文本。我们充满期待！

我的生活和我的文学（创作谈）

尚攀

对我而言，写小说是件容易且快乐的事情，写创作谈或者谈谈对文学的看法，却是件比登天还难且痛苦的事情。这和性格及文学观念有关，总觉得文学和生活一样，哪有什么观点，更无道理可讲，不过是千头万绪，机缘巧合。但事关文字，总怀着敬畏之心，要认真待之，才不会辜负自己。怀着敬畏之心回望那些日子，掰着手指亦怕算错了时光，就在记事本上找一页干净的纸一年一年地写出来，数一遍，再数一遍。十五年的时间，于人生而言，无疑是漫长的。"我写作十五年了。"这样的话即便是平静地讲出来，也定会得到几声赞叹；十五年的时间，于文学而言，不过是老天打了个盹儿，你仰天长啸，老天连眼皮都不会抬一下。

十五个代表年岁的数字在记事本上，除了公差为1的等差数列一眼可见，我这十五年的人生和写作轨迹也变得清晰起来。我从2009年开始零零碎碎地写些东西，那时候还在念大学，整日忙碌于阶梯教室、宿舍和网吧，有大块时间时还要和几个男同学女同学跑到很近的书店或很远的荒地去寻找人生的意义，生活简单却不乏味，写作只是深夜无聊时打发旺盛的精力。熬了几个通宵，多余的精力转化成了几个短篇小说。那时的写作完全是无意识的，更无文学的目的，文字也全由着性子乱来，毫无章法和逻辑。我的第一篇小说《并肩而行》，一个五六千字的短篇，·其中有这么一句："当我觉得时机恰到好处时，我决定买两瓶冷饮，而就在路的前方，也恰到好处地出现了一家冷饮店。"我觉得这么写有些不讲道理，甚至有些无厘头，因为在现实生活中，不是你想买冷饮的时候就会出现冷饮店，而且"我"买冷饮不是为了避暑解渴，只是因为时机恰到好处，甚至和天气以及身体需求也没有丝毫关系。按照正常的逻辑，应该是由于天气太热，身体需要冷饮，然后看见冷饮店，最后才想到买冷饮。当然，我再也不会这样写了，那时的写作和我的生活一样，我不知道自己能写出什么样的句子，也不知道明天会发生怎样的事情。

2011 年毕业后，我开启了长达十年的自由生活，写作不再是打发时间，文学成了事业。这期间，我只有两个空间概念，一个是家，那是我睡觉和写作的地方；另一个是家门之外，我用来干些别的什么事。在社会关系中，我没有客户和同事，只有亲人和朋友。我白天睡觉，晚上写作，颈椎承受不了的时候就跑出去活动筋骨，过着一种不健康的规律生活。那些年，我写了很多小说，短篇、中篇、长篇都有。这些小说虽说题材都差不多，书写对象也是和自己一样的同龄人，但语言和叙述风格不尽相同。这也是十年来，我唯一没有定向的东西，我一直在寻找自己的语言和叙述风格。

十年间，我在写作的路上艰难前行，每遇险阻，总有先贤指点迷津，不得不承认，阅读是最好的老师。我读了很多作家的作品，有的喜欢，有的不喜欢，喜欢的就多读几遍，不喜欢的就蜻蜓点水。在那些喜欢的作品里，有一部不得不说，奥尔罕·帕慕克的《纯真博物馆》。这部四十多万字的作品，讲了一个非常简单的故事：在伊斯坦布尔，有婚约在身的三十岁少爷凯末尔爱上了自己的穷亲戚——十八岁的清纯美少女芙颂，可两人的爱情来而复去，凯末尔想找回爱人的心，自此追寻了八年。在这样一个简单的故事中，在凯末尔寻爱的八年时间里，帕慕克到底是用什么填充和堆砌出了四十多万字呢？

与芙颂相恋的那一个半月差两天，我们共做爱 44 次。从芙颂消失那天算起，339 天后，我终于再次见到了她。这之后的整整七年十个月，我为了看芙颂、吃晚饭去了楚库尔主麻。其间一共是 2864 天，409 个星期，去了他们家 1593 次。在我去芙颂家吃晚饭的八年时间里，我积攒了芙颂的 4213 个烟头。我爱芙颂，也爱她爱过的，甚至是触碰过的一切。我悉数收集起那些盐瓶、小狗摆设、顶针、笔、发卡、烟灰缸、耳坠、纸牌、钥匙、扇子、香水瓶、手帕、胸针等等，将它们放入了自己的博物馆。

帕慕克就是用这些烟头、盐瓶、小狗摆设、顶针、笔……填充了这八年时间。他几乎用数学的方式证明了究竟什么才是爱，也几乎将富家少爷凯末尔写成了恋物癖。就连帕慕克本人也说，这是他对众生显示出最大耐心与敬意的一部小说。对我而言，《纯真博物馆》为什么是一部不得不说的作品？这十年的生活虽然自由，却也封闭，"写什么"几乎成了我头几年面临的最大问题。这部作品为我指明了方向——琐碎的日常生活。看了这部作品以后，我开始在小说里事无巨细地写我看到的一切，桌子上的灰尘、垃圾桶里的纸巾、杯中勺子上的苍蝇……这在我之前的小说里是没有的。

2020 年，我参加了工作。我开始有些忙碌，我的空间概念和社会关系也复杂了许多。我的生活被很多人和事切割得千头万绪，尽全力亦不能捋顺，也因此，花费在写作上的时间和精力少了许多，这经常让我心怀愧疚。故每到闲暇，总是提醒自己翻上几页书，写下几段文字，能安心不少。十五年的写作生涯，总是让我站在文学的角度去看问题想事情，一则新闻、一条短视频、某人的一句话、生活中的某一个瞬间、每一个有趣的人、每一件有趣的事……看到这些时，第一个想法就是能不能拿来做写作的素材，文学早已和我的生活、我的生命融为一体，再也不能分割开来。

尚攀主要作品

短篇小说

《并肩而行》，《莽原》2010 年第 1 期。

《好友买卖》，《山花》（B 版）2010 年第 10 期。

《黑色曼陀罗》，《山花》（B 版）2012 年第 1 期。

《流浪者》，《短篇小说》（上半月刊）2012 年第 5 期。

《我与 L 大师的关系》，《当代小说》（下半月刊）2012 年第 12 期。

《误入新世界》，《山东文学》（上半月刊）2013 年第 7 期。

《Sexy-夜殿》，《延河》（下半月刊）2013 年第 9 期。

《爱情的感觉》，《牡丹》2014 年第 1 期。

《脚下的天台》，《山东文学》（上半月刊）2014 年第 8 期。

《铅华》，《时代报告（奔流）》2015 年第 11 期。

《木制小人儿》，《鹿鸣》2017 年第 1 期。

《默契》，《青年作家》2017 年第 11 期。

《小左》，《牡丹》（上半月刊）2018 年第 3、4 期合刊。

《优雅蟊斯》，《延河》（下半月刊）2019 年第 2 期。

中篇小说

《韧韧的烦恼生活》，《莽原》2011 年第 5 期。

《供体》，《山花》（B 版）2011 年第 11 期。

《青春破》，《青年文学》2013 年第 10 期。

《吟离别》，《莽原》2014 年第 6 期。

《同路人》，《莽原》2015 年第 6 期。

《再见如初见》,《大观·东京文学》2015 年第 8 期。

《乱舞春秋》,《莽原》2018 年第 1 期。

《雪之夜》,《莽原》2019 年第 4 期。

《烟火扑面》,《青年作家》2020 年第 6 期。

长篇小说

《随风而逝》,《莽原》2013 年第 6 期。

《出陈庄记》,《莽原》2016 年第 6 期。

出版作品

《青春破》(中短篇小说集),河南文艺出版社,2013 年 6 月。

《脚下的天台》(中短篇小说集),河南人民出版社,2014 年 12 月。

《短歌行》(长篇小说),天津人民出版社,2018 年 8 月。

《繁华》(长篇小说),河南大学出版社,2019 年 10 月。

《明明如月》(长篇小说),郑州大学出版社、河南文艺出版社,2021 年 1 月。

王苏辛

王苏辛，河南驻马店人，曾用笔名普鲁士蓝，中国新生代小说家。2009 年起在《青年文学》《芙蓉》《花城》《山花》《小说界》《十月》等发表中短篇小说数十万字，并被《小说月报》《新华文摘》等转载。2015 年获得第三届"紫金·人民文学之星"短篇小说佳作奖；2017 年获首届燧石文学奖短篇小说奖、被提名第十五届华语文学传媒大奖年度最具潜力新人；2021 年获第三届"《钟山》之星"文学奖年度青年作家、首届"短篇小说双年奖"。已出版中短篇小说集《象人渡》《在平原》《白夜照相馆》《马灵芝的前世今生》，长篇小说《他们不是虹城人》等。

创新与救赎：论王苏辛小说中的记忆书写

李夏茹

记忆是作家创作时深度挖掘的重要精神资源，顺着这根藤蔓可以探寻到作家的心灵世界。作为初出茅庐的新人，"90 后"新锐作家王苏辛以一种严格的创作态度与较强的写作自觉性要求着自己，始终在探寻着自己的叙事风格。作者没有选择传统的写作方式，而是另辟蹊径，开辟了一条崭新的、抽象的文学路径，她将自身的困惑、生活中的矛盾提炼出来，以一种隐晦的、形而上的方式浸入小说文本之中，在故事文本中以回忆哲思的方式来实现解决"问题"的需要。王苏辛的小说语言仿佛是作者专门设置的"障碍物"，以荆棘丛般的存在为读者进入文本增加了阻力，同时小说叙事呈现出散文化的特征，不以紧凑的故事情节设置见长，那么作者是如何在松散跳跃的故事中纳入完整的情节的？记忆成为连缀情节的重要载体。在充满想象力的回忆中，小说人物可以穿越到过去，承接未来，随时返回现时空间。碎片化的记忆拼凑出完整的故事情节和立体的人物形象，也慢慢组成王苏辛写作的心灵地图。从《白夜照相馆》到《他们不是虹城人》，再到《在平原》和《象人渡》，这些小说以高产的形式呈现给读者，也写给作者自己。每部作品从装帧设计到内容排版，都呈现出作家精致巧妙的安排。基于作家自身的美术功底，作品的封面多以明亮的色彩、抽象的现代主义画风呈现出来，显示出作家内心的细腻与个性。记忆连接的过去、现在、未来三个空间，在现实的基础上以极强的想象力构建出故事中的平行世界，使小说文本富有张力。

一、独特的记忆书写样式

　　王苏辛的小说不以连贯的故事情节取胜，而是以独特的记忆书写方式见长。其小说文本充满跳跃，与传统书写记忆的写作方式不同，王苏辛结合自己绘画的经历，摸索出一条新颖、独特的记忆书写样式。以想象力来结构碎片化的人物与故事，使得看似松散的故事以严密周全的面貌呈现给读者。这种带有先锋意味的怪诞叙事背后是作者对自己过去记忆的思考以及对自我认知的和解。文学作品作为一种精神产品，参与社会的生产、劳动，并最终面向读者，不仅仅供人们阅读、批评，更是作家的自我化表达，是作家在创作的过程中对自己心灵的探寻。王苏辛的小说创作更加清晰地反映了这一现象。王苏辛的文学作品中始终充斥着焦灼不安、怪诞和冷酷，作家以一种非理性的叙事将人物缠绕在一起，开启了一种全新的记忆书写样式：面向过去，在情节推动中将记忆依次展开并融入哲理性思考。小说常常以人物的记忆结构全篇，小说人物在记忆的驱动下，自由地穿梭在过去、现在、未来三个不同的时间维度，诉说着作家的理想与期待。小说文本中的空间是由作家建构的一个美丽、封闭、游离于现实世界之外的理想空间。正如王苏辛所言："我把自己当成一个世界，我觉得只要把自己调整到一个合适的温度，我与世界的相处也会渐渐变得平和。""我希望我能建立一条属于自己的生活的缝隙。"对于作家而言，写作是自我疗救，是对以往创伤记忆的修复与对未来理想的憧憬，是自己"寻找地图之旅"和对"如何置放自己"问题的回答。

　　故事情节大多遵循着"现在—过去—现在"这一模式展开。主人公出现在某一场景中，在故事的推进中陷入回忆，以此来弥补叙事中的空白，在短暂的回忆后再次返回现实空间。《喀尔敦大道》描述了一个用婚姻逃离边地的女孩，开头就出现了罗罗的回忆，父母争吵的画面仿佛是罗罗与索飞关系的另外一种说明；在讨论莫斯科铁路修通这件事时，又穿插进罗罗和朋友们一年前在聚会上相识的场景；故事最后以宋涌脑海中浮现出来的关于冰原和冰的记忆结束……这里既有个人的碎片化记忆，也有大家的群体性记忆，人物通过自由地穿梭、遨游在不同的时空来"回答"现在的此时此景。这些记忆看似凌乱，实际上对故事中"现在"所发生的一切做出了合理说明，使人物形象更加立体、丰富。《所有动画片的结局》以传统的叙事方式开头，在道路、小区这些背景的衬托下，主人公"他"向读者缓缓走来，胜利大厦地铁口的大屏幕上放映的动画片《灌篮高手》将"他"拉回童年的回忆之中，与"K"相遇并诉说着他们之间的往事。点播台的节目单总是残缺而凌乱，永远无法看出最下面那一集是否真的是最后一集，动画片里的世界总是未完成的，呼应着故事的标题。在冗长的回忆后，"他"再次回到现实，见到徐湜与高杨二人，三人的对话从动画片聊到虚拟人物的变革，最终以"他"的离开而结尾。故事内容十分简短，"他"甚至在全篇都没有出现真实的名字，充满着神秘的色彩。

　　《白夜照相馆》更加清晰地呈现出记忆在王苏辛小说中的独特性。除了故事背景中城乡差异呈现出来的时代记忆，每个人物都对记忆有着自己的理解。白夜照相馆作为一家特殊的照相馆，以改写顾客过去的记忆，塑造出客人需要的"过去"为主要业务，这里的记忆是被改写、重构的记忆，一切记忆的伪造都是为了符合现在。余声和赵铭在驿城经营着白夜照相馆，二人之间保持着一种神秘的关系，师傅失踪的记忆成为联结二人的重要记忆。对他们而言，这份记忆是共同的、隐秘的，这也成为他们二人常年按照以往模式共同经营照相馆的重要原因。赵铭和余声二人以各种复杂的手段拍出令消费者满意的家庭照，不惜改写事实的本相，向顾客兜售虚假的"身份证明"，帮助他们欺骗自己、情人、亲属和朋友。过去的记忆成为他们"创作"的基础，而李琅琅闭口不谈的过去恰恰为赵铭和余声的发挥提供了巨大空间。在与刘一鸣见面之前，李琅琅到白夜照相馆，向赵铭和余声详细诉说自己的需求，特别突出"最好里面有一个老头儿，还带着个女儿"。同样，刘一鸣为了伪造虚假的记忆，要求拍摄一套20世纪

70 年代的三口之家；事实上，刘一鸣早已经结了婚，有一个分居多年的妻子。他采用此种卑劣的手段去骗人，用余声的话就叫"不坦荡"。无论是李琅琅还是刘一鸣，他们都试图抹去自己的过去和曾经的记忆，急切地想要以新面目示人，从而满足他们内心的欲望。讽刺的是，对过去记忆的忘却并不能使他们如愿以偿，反而使他们陷入深渊，无法自拔。对记忆的任意裁剪和加工显示出人们在现代化进程的影响下产生的心理畸变。流动是我们所处时代、社会发展的显著特征，无论我们审视现在还是追溯过往，流动带来的生活方式的差异和记忆的流向，一度成为我们自身存在的生活困境。这是城市的困境，也是移民的困境，无论社会如何发展，也终将是历时线上的一点，连接过去与未来，构成人们完整的记忆。利用虚假照片伪造出来的记忆无论做得多么天衣无缝，也始终无法逃避现实，无法逃避历时。《白夜照相馆》以照相馆命名，充满讽刺意味，照相原本代指的是客观现实、真理真相，在小说中却成了颠倒黑白、弄虚作假的手段，实在令人唏嘘。作者巧妙设置故事的开头与结尾，以照相开始，以大火结束，"照相"和"大火"这两个意象显示出独特的意味：前者象征着对记忆的储存，后者则象征着对记忆的销毁，进而上升到存在和消亡的人生命题，使得小说中的讽刺意味逐渐消解，多了几分人生的虚无与惆怅。

二、过去与未来：叙事中的记忆夹缝

记忆不仅是个人生命经验的留存，更是记录时代变迁的重要载体，可以呈现出某种历史的情绪。记录历史是文学创作的重要属性和使命，社会的变迁、作家本人的经历都构成文学叙事的重要资源。记忆（过去）和未来看似指向两个完全相反的方向，实质上并非完全矛盾，二者是作家内心的统一体，对作家创作方向的平衡起到关键作用。过去作为记忆的代名词，从某种程度上来说，过去就是未来，未来就是过去，过去指向未来，未来映射着过去。关于现在与过去记忆的关系，让-弗朗索瓦·利奥塔认为："从像'现在'这样的时间溜进被认为'这一次'的时间，'这一次'这样的表达法预先假定'一次'与'另一次'是等值的。这种在客观综合中忘记了它本身者就在完成综合的现时际遇中位于现在；而这个'现在'尚未成为它在历时线上呈现的'次数'中的某'一次'。"根据他的论述，"现在"只不过是历时线上的"某一次"，与先前发生的很多次构成时间的连续性。人体作为物质实体，肉体与灵魂存在着不可剥离的互为同一性，现在的感受可能是过去记忆的潜意识表达，这再一次显示出作家在进行文学创作时关于自我置放的问题，虽然处于不同的时间轴上，但依旧是同一个人对同一问题的追问。

王苏辛的小说不仅书写自己的个人记忆，还将时代的烙印注入其中，她的小说看似塑造的是现实世界之外的平行空间，实则无法完全摆脱现实世界的影响。作者以敏锐的嗅觉嗅到了时代的气息，准确地把握住时代的脉搏，敏锐地捕捉到中国现代化进程中部分人的心理畸变，使它们成为小说中的现代主义元素，使小说呈现出怪诞、奇幻的色彩。同名小说集《白夜照相馆》（北京联合出版公司，2016年12月第1版）融入国家发展中的社会现代化进程，书写时代背景下人物的命运与变化。小说集中描写了城市化进程下人们身上产生的一系列怪异变化，既有身体上的，也有精神上的。外貌的变形带来心理的变异，这与《变形记》中格里高尔变成甲壳虫的一幕有异曲同工之处。比如，《我们都将孤独一生》中离婚的人会变成雕像；《再见，父亲》中奶奶长出智齿，妈妈长出尾巴，叔叔则长出鱼鳞；《猴》中抢食猴肉的人最终变成了猴子……王苏辛以荒诞离奇的抽象手法诉说着人们在现代化进程中的身体变异与心理裂变。

这些看似怪诞的叙事背后隐藏着叙述者自己的"声音"，作者说："不管是写怎样的外物，即使使用变形和魔幻的手法，也难掩文本背后的自己。"在夸张变形的叙事背后，小说集《白夜照相馆》呈现的是作家关于城市化、现代化进程的思考，"驿城"这个空间是作者设置的特殊空间，这里的人们行为怪异，但都在为了未来销毁、重构着过去的记忆。"驿城"

作为作者预设的平行空间，与记忆中过去的乡村社会和城市空间全然不同。传统乡村社会等级森严，家家代代常年居住在同一村镇，无法以伪造照片的方式来重写记忆；而城市空间又充满着现代科技，无法保证以传统的复杂技术生存的白夜照相馆不被淘汰，因此，作者设置了一个封闭的、与世隔绝的独特空间——驿城，保证故事能够顺利开展。《白夜照相馆》是一个外来者的故事，一群城市新移民，面对新环境，该怎么选择？文化背景差异该怎么协调？最重要的是，在抛弃旧我身份的同时如何获得新的身份？这种身份的焦虑，在一个陌生的城市，使余声、赵铭、李琅琅等"多余人"难以建立新的关系，他们对未来不敢有美好的期待。记忆的旧痛、新生的身份，是小说着重思考的。"照相馆"作为一个充满隐喻的媒介空间，本身就是一个储存旧记忆的地方，或者说是对过去进行想象、加工的场所，是对消解记忆的留存。讽刺的是，《白夜照相馆》中余声、赵铭二人经营的照相馆已经失去了照相馆原本的意义，甚至与原有概念相悖。白夜照相馆直通过去、现在和未来，为每位顾客量身定制他们所需要的"过去"，以迎合发展的需要。照相馆存在的理由变成了给新移民提供进入新城市的"通行证"，制作的照片为新移民伪造的全新的个人记忆、个人历史，使他们抛弃过去的家庭、经历、生活，甚至是原有的婚姻，为新移民现时的存在和生活提供合法性。

小说集《在平原》（人民文学出版社，2019 年 8 月第 1 版）包括《喀尔敦大道》《所有动画片的结局》《在平原》《他常常经历着不被理解的最好的事》《在湿地与海洋之间》《我不在那儿》等六篇小说，故事主人公的设置偏于年轻化，作者对漂泊在都市中的青年男女的生存状态进行描写，直指当下年轻人的生存困境。《在平原》中，李挪在户外写生过程中与许何的交谈是对自我生存困境的剖析，以对话的形式展开哲理式的思考。如果说小说《白夜照相馆》呈现的是时代记忆背景下社会群像的生活，小说《在平原》则是关注个人成长记忆的独特思索。在作者眼中，故乡已不是固定的存在，而是无数个生活片段的集聚，是每一段人生漂泊的地域的集合。每一个人都是一则寓言，都生活在一种幻境里。故乡是模糊的、飘忽不定的，这种独特的内心体验，让作者以一种十分抽象的表现手法在小说里"创造"了一个新的过去，将人物的现实思考融入过去、未来。在《怀旧的未来》一书中，本雅明反抗了事件不可逆转的理念，他把过去、现在和未来合并起来进行考虑，认为："每一个时代都梦想着下一个时代，这样做的同时，又修订了以前的那个时代。现时从过去的梦幻中'惊醒'，但是依然因为这些梦幻而'充胀'。……'有谁一旦打开记忆之扇，就永远不会走到扇子分格的结尾之处。没有形象能够满足他，因为他已经看到了扇子可以展开，只有在它的折缝里才蕴藏着真实。'"充胀、惊醒、聚合就是本雅明关于连贯时代的印象。记忆与现实之间的裂隙蕴藏着作家内心的真实，被作家以艺术化的手法浸染到故事中。小说集《白夜照相馆》和《在平原》以记忆为线索，串联起人物的过去和现在，正是在荒诞怪异的笔调中融入了作者对自我和世界的思考。

三、记忆：身份认同与自我疗救

如何置放自己？如何与世界相处？写作的意义是什么？这些问题贯穿王苏辛文学创作的始终，也使她的作品在先锋的外衣下隐藏着很强的"问题意识"。从某些方面来说，王苏辛的写作目的不只是成为作家，更多的是在写作的过程中思考世界、思考自我，使自己具有拨开迷雾的能力，在精神劳作的过程中获得向上的力量。王苏辛自 2009 年开始发表小说，笔耕不辍，不断为自己的作品注入新鲜的血液，从充满转折与变形的魔幻叙事到直击事物核心的哲理书写，她一直在进行自我调整，并不断成长、进步。

生活和记忆成为文学创作的重要精神资源，背景的设置、情节的建构都不约而同地受到作家本人认知的影响。王苏辛在其作品后记中常常会谈到童年记忆与生活经历、写作之间的关系，以一种特殊的方式让我们走进她的内心世界。用作者的话来说，写作就是成长，写作就是生活，写作就是挑战自己。王苏辛在《白夜照相馆》的《后记：寻找地图的人》中说："我开始直面那些少年时代，甚至童年，所未能得到解决的问题——与这些问题相伴的，还有新的问题。""那些生活中不能解决的精神问题，必然会在写作中体现。"她不仅试图在创作中解决生活中的问题，还以一种特殊的方式实现了与读者之间的精神沟通与心灵共振。著名文艺理论家童庆炳认为："就作家而言，他的童年的种种遭遇，他自己无法选择的出生环境，包括他的家庭，他的父母，以及其后他的必然和偶然的不幸、痛苦、幸福、欢乐……社会的、时代的、民族的、地域的、自然的条件对他的幼小生命的折射，这一切以整合的方式，在作家的心灵里，形成了最初的却又是最深刻的先在意向结构的核心。"对于王苏辛来说，童年的经历与记忆为她的写作提供了不竭的源泉，"童年—少年—现在"的心路历程也再次被关注，记忆中的痛苦、美好、经验乃至生命中的爱，一并被吸到写作这一富含磁力的磁场中，它们被打破、融合，重新建构起作者当下的思考与感悟。还是在《后记：寻找地图的人》中，作者说："也因早早离家住读，在最初的几年写作中，我总是热衷书写关于故乡的小说。尽管这种书写更像安慰——通过不断回到童年来安抚自己。"以记忆中的故乡书写故事，在写作中实现心灵的净化，从而实现自我救赎是作者努力的一个重要方向。

《在平原》是一篇充满着哲学式思辨的中篇小说，小说中的"平原"是"人生的平原"，是作家将自己对生活、写作的思考隐喻化表达出来的理想之光。某种程度上说，主人公李挪就是王苏辛自己，她更像作者内心深处走出来的另一个自我，二者具有某种同一性。王苏辛在《后记：寻找地图的人》中讲述了自己童年学画画的经历，在成为画家的梦想破灭后，写作成为自己回归现实世界、修复自我的通道。当提及修行与创作本身之间的关联时，李挪认为创作本身就是人的"修行"，与作者通过写作接纳自我的方式有异曲同工之妙。李挪作为一名理性、细腻、思辨能力很强的女性，是所有作品中与作者最为相像的人物，她自由地穿梭在不同的故事中，使不同文本之间产生了某种特殊的关联。一次写生归来，当"平原"出现在李挪眼前时，创作与生活中困扰已久的问题突然变得豁然开朗。这是发生在现实中的事情，王苏辛将她对写作的思考递给了画画的李挪——也是曾经画画的王苏辛，从而实现了与过去的自我和解。"平原"是人生的平原，寄托着生活的种种，在广阔的平原中，李挪读懂了曾经的自己，做到了真正地了解自己。在与许何讨论圆规画圆的问题后，李挪突然感悟起自己的少年时代：

> 像把自己的少年时代回顾了一遍，李挪突然又生出一种坦途感。但真正的少年时代，这种坦途之感多少有些一厢情愿——因那时是成长带来的希望光辉催生出来的，而现在，她知道这感觉的根源，仿佛回到那个少年时代的自己，并理解了"她"。许何站在这里，瘦瘦的，沉默，却又因渴望进步的心显得明亮。这种气象再次通过另一个人传达给她，让她突然觉得没有什么是不可以实现的。

李挪在与许何的交谈中一步步拨开生活的迷雾，从而变得豁然开朗。

当一个人对人生哲理式的思考越来越深入，从问题到答案可能就需要一个灵光乍现的瞬间。开阔、平坦的"平原"寄寓着人生的幸福美好之途，走向平原需要具备披荆斩棘的能力，与过去的自己、生活、记忆和解，从而实现自我疗救与心灵的救赎。平原的每一次被看见，对于个人来说都意味着巨大的能量，鼓舞着人们前行。李挪看见的"平原"也是王苏辛看到的平原，看到了平原，也就开阔了心胸，从而走向坦途。

王苏辛的小说创作重在讨论过去与当下、未来三者之间的关联，通过记忆穿插拼凑出人物的多面，故事开头的设置充满悬念，全篇未提及姓名的"他"，余声、赵铭怪异的关系，抑或罗罗冷漠的一面，这些充满神秘色彩的情节吸引着读者继续往下阅读；读者深入文本之后，会陷入作者预设的平行世界，与作者进行对话，从而走进作者的内心世界。所以说，想要真正领略王苏辛小说的风格魅力与哲学之思，需要具有足够的耐心，只有冲破作者设置的重重语言障碍，方能真正进入文本。

虚指的 21 岁及仿佛成熟的 30 岁（创作谈）

王苏辛

　　算起来，写作已经超过十年。站在现在的当口回望，已经忘记 21 岁那年的状态。于是，21 岁只是一个虚指，指代所有被迅速过掉难以回望的时光。或许大部分写作者都是如此，除了最初燃起写作雄心和真正下笔之时，其后总有一段迅速被遗忘的写作时光。为何被遗忘？无非那年的心境并未与起初写作时差别太多，或者说，在漫长的写作时光中，也许除了那最初的心志，就剩下写出代表作的那些光阴被记忆镌刻下来。也或者说，除了这两段刻骨铭心的写作记忆，大部分的写作生活往往伴随着枯索、忧闷。有时候内心波澜万丈，但大部分时候像挤牙膏似的在写。每每遇到难题，还会质疑自己。尤其这个过程中，自身的生长又不断提醒着自己，前面的写作必须被推翻了——这个过程，在年轻时总是经常发生。就好比此刻的我，回忆八九个月前的自己，就知道那已经和现在大有不同——也只有这样剧烈的转折能够被写作者深切地记忆。而那些作为虚指的"21 岁"们，因为附着在更平常的生长之日中，反复被遗忘，却又在某些剧烈变化的时刻突然被忆起。恍然发现，也许并非那么平淡的时光。这个过程，在写作的十多年来，反复在生活中交锋着，而精神世界更像溢出的一小块飞地。写不出来的暂时深埋心底，作为提醒；写得出来的，作为果实，择机在不同的阅读者面前摊开。这些过程，都是幸福的。

　　如今，再回到虚指的"21 岁"，我能够想到的更多是物质层面——还在找工作，或刚刚走向社会，没有收入，投稿又总是被退。这样的经历或许每个写作者都无比熟悉。现在看起来只是必经的一段路，当时却觉得举步维艰。仔细想想，人年轻时最亲密的朋友，有的往往因为互相借过钱产生了友情。但也就是那样一段看起来很普通的岁月，默默锻炼着最初的心智，起码在面对基本困难时不会觉得忧心。这些细节，也都为其后渡过写作难关积累了经验。因为写作面对的内心磋磨只会更多而不会少，因此，这些生活的困难都作为辅料先于写作本身验证着自己的心，比如，一个人是否有坚持做事的能量，因为写作就是一种"做事"。但创作又总是和别的事情不太一样，因为常常没有回报。不像大考，即使失败，再付出些努力，也很可能有机会。写作不同，这是一项常常没有回报的工作。技术的锻炼虽然可以通过日积月累的理解抵达一定的水平，面对不同的题材是不是能有深度的理解能力却非常难说。有时候头脑走在前面，笔却跟不上。有时候笔在前面，文字却像被力气连缀起来似的。这样或多或少失败的经验都渐渐影响着写作本身的实现。即使在进入创作成熟期后，这一现实仍旧频繁出现，阻碍着写作者作品成熟度的实现。

　　于我而言，转折点在 2015 年写短篇小说《白夜照相馆》的时刻。着手书写一个个人经验之外的故事，对我来说挑战很大。依凭着一种叙事直觉，进入以虚构家族历史为己任的照相馆。在作为背景的凶案中截取内心的波段，在故乡和异乡之间，呈现一种告别和选择。这对当时的自己来说，是有一点点挑战性的。如何把自己远离故乡求学和工作的私人情感汇入社会本身的迁徙浪潮，又渐渐拂去一些幽暗的内心褶皱，抵达较为明朗的叙事——这些，都是难度。但对我来说，更难的还是写完这篇小说后，突然觉得自己有一种枯竭感，仿佛依凭叙事直觉建构故事的自己正在逐渐消失，而新的自我似乎还没有被我再次发掘。于是，2016 年 3 月，我开始着手书写另一个对我来说十分重要的中篇小说《在平原》。

　　小说只有四万多字，却足足写了一年。女美术教师与男高中生之间从备考到更深入的交谈，混入七天的高山写生之旅。小说虽使用了大量我自己学画画的经历，实则每一次对话的跃迁，对我来说都是不小的挑战。很多次都觉得自己要放弃了，却又凭着书写的渴望，一次次逼着自己把最稳健、最明亮的感受从内心激活出来。如今想来，当时几近痛苦的经历，全是后来的幸福来源。

《在平原》完成后，同名小说集和另一本全新小说集《象人渡》相继出版。在中短篇小说中，自己觉得游刃有余地度过了一段不短的时日。中篇小说《东国境线》和短篇小说《接下来去荒岛》《雍和宫》等，都是一定程度上自己这一阶段较为满意的作品。直到 2020 年年初，疫情开始，我突然发现，自己看世界的眼光一下子跟着环境发生了变化。内心的剧变和生活上的改变同时出现，我感到不知所措，甚至不知道如何面对写作。这个状况持续了很久，我开始断断续续写长篇小说，一直没有完全写完。这期间，又写了一些中短篇小说。感受着自己写作的微妙变化，一点点摸索，试图重新打开一些东西。

2021 年秋到 2022 年春，我完成了一篇较为满意的中篇小说《远大前程》。小说叙述了一名法律工作者和一位油气勘探员各自长达十多年的职场生活与情感交汇，试图还原两个青年从大学毕业到疫情开始这期间的成长变化。对我自己来说，这是一次非常独特的写作经历，把一些较为迫近的认知也带入小说中进行了一番思辨性质的探索。而在这个过程中，更特别的是，我居然在 2022 年元旦开始正式写诗。这让我发现在小说之外居然还有一块飞地可以供我探索，并且它的挑战性和可能性并不亚于小说，甚至有时候更具活力。这个过程中，我重新感受到在那个虚指的 21 岁，我所感受过的一些体验。当年未被发现和认识的，突然都清晰起来。以至于有时候我会想，也许一个写作者最重要的时光，是他完全不知道如何做、如何写的那段时光，正是那些沉默、激烈、难以清晰触摸的言辞，日日敲击过内心，待有一天有机会掏出来，才发现自己也有把一些所感安放的能力。

尽管，在理论架构的强悍力量下，文学表达有时候显得如此不堪一击。甚至我都不知道在更深层次的思考竞争中，小说写作在我这样的人身上是否还有新的机会。可这是我唯一能做的事情，所以我决定不再想了，只在接下来的生活中好好把这件事做好，成为一个真正优秀、合格的文学写作者。

王苏辛主要作品

《白夜照相馆》（短篇小说集），北京联合出版公司，2016 年 12 月。

《他们不是虹城人》（长篇小说），北京联合出版公司，2018 年 4 月。

《在平原》（中篇小说集），人民文学出版社，2019 年 8 月。

《象人渡》（中短篇小说集），上海文艺出版社，2020 年 5 月。

《马灵芝的前世今生》（中短篇小说集），译林出版社，2021 年 11 月。

《所有动画片的结局》（中短篇小说集），河北教育出版社，2022 年 10 月。

王文鹏

　　王文鹏，1994 年生于开封，中国作家协会会员，河南省小说研究会理事。2018 年开始发表小说，作品见于《上海文学》《长江文艺》《山西文学》《延河》《广西文学》《莽原》《福建文学》《湖南文学》《滇池》《大观·东京文学》等刊，有作品被《长江文艺·好小说》《中学生百科》等刊转载。获第二届文无青年小说奖。出版小说集《寻找宗十四》。现供职于《大观》杂志社。

人间实感：生命的挣扎与蜕变

——王文鹏小说研究

杨金

　　作品是作者内在质素的精彩呈现，王文鹏作为正在成长的青年小说作家，他笔下的故事保有自己的专属气质，开辟了独具匠心的先锋视角，锻造了他个人的艺术特质。阅读他的小说集，可以发现他的作品基调并不同于如今主流作品所营造出的温暖与融洽，而是更多地承载了社会历史和文化记忆的重组与变迁。在他的文学观念中，写作的目的不仅在于帮助记忆平凡的日常，更在于用虚构的本能去记录那些未被珍视的事情，甚至是记录那些因"晚饭"而联想到的故事。他作品展现出的人间实感穿梭于"堵街"内外，将复杂的情感结构和不同的人性本色娓娓道来，通过梦境与现实交错出现的方式显露人类所具有的寻找、压抑、流浪等状态，最后以荒诞无常的故事结局隐喻人生的另一番思考。文学作品要写"人"，更要写好"人"，充分把握"人"的灵与肉的关系，这是作家最基础也是最需要深思的本质内容。王文鹏的小说除体现了他对语言文字的驾驭功底，更饱含了他对人类生命的情感把控力，以及如何在观察人、发现人、描写人的过程中流露自我的人间实感。

一、"堵街"内外的人性本色

　　"堵街"作为王文鹏小说中反复出现的地方，已经超越了传统意义上静止的建筑背景，变成了一个具有独特意义的人文地理空间，建构了作者专属的写作版图。他自己也在《世界不属于任何一个人（创作谈）》中提到："我觉得我应该学习前辈作家的经验，写出一块属于自己的土地，用一系列的中短篇小说来勾勒。地方我很快就定下来了——堵街。"身为一名土生土长的河南开封人，作者对身边的一切小事有着敏锐的感知与独到的把握能力，他结合自己的成长环境并以此为基础，对"堵街"进行了艺术刻画上的再加工，真正将"堵街"融入他笔下的文学世界。

作为故事叙述背景的"堵街"既有无处不在的普遍性，又有独树一帜的代表性，在艺术化的时空中散发着普遍而又不普通的市井气息，承载着丰富而又深刻的文化意蕴和社会内涵。人类的心理性格一般与其所在的人文环境、地域空间紧密联系在一起。深入文本可以发现，"堵街"在充当小说元素的同时，与人事的整体演绎有着密不可分的联系，它不仅是大众的公共活动空间，承担着连接与划分的功能，更是左右人物命运、陶染人性发展的巨大温床，成为一种精神文化的空间载体，并且以具体丰富的表现形态显露复杂的情感结构和不同的人性本色。

走进文本，油然而生的现实感会让读者误以为它是一条真实存在的街道，这主要得益于作者对"堵街"细致入微的精巧刻画和对整体概况的精准把握。文中的"堵街"依托于一条带状的集市，之所以叫"堵街"，顾名思义是因为这里非常堵，并且"堵"有两方面原因：一是因为街旁的那家火电厂，每到下午五点半，火车会从南边驶来，像铡刀一样将整条马路横切下来，东西来往的车辆都不能走，只能等火车运载的煤卸完返回才能疏通；二是街旁的小贩瞄准商机，凭借客运站和高速路口人流量大的有利条件，专门做起了生意，人多车多使得堵街堵上加堵。除此之外，文中的堵街总是在围困和疏通这两种状态中来回切换，这暗含了作者的写作巧思，细究文本可以发现堵街不同的交通状态体现了多重的人间实感。

在围困状态下，堵街变得水泄不通，各色各样的人和车蜂拥而至，挤在这短短的一条街道，此番景象正隐喻了堵街里人与人之间的密切交往与多重关系，这些因素激化了潜藏的人性矛盾，使其在围困状态下加速升级，迅速演化为激烈的人性冲突。在这个市井气息浓郁的文学空间里，作者非常巧妙地引入故事，堵街的改造发展之路是如何被一个疯子绊住了脚步，街里八卦好事的看客又是怎样无情地咀嚼他人的痛苦以获得情感满足，这些书写都勾勒出一幅活生生的"堵街人性图"。《北方之眼》中的沈柏林和许必成虽是中学时期一起打球的好伙伴，但两个人的关系在时光流逝中渐渐疏离，"离开堵街似乎成了看得见的未来"。十年后的沈柏林突然被邀去见见许必成，原因就是堵街的改造开发项目被耽搁了，因为许必成一直"四处宣传，堵街地下有一个泉眼，那个泉眼流出的不是水，而是源气，源气是气运的源头，属于自然伟力，不是人类可以触碰的。这个泉眼的位置正在火电厂的下方"，还声称"谁要敢炸冷却塔，他就杀了谁全家"。他的疯言疯语在堵街你来我往的围困状态下被迅速传播，吓得开发商不知所措。许必成看似是一个疯子，但其实他才是那个不愿意牺牲堵街、一心只想拯救堵街的人。时代发展的洪流奔涌而下，迅速席卷整个社会，火电厂不在了，火车没了，存续温情的堵街也要消失了……堵街真的走向了名存实亡。"这似乎是所有北方城市应有的命运，时代曾经赋予的红利越多，如今摔得就越疼。每个人都只能看着城市巨大的伤口不断腐烂"，却无法阻挡人与人之间赤裸裸的金钱交易。而许必成就是那个还未放弃美好心性的人，他渴望用一己之力抵挡被资本裹挟的时代，但是他没有左右时代的能力，无法拯救那些被物欲腐化的人性，所以他的人生注定是悲惨的。"看客"群像在文学作品中屡见不鲜，尤其在鲁迅的笔下成为"愚弱的国民精神"的代名词。文学作品中的"看客"是以看热闹、看笑话、看人为乐趣的，他们在《流动的眼》一文中更被作者描写得出神入化。陶今生本身就是一个爱冲动易惹祸的人，他的二儿子陶传伟更是不学无术，做了许多出格的事儿，害得女方家里来堵街大闹。但街坊们对此各执一词，他们只看不帮，似乎是在看一场精彩纷呈的大戏，殊不知戏里的戏子洋相百出，戏外的看客出丑而不自知。堵街百事通秦婶儿、街口牌摊儿刘婶儿和化肥厂车间小灵通张姐儿等人各有说辞，但是都无动于衷，没有一个人去劝和拉架，完全袒露其冷漠麻木的心性。正如鲁迅早已看透的人性本质："凡是愚弱的国民，即使体格如何健全，如何茁壮，也只能做毫无意义的示众的材料和看客。"在巨大的虚构中，每个人都是流言的制造者和传播者，世界不缺少流言，缺少的是对流言真实性的挖掘，飘在堵街上空的风语碎片连起来就是一张无形的流言之网，没有人再去纠结真相，因为"所有的荒谬加在一起，可能就是真相"。

在疏通状态下，堵街变得畅通无阻，一切都回到正常、自由的生活轨道上来，这种无拘无束的人文形态预示生活在堵街的人们逃离外界的束缚，摆脱琐事的纠缠，叩问内心深藏的真实想法，去追寻最自我、最本真的人性。堵街既是滋养生命的暖心摇篮，又是陶冶性情的世外桃源，街里的人们不再为现实奔忙，他们在冷却塔下苦练轻功为了赢得比赛、挽回自尊，在夏日蝉鸣里捉蝉蛹、看蝉蜕壳，感受生命的力量，在热气球上醉心钻研追寻希望、实现梦想，在父辈的教导中直面生活，坚定信仰……堵街就是他们舒展天性的自在之地。《飞跃冷却塔》中书明和张航海比赛爬堵街上的冷却塔，书明为了赢想要学习老李在堵街里卖糖练就的轻功，可老李并没有直接答应，而是让他脚绑沙袋练习跑步，于是书明每天都忍受着疼痛咬牙坚持，在堵街来回奔波，努力突破自我极限。世事难料，老李因故去世了，书明失去了最好的老师，但是他收获了老李身上一直保有的英雄侠气，这份气质让他直面情感世界，历练勇敢气质，锻造坚强心性。比赛结果不再重要，因为书明无所畏惧，"张开手，闭上眼，迎着风"，堵街已成为他敢拼敢赢的心灵福地。《蝉蜕》里唐栗的爸爸每年夏天都会带他到堵街南边的密林里摸蝉蛹，观察它们是如何一步一步由蛹变蝉的，可以说堵街就是他童年美好回忆的集结地，在这里的他可以无忧无虑地舒展天性、自在成长。蝉蛹会经历蜕变脱去旧壳换上新衣，爸爸告诉他那些变成壳儿的蝉"都飞了，然后又钻进土里，成为新的蝉"，"就像从未见过的爷爷奶奶，他们应该也都飞了"，"因为老蝉死去了，还会有新蝉破土而出"。在堵街这片天地，生命的力量是无穷的、接续的，它接受旧的离去，迎接新的到来，更滋养少年最本真的人性。《侠》的主人公杨侠和父亲杨连城一直生活在堵街，父亲杨连城硬气十足，从小教育他要"接近侠，侠之大者，为国为民"，名字里带"侠"字就是希望他能在未来成长为小侠，"不管啥事儿都能扛住"。为了生活，父亲舍弃了心中的飞天梦，但现在的堵街面临被拆的命运，失业的父亲沉浸在热气球的世界里，勇敢拾起一直以来的梦想。正如书中的那句，"面对生活的围困，大声喊出自己的信仰"，父亲敢于直面生活的困苦，堵街里的孩子们更继承了这份勇气，真正成为敢于有梦、勇于追梦、勤于圆梦的小侠。

堵街里的人们在游走与徘徊之间不断被围困与被疏离，双重状态下的人性差异被深刻地展现出来，其中的矛盾与冲突、解放与自由不言而喻，在左右生活的同时拨去了人性的伪装，表露人与人之间的多重欲望和精神困境。但在行文过程中，有些故事可能对情节注入了过多的追求和预设，有些飘于浮想、过于虚化，缺乏从思考层面投射到生活层面的经验，在一定程度上会影响故事的完整性，造成一种意犹未尽的感觉。深入文本可以发现，王文鹏的作品一直存有对生命的呵护与重视，这不仅左右着生活在堵街的人物的命运走向，更引发他对人性本色的精准把握进而透视人性真貌，作品的张力得到更大程度的展现。因此，我们不能单纯地把堵街理解为一时一地，更要将有关它的书写进行有效结合，探赜在生存空间变迁与重组中隐匿的不同人性。

二、虚实交错的人世百态

与现实世界不同，梦境是串联情感和意识的虚幻世界，无论是庄周梦蝶还是六朝志怪，无论是唐代传奇还是明清小说，自古以来"梦"的外衣从未脱去。在王文鹏的小说里，梦无处不在，他用感觉、臆想、梦境作为反映、感受、体悟现实世界的手段，并建构起整体的文本结构，勾连出复杂的艺术妙思，进而展现迥然不同的人生体验。毫无疑问，文本中的每个梦虽轻盈缥缈却承受着现实的沉重与压力，故事中的人物往往在梦境与现实的交错中游荡徘徊，从一个梦到另一个梦，并且每个梦都是独一无二的。弗洛伊德曾说："梦与幻想同出一源——产生于被压抑的情感。"作者通过对梦境的建构显露人类或寻找，或压抑，或流浪的生命状态，诠释人间复杂的情感追逐与人世百态，其中虚实交错的叙述方式既填满了故事的整体框架，又摆脱了时空的多重限制，让小说充斥着流动和跳跃之美。作者从始至终都保持着先锋姿态，不仅在叙事方式上追求先锋，更借助梦的外衣将诗歌、小说、剧本等文体穿插其间，形成了出入梦境与现实的多种方式，看似不太新奇，但是始终浸染着先锋气质，表达了深切而真挚的人间实感。

　　人生的道路离不开寻找。《寻找宗十四》中的枚河因为童年阴影失去了大部分记忆，但他脑海里不断涌现宗十四这个名字，他不记得她的样子和她的身份，只记得自己要去寻找她。微弱的记忆并不能支撑他在现实世界里追寻，于是他踏上了写作的寻找之旅，在梦里发现了她的踪迹。这个故事听起来玄而又玄，但是枚河做了好多个梦，梦境中的他和宗十四一起玩水蹚河，一起捕鱼打猎，还一起在雪地里打闹取暖。可是梦醒之后的枚河突然被告知"这样带有启蒙性的女性角色，只有一个，那就是你的母亲"，而母亲也同样看到了少年一直在寻的宗十四并告诉他，"在你的小说里，你的文章里"。小说采用梦境与现实、过去与现在交错叙述的方式，它们之间没有鲜明的分界线，错综复杂的记忆总是毫无征兆地出现，穿插进主人公的生命历程中。通过分析枚河的梦境，可以发觉梦境的外衣下裹挟着少年内心深处萌发的自我成长意识，借以说明母亲在他成长过程中的重要的启蒙地位。他的梦是追寻年少记忆、打开未来之门的那把钥匙，梦中的宗十四可能就是母亲热切之爱的完美化身，给予他足够的安全感和获得感，使他一直沉醉在美好的世界中。在《X/Z》一文中，作者开篇即提出题目的多种解释——"现在、写作、寻找、选择、象征、行走、现状、先知……"在这些解释中，寻找或许是最贴近作者本意的解释，因为从行文中可以体会到。小说里的枚河是名作家，他每天都在梦与真的循环往复中思考自己写什么、怎么写，陷入无边的苦恼之中，可以说梦境是为了"寻找"，而"寻找"却是他现实的人生状态。在现实与梦境反复交织的世界中，枚河遇见红后文思泉涌，又在遇见蓝后明白自己创作受困的原因即"水仙花情结"，还在与秋和冬的交往中进行写作，他不断地寻找灵感进行写作，又不断地陷入瓶颈寻找出口，这一过程始终离不开"寻找"这个关键词。文末，枚河说，"原来我的生活现在才回到了起点"，这也恰好证实了身陷梦境与现实交错中的他始终在寻找，一直在路上，从未停下脚步。

压抑作为人类普遍存在的情绪之一，它像洪水猛兽般吞噬人的灵魂，夺走世间无数美好珍贵的生命，直至窒息的那一刻让人类或觉醒，或死亡，而《马戏团》里"我"的压抑感就通过梦境得以深刻展现的。梦中的"我"在去阿水家提亲的过程中遇见了去世多年的父亲，还被父亲拉着去参加了一场不知名的喜宴，结束后直接到达阿水家门口，而阿水也正坐着大象向我奔来，然后梦境戛然而止。梦虽结束了，但"我"被梦折磨得"不断喘气，感觉像是被大象踩了一脚，浑身难受"，阿水的"眼睛里有刀，正一刀刀剜我的心，疼痛难以名状"。文中的梦境不是作者天马行空式地乱想，梦醒后的痛苦其实是影射现实的一把利镜，将"我"和阿水的紧张关系具体地展现出来。现实中的阿水视"我"的朋友老柴为假想敌，更通过改变小说情节满足无谓的胜负欲，而"我"却是那个一直忍让迁就的被压抑者，并且一直认为"人生本来就是要被打败的"。梦境一晃而过留下清晰印记，让"我"在迎接现实中感受到了前所未有的压抑情绪，这种负面状态是通过梦来呈现的，借以梦境之轻凸显现实之重，两人的结局只能是分开。《烧纸》中的"我"和老柴虽然过着平凡的生活，但在梦境和现实的交错中也意识到自己一直陷在沉重的压抑情绪中而无法挣脱。文中的"我"在梦里借机拜见了老柴的继父，老柴借梦和二爸畅谈解开了长埋已久的心结，二爸托梦给"我"也同样是为了表达未说出的真实想法，三个人在人鬼相隔的梦境中袒露彼此的心声。在这里，梦境成了发展多重关系的虚幻载体，除此以外它也成为释放老柴压抑已久的情绪的最佳通道，将人对现实最为深切的感想抒发出来，诚如文末那句"你，我，我们都压抑，只有我二爸肆意绽放"。小说里的"我们"承受了无穷无尽、无声无形的精神压力，面对困境中的绝望，压抑始终笼罩心头。梦醒之后回归现实，二爸身上"与生俱来的能力，给万物润滑"成为他直面压抑、创伤和阴影的解药，他走得很自在、很灿烂，"坐在阳光里自燃了"。小说《烧纸》的构思独具匠心，运用梦境和现实交错的叙述方式讲述人物内心情愫的多重变化，深挖掩藏在梦境之下的人性压抑，感受压抑背后隐藏的强大精神力量。

城市本身就是一座大迷宫，没有根系的城市生活让人缺乏足够的安全感，游移不定的人文环境容易使人陷入无法自拔的精神困境，在梦的幻灭中逐步走向孤独和流浪，正如《焰火》中的主角一般，在虚幻至美的梦中醒来之后依旧过着流浪的生活。文中的主人公既是导演也是编剧，在外打拼多年始终没有出人头地，职场中的打压和无视让他觉得自己好像就是窗外远处的几朵焰火，"晃一下就没了"。除夕，他孤身一人待在北京，身边没有朋友，没有亲人，这种漂泊无依的孤独感带他进入了梦境，梦里的城市在飞，"高楼大厦传出五颜六色的光，一条龙从这栋大楼飞向那座大楼，然后与对面游来的龙汇合，缠绕着往天空飞去，化为一朵焰火，闪耀，消散"。梦是现实的影子，他在现实生活中陷入了无尽的等待，"等待是安静的，等待是人这辈子最大的敌人"，所以他梦中的城市在天上飞，腾飞的巨龙一直盘旋，浪潮一般的烟火装饰整个世界，努力了无数个夜晚改出来的剧本消散在风中。绽放的烟花终究消逝，做梦的人们迟早醒来，脱去梦的外衣，这个城市依旧冷峻，黑夜始终没有尽头，"剧本又回来了，第一页还是没有他的名字"，他依旧过着孤独的流浪生活。在《一个人无论如何都不能看海》一文中，柳子虔也同样在梦醒之后过着没有彼岸的流浪生活。他在梦里回到了高中，一个会画画的女人告诉他："一个人无论如何都不能看海。"梦醒之后的他发觉"这一切只不过是证明了梦确实是记忆的扭曲"。于是他去了那个学校，既为了寻梦，也为了完成身为导演的他拍摄的一部自传性电影。虽说电影里的故事和现实有相同之处，但后来的发展并不那么顺利，不仅拍摄遇到各种难题，电影名字也一直在调换，正如文中所说："我的生活确实充满了艰难险阻。"与此同时他又开始了另一个梦，梦中的他不仅再次被爱情抛弃，甚至觉得生命也陷入了无意义的循环，他的生活就是在历险。在梦境与现实反复交错的过程中，我们能够感受到柳子虔对爱情的渴望，对一往无前近乎绝望的失望，他只能在"倒映或是重复，或是更加绝望的循环"中过着"生活没有彼岸"的流浪生活。

虚实相交是王文鹏小说萦绕不断的艺术形式，在梦境与现实的交错中塑造故事情节和丰富人物情感，从或寻找、或压抑、或流浪的迷离与困惑中凸显人世的各种状态。但叙事时空的倒错和虚实相交的繁复增加了读者进入文本的难度，在梦境与现实的交合迷乱中容易使读者陷入漂浮般的无力感，以至于像无头苍蝇一样迷失故事走向，产生云里雾里的阅读错觉。无论生命遭遇的精神困境能否在虚与实的交错中得到解决，但是这种极具先锋性质的叙述方式可以作为诠释人世百态、感悟人生本质的一种尝试。

三、荒诞无常的人生隐喻

文学的场域十分开放，世界文学上的荒诞命题经久不衰，闪耀着独特的艺术光芒。在王文鹏的笔下，小说的故事情节充满荒诞性和戏剧性，当我们拨开附着在荒诞情节上的迷雾，可以窥见他关于人生的深刻思考。一方面，他创设了保有良知的素人被异化为抛弃良知的恶棍这一情节，引导读者层层深入事件本身，还原故事的全部真相，进而阐发自食恶果的人生报应。另一方面，他塑造了抽象的、毫无逻辑的人物形象，虚构了他们由人到兽和由兽到人的变身历程，用以呈现他们渴望权力、抛弃权力，再追求权力的精神困境，由此思考人类的文明和理性是如何被欲望和野蛮吞噬，通过对人物内在本性与外在特征的反常状态讽喻人生的因果轮回。还有一方面，作者虚构荒诞反常、毫无逻辑的理论定律影射变幻无常的现实世界以及现实之外的超现实世界，借人与人之间的信件交流展现人物内心世界的复杂情感与高深思想，抒发人类想要摆脱束缚却又被生活牢牢束缚的无奈感，继而表达人生无果而终的不确定性。

人在欲望的状态下会产生罪恶，如何在困境中不迷失自我，不丧失底线，是作者向读者提出的精神拷问。《狮子座流星雨》里的林斐和老范是社区民警，他们的例行工作就是回访重点人群，其中就有少年犯刘双喜，但接下来的故事极其荒诞，完全让人措手不及。林斐为老范准备的答谢宴差点终结两人的生命，得救后的他们认为"都是误伤，真正被投毒的对象是我辖区里的一个观察对象，叫刘双喜，刚出狱没多长时间"。可经过警察细致严密的考察后发现根本就不存在张丰年送蟹，刘双喜再转送蟹给老范，分明就是他要谋杀老范，甚至还有林斐，因为不久之前刘双喜见到了潜逃多年的同伙张丰年，内心的怨气无法排解，一气之下杀了张丰年并栽赃陷害。这一情节本身就让人觉得毛骨悚然，但接下来的故事更是骇人听闻。林斐女友楚彤彤的父亲在烈士陵园巡查时碰上了翻墙的刘双喜，情急之下的刘双喜直接杀人灭口，与此同时，还牵扯出许多年前失手杀死楚彤彤弟弟的竟然也是刘双喜和张丰年。这个故事表面是在层层挖掘真相，找出犯罪凶手，但究其根本会发现整个故事无不透露出荒诞和无常的气息，人物的命运无法左右，事件的真相超出认知，人一旦放逐自我失去把控，就会迅速激化现实与欲望不可调和的矛盾，最终害人害己，自食恶果。小说中的世界被荒诞的假象裹挟，一切罪恶的源头就是人内心的异化，刘双喜和张丰年破坏了社会秩序，丧失了道德理性，抛弃了自我良知，最终只能接受无尽的审判，走向绝望的人生境地。"忏悔可以迟到，但正义不能，迟到了我们都得去忏悔。"文中的这句话更隐喻了作者对自食恶果的人生报应的深层思考。

日趋浮华的现代文明导致人们陷入拥有、失去、等待、抛弃的泥潭而不可自拔，《独唱团》中周鸣的女朋友阿水就在权力的迷失下变成了一只公鸡，阿水求周鸣给自己写一个拥有光明结局的小说，帮自己重新变回人。阿水之前是一名音乐老师，因为想从政就托关系升为学校的政教处主任，但学生之间出现了可怕的"睁眼睡觉病"。为了再次升迁，阿水请了激励师，但并没有解决问题，阿水在对权力的悲伤中变成了一只公鸡。于是周鸣写了一篇小说，新的政教处主任采用无为而治的管理手段，让学生们高度自治，结果就是"对于金字塔顶端的渴望迅速蔓延至整个社会"，在混乱中阿水又重新变回了人，但阿水内心依旧想着升迁，所以"阿水迟早还是要变回公鸡的"。故事情节满是荒诞意味，一个人从人变成鸡又从鸡变成人最终还是会从人变成鸡，这一系列充满滑稽的人鸡变身历程渗透着作者真实的写作意图，隐喻了因果轮回的人生历程。"荒诞"作为一种艺术表现方式，始终离不开对现实的深切观照，作者用残酷而戏谑的方式揭露人生的精神困境。无论是阿水，还是新的政教处主任，抑或是学校里的学生，他们出现各种问题的原因全都可以归结为对权力的执念，他们一面渴望权力，一面又陷入失去权力的悲伤，在获得和失去因果轮回中迷失了自我，"法力不似权力，法力虽无边，但权力的诱惑无限"，如果不能坚守文明和理性，迷恋权力的欲望终究会吞噬人生，陷入因果轮回的反复煎熬中。

生命是什么？在《生命三定律》中，关于生命的三定律是柴不平自己构想的，她写信给周鸣希望他能够将其发展成文，但这三个定律的内容其实根本站不住脚，牵涉的无论是心脏问题、话语问题还是总量恒定问题，都充满了荒诞色彩且毫无逻辑可言。老周不知道如何动笔，但总觉得老柴的这封信是"她在向我暗示什么"，"似乎她正在或是已经遭受了不幸"，于是他只能在过往的交集中寻找蛛丝马迹。老柴的父亲之前在火电厂工作，某天父亲告诉她火电厂的心脏"沉稳但微弱的搏动……不均匀，更不规律，甚至透露着一股子死气"，没出几个月，火电厂真的不行了，父亲也真的下岗了，老柴的人生也发生了许多改变。后来老柴告诉他自己的母亲失语了，她猜想"她的母亲很可能是因为家庭、社会地位的变化，造成了话语权丢失"。再后来，老柴打电话告诉他自己对生命三定律的总结："生命总是处在痛苦中，生命总是处在被别人或他物制造的痛苦中，生命总是在为他人或是他物制造的痛苦过程中。""老柴还好好活着，虽然已经被生活紧缚"，他"最好的朋友，也不能避免这个世界的异样看法"，于是他准备回信给没有地址的老柴，告诉她："人这一生没有什么是确定的，除了时间——它催着我们衰老、远离过去，过去的东西即历史，历史是不可改变的。"小说通过书写满含荒诞意味的生命三定律和老柴变幻无常的人生经历，意在表达对生命的一种观照、一种慰藉、一种感慨。人的一生存在许多不确定性，生命总会经历痛苦，亲情、爱情、友情都会在复杂的社会中被推向淡化的边缘，曾经的美好终会走向无果而终，这也是暗含在文中的另一种人生隐喻。

在王文鹏的小说中，社会历史的推移变迁深刻地影响着生命历程的发展走向，其中的命运轮回与人生宿命不言而喻。无论是自食恶果，还是因果轮回，抑或是无果而终，它们一方面展现了性格各异的人物形象在不同生存境遇下产生的精神蜕变，另一方面也反映了人类在社会文化变迁重组过程中无法承受现实之重的挣扎与无奈。荒诞本义就是指不合理和不和谐，文学中的荒诞内涵也在于打破完整有序的世界，营造本质的荒诞和一切的荒诞，理性的裂变与道德的异化就在荒诞这层外衣的包裹下直抵人心。可以说，王文鹏对荒诞的关注在其小说中被多方面地呈现出来，无论是叙事结构还是情感蕴藉，无论是形象塑造还是语言表达，他在文学创作中的荒诞意识以及对荒诞情节的把控、刻画和表达，都体现了自己独有的书写方式，隐喻了他对人生的另一番思考。

四、结语

由内而外观照人类的生存苦难和精神困境，对人保有深切而真挚的关怀始终是文学家的责任，也是文学书写的核心要义。王文鹏不仅运用个性的表达技巧调制出五彩斑斓的文本色调，极力表现"人"的生命历程，更在观照人与人关系的基础上生发极为厚重的人间实感，直击隐藏在内心深处的自我灵魂。作为一名具有人间实感的作者，王文鹏的笔下不仅有正常的世界，更存在非正常的、超现实的世界，他的每部作品都将个人的意识、情感转移到人生的状态与价值的隐喻层面，以先锋的姿态在堵街内外，在虚实两境，在始料不及的荒诞中诠释人类和生命。充满市井气息的堵街不断被重组与改造，承载历史精神的痕迹被一点点擦除，人性由于街道的拥堵和疏散而栖息、游离、胶着，在现实迁移和梦境转换过程中，世界变得轻盈却沉重，神秘却不可知，人类的相遇、发生、发展、结局被荒诞无常填满，人生的寓言逐步彰显，锻造浮华幻境下的人间实感。

世界不属于任何一个人（创作谈）

王文鹏

　　我对经验的吸收十分缓慢，需要极长的时间来消化，这种消化类似晾腊肉，时间越长，发酵越充分。此处举一个例子：2019 年 10 月 12 日，周六，我在郑州一个高职院校参加出版专业技术人员职业资格考试。11 日下午我从开封去郑州，在考点附近的酒店住下，晚上和一个大学同学吃了饭，聊了一些毕业后的生活艰辛。2017 年大学毕业之后，我曾与这位大学同学一起住了几个月，他骨子里的自卑和对家庭的反叛，让我不知如何安慰他。面对生活的艰辛，可能过了很多年，我们依旧没有准备，谁天生是吃苦的料呢？第二天上午考第一科，考点的教室令我很不舒服，它和我大学的教室太像了，甚至连墙上的钟表都一模一样。幸亏老师不一样，令我没有错乱。下午考完第二科，我几乎没有任何停留，直接赶往火车站。我的位置靠窗，我倚着窗户就睡了过去。闹钟响得刚刚好，到开封站了。我站起来，整理好衣服，突然发觉不对。坐在我身旁的女生与我一位大学同学长得一模一样，就连站在原地叹气的神情都一样。我毫无缘由地崩溃了，泪水直接飞了出来。我几乎逃一般离开火车，走上站台，眼泪更是收不住了，大颗大颗地砸在地上。我从未想过自己有这么丢人的时刻，所有人都在看着我，我只能走得更快一些。泪水并没有放过我，跟随我一直到了大润发附近，那里距离火车站有两公里。我害怕因缺水而死。虽然我大学毕业已两年，可从那一刻我明白，我是真真正正毕业了。无论是大学校园还是大学同学，都已经远去了。

我很感谢我这种缓慢的接受，它给我预留了虚构的空间。

《流动的眼》写于 2020 年 3 月，是离生活最近的小说，我身边有很多陶今生，混蛋儿子当然要更多一些。但我想写的不是陶今生的懦弱和坚韧，也不是儿子们的混蛋气质，而是流言。我们正处于一个充斥着流言的时代，互联网的高速发展，将流言的传播速度提升到光速。每个人都成了流言的制造者和传播者，这个时代，真相已经不重要了。我们正陷于一场巨大的虚构。对于公共事件，大家再也不是围观了，大家在共同创作。一个公共事件如果不来几次反转，大家不会买账的。人们对社会生活的介入越来越深入，而这两年世界也确实正在发生着各种变化。这种变化产生的原因，我没有能力分析，专业的事情交给专业的人干。但我作为一个旁观者，也在生产新的流言。"流言"正在中性化，这是一个好坏参半的事情吧？

《独唱团》和《生命三定律》属于同一个系列，写于 2020 年年底。2018 年年底，一位"90 后"作家告诉我，他要写长篇小说。这令我挺惊讶，我的同辈作家原来已经着手写长篇了，而我还在短篇小说里徘徊。我挺焦虑。那段时间我正在构思自己的写作版图，我觉得我应该学习前辈作家的经验，写出一块属于自己的土地，用一系列的中短篇小说来勾勒。地方我很快就定下来了——堵街，但人物很难定下来。构思越宏大，写作就越困难。我只能一点点拆解堵街。在不断书写的过程中，我发现了短篇小说的乐趣，能不能更短一些？能不能换一种花样？能不能再换一种花样？能不能一直就写两三个人？于是，《命运链》这个系列小说写作计划就出现了。每年都写几篇这样的短篇——以阿水、老柴和老周为主要人物写几个短篇小说，越短越好，每篇都不一样，什么方法都尝试一下。随着写作越来越深入，我发现了更好玩的事情，我为什么不让人物变化起来呢？用短篇小说的形式，写一个类似长篇小说的怪物出来。谁说短篇小说的人物不能成长呢？一篇不行，二十篇加起来，应该就可以了。不过，写作计划说变就变，我可能也会厌倦，现在只能走一步看一步。

　　《命运链》系列小说还有一个重要的任务：书写我身边的当代女性。我是文科生，从高中开始，我身边的女性就越来越多。大学时，我们班有40个女生，男生只有6个，还凑不满两个宿舍。这样的学习环境，让我有了了解女性的机会。我非常不满当今文学作品中的女性形象，特别是男性作家笔下的女性形象。女性在作品中的功用性似乎永远大于独立性，这与我的认知是相去甚远的。我很喜欢一首歌《纯洁》，主唱木玛有段独白："世界不属于任何一个人，任何一个人也都不属于任何一个人。"这句话用在描述两性关系上，极为妥帖。在这个系列的小说中，我致力于塑造阿水和老柴这两个女性人物。她们拥有自己的历史、当下和未来。如今，社会应该从男性意识中醒来，应该认识到，平权是和平相处的第一准则，任何一个人都不是任何一个人的附庸。当然，以上只是个人观点，避免不了狭隘。

　　随着时间的流逝，"我们"逐渐向"我"过渡。独处时间的增多，不断要求人们向更深处挖掘。如果说《流动的眼》是我有意挖掘生活的真实，那么《独唱团》和《生命三定律》更像是我对自我真实的挖掘。真实的我确实存在一定程度的社恐，我更愿意待在家中看书写作，更愿意存在一个虚幻的空间，那里面全是密密麻麻的笔画，等着我去拼凑。我有更多时间审视自己，审视我与我们的关系。或许，这能改变我的接受能力，我能对我所处的时代迅速做出反应，但我希望这一天永远不要来临。

　　愿世界和平。

王文鹏主要作品

《通天塔》（中篇小说），《莽原》2019 年第 6 期。

《飞跃冷却塔》（短篇小说），《长江文艺》2019 年第 7 期。

《少年游》（短篇小说），《延河》2019 年第 12 期。

《侠》（短篇小说），《山西文学》2020 年第 1 期。

《北方之眼》（短篇小说），《福建文学》2020 年第 8 期。

《寻找宗十四》（短篇小说集），河南文艺出版社，2020 年 7 月。

《命运链》（短篇小说），《上海文学》2021 年第 1 期。

《狮子座流星雨》（短篇小说），原载《山西文学》2021 年第 7 期，《长江文艺·好小说》第 8 期转载。

《夜游神》（短篇小说），《湖南文学》2021 年第 11 期。

《流动的眼》《独唱团》《生命三定律》（短篇小说），《滇池》2022 年第 1 期。

附卷

河南小说二十家（存目）

宗 璞

  宗璞，本名冯钟璞，哲学家冯友兰之女，祖籍河南唐河。1928 年 7 月 26 日出生于北京西郊成府路槐树街，幼时就读于清华大学附属成志小学校。抗战爆发，随父赴昆明，就读西南联合大学附属中学。1945 年，返回北京。1946 年，入读南开大学外文系。1948 年，由南开大学转到清华大学外文系读书。1948 年，在《大公报》发表小说处女作《A. K. C.》。1951 年，毕业于清华大学外文系。曾在中国文学艺术界联合会、《文艺报》编辑部、《世界文学》编辑部及中国社会科学院外国文学研究所等处工作。1962 年，加入中国作家协会。1985 年，当选为中国作家协会理事。

  1957 年，发表短篇小说《红豆》，小说运用倒叙的方式，描写了中华人民共和国成立前夕向往和追随革命的女大学生江玫与想逃离革命的银行家少爷齐虹之间的恋爱悲剧，表达了一个在时代巨变面前如何选择自己道路和前途的人生命题。《红豆》后被打成"毒草",受到批判,1979年收入《重放的鲜花》。其短篇小说《弦上的梦》获1978年全国优秀短篇小说奖,中篇小说《三生石》获1977—1978年全国优秀中篇小说奖。从1987年到2017年,历时三十年完成长篇小说《野葫芦引》四部曲(《南渡记》《东藏记》《西征记》《北归记》),其中《东藏记》获得第六届茅盾文学奖、《北归记》获得第三届施耐庵文学奖。

宗璞著作索引

《南渡记》（长篇小说，《野葫芦引》第一卷），人民文学出版社，1988 年。

《东藏记》（长篇小说，《野葫芦引》第二卷），人民文学出版社，2001 年。

《风庐短篇小说集》，上海社会科学院出版社，2002 年。

《西征记》（长篇小说，《野葫芦引》第三卷），人民文学出版社，2009 年。

《四季流光》（中篇小说集），上海文艺出版社，2015 年。

《北归记》（长篇小说，《野葫芦引》第四卷），人民文学出版社，2019 年。

《宗璞文学回忆录》，广东人民出版社，2020 年。

《宗璞小说》（短篇小说集），作家出版社，2023 年。

宗璞研究著作索引

赵金钟：《霞散成绮——冯友兰家族文化史》，长江文艺出版社，2000 年。

人民文学出版社编：《宗璞文学创作评论集》，人民文学出版社，2003 年。

常莉：《宗璞：铁箫声里玉精神》，大象出版社，2007 年。

赵金钟:《倚树听流泉:唐河冯氏家族文化评传》,郑州大学出版社,2013 年。

徐洪军编著:《宗璞研究》,河南大学出版社,2017 年。

白　桦

　　白桦（1930—2019），原名陈佑华，1930年出生于河南省信阳市平桥区中山铺。中国当代著名诗人、编辑、小说家。1947年参军，曾在中国人民解放军中原野战军、二野、昆明军区、西南军区、原总政治部从事宣传思想文化工作。1957年被错划为"右派"。1964年重新入伍，在武汉军区任创作员。1985年转业到上海，曾任上海作家协会副主席。创作话剧剧本《曙光》《吴王金戈越王剑》，电影剧本《山间铃响马帮来》《曙光》《今夜星光灿烂》《苦恋》《诗人李白》等，长诗《孔雀》等，长篇小说《远方有个女儿国》《溪水·泪水》等。曾获台湾金鼎奖大陆图书著作个人奖、第19届柔刚诗歌奖荣誉奖、第3届中国电影编剧终身成就奖等。多部作品被译为英、法、德、日等国文字。

白桦著作索引

《竹哨》（白桦著、秦耘生画）（故事集），青年出版社，1952 年。

《鹿走的路》（白桦等著、秦耘生画）（故事集），少年儿童出版社，1953 年。

《边疆的声音》（短篇小说集），作家出版社，1953 年。

《猎人的姑娘》（短篇小说集），中国青年出版社，1955 年。

《妈妈呀，妈妈!》（中篇小说），中国青年出版社，1981 年。

《白桦小说选》，四川人民出版社，1982 年。

《白桦的中篇小说》，中国文联出版公司，1985 年。

《爱，凝固在心里》（长篇小说），中国青年出版社，1986 年。

《我在爱和被爱时的歌》（诗集），上海文艺出版社，1987 年。

《远方有个女儿国》（长篇小说），人民文学出版社，1988 年。

《溪水·泪水》（长篇小说），安徽文艺出版社，1993 年。

《苦悟》（长篇小说），作家出版社，1995 年。

《每一颗星都照亮过黑夜》（长篇小说），中国青年出版社，1998 年。

《一首情歌的来历》（长篇小说），上海文艺出版社，2005 年。

《蓝铃姑娘：云南边地传奇》（中短篇小说集），东方出版中心，2009 年。

《指尖情话》（中篇小说集），云南人民出版社，2014 年。

白桦研究著作索引

李振邦等：《河南籍著名文学家评传》，大众文艺出版社，2005 年。

陶广学编著：《白桦研究》，河南大学出版社，2015 年。

张一弓

张一弓（1935—2016），祖籍河南新野。曾任中国作家协会理事，河南省作家协会副主席、主席，河南省作家协会名誉主席、中国作家协会全国委员会名誉委员、河南省文史馆馆员等名誉职务。

父亲张长弓生前是河南大学中文系教授，母亲生前是开封女子高中语文教师。他在少年时代就受到家庭熏陶，对文学产生了浓厚兴趣。1950年，他写的一首叙事诗获开封高中写作比赛第一名，遂被校长杜孟模（后任河南省副省长）推荐到《河南大众报》（后并入《河南日报》），当了"记者娃"。1950年到1980年，从事新闻写作三十年，从见习记者升为副总编辑。

1956年，开始发表小说。处女作是在河南人民出版社出版的《金宝和银宝》，还在《长江文艺》《牡丹》上发表了《我的老伴》《打擂》等小说。1959年，发表在《牡丹》上的短篇小说《母亲》，被认为是鼓吹"资产阶级人性论"、"给右派母亲唱赞歌"的"大毒草"，受到省级党报、党刊和省文化工作会议的点名批判，自此中断小说写作二十年。

　　1980 年在《收获》第 1 期发表《犯人李铜钟的故事》，获全国第一届中篇小说一等奖，之后《张铁匠的罗曼史》《春妞儿和她的小夏斯》获全国第二、第三届优秀中篇小说奖，《黑娃照相》获 1981 年全国优秀短篇小说奖。

　　进入新世纪，主要著作有长篇小说《远去的驿站》《少林美佛陀》、长篇纪实文学《阅读姨父》、散文集《飘逝的岁月》。其中，《远去的驿站》获中宣部"五个一工程"奖、国家新闻出版总署优秀图书提名奖，《阅读姨父》获河南省文学艺术优秀成果奖。有 8 部小说被搬上影视屏幕。

张一弓著作索引

《张铁匠的罗曼史》（中短篇小说集），百花文艺出版社，1982 年。

《流泪的红蜡烛》（中篇小说集），四川人民出版社，1983 年。

《火神》（中短篇小说集），花城出版社，1985 年。

《犯人李铜钟的故事》（中篇小说集），中原农民出版社，1986 年。

《张一弓集》（中篇小说集），海峡文艺出版社，1986 年。

《死吻——张一弓获奖小说集》，长江文艺出版社，1988 年。

《张一弓代表作》，河南人民出版社，1989 年。

《死恋》（中短篇小说集），上海文艺出版社，1989 年。

《野美人与黑蝴蝶》（中篇小说集），中原农民出版社，1990 年。

《张一弓小说自选集》，河南文艺出版社，1998 年。

《飘逝的岁月》（散文集），长江文艺出版社，2001 年。

《阅读姨父》（纪实文学），河南大学出版社，2005 年。

《远去的驿站》（长篇小说），人民文学出版社，2007 年。

《少林美佛陀》（长篇小说），河南文艺出版社，2012 年。

张一弓研究著作索引

吕东亮编著：《张一弓研究》，河南大学出版社，2015 年。

田中禾

田中禾（1941—2023），生于河南省唐河县，原名张其华。历任河南省文联副主席，河南省作家协会主席、名誉主席，中国作家协会第五、第六届全国委员会委员。

1959年出版长诗《仙丹花》。改革开放以来以小说创作为主，创作经历大致可以分为三个阶段：第一个阶段是1980年至1994年，创作了《五月》《落叶溪》《明天的太阳》《轰炸》《匪首》等大量的短、中、长篇小说，这是作者生活积累的喷发期。这个时期的作品大多以故乡为背景，以个人情感为题材。独特的地域文化、真切的乡土气息，以及对人性的关怀构成了这一时期田中禾小说的叙事特色。第二个阶段是20世纪90年代中期至21世纪初，这一阶段发表了《杀人体验》《不明夜访者》《诺迈德的小说》《姐姐的村庄》等作品，在这些为数不多的中、短篇小说里，作者除保留着第一阶段的艺术追求外，主要是在结构形式和叙事方法上自觉地进行了各种探索和实践，他这一时期的创作融入了强烈的现代意识。第三个阶段是 2010 年以后，出版了长篇小说《父亲和她们》《十七岁》《模糊》以及大量的散文、随笔作品，尤其三部长篇以新颖的叙事手法和娴熟的叙事语言，深刻反思人性，反思 20 世纪中国历史，思考民族精神和民族命运，文本形式不断创新，语言造诣炉火纯青。

作品曾荣获第八届（1985—1986）全国优秀短篇小说奖、《上海文学》《天津文学》《莽原》《山西文学》《世界文学》等期刊文学奖及第一、第二、第三届河南省文学艺术优秀成果奖等诸多奖项。

田中禾著作索引

《月亮走我也走》（中短篇小说集），作家出版社，1993 年。

《匪首》（长篇小说），上海文艺出版社，1994 年。

《印象》（中短篇小说集），上海文艺出版社，1996 年。

《轰炸——田中禾中短篇小说自选集》（中短篇小说集），华夏出版社，1997 年。

《落叶溪》（中短篇小说集），河南文艺出版社，1997 年。

《田中禾小说自选集》（中短篇小说集），河南文艺出版社，1998 年。

《父亲和她们》（长篇小说），作家出版社，2010 年。

《十七岁》（长篇小说），江苏文艺出版社，2011 年。

《模糊》（长篇小说），花城出版社，2020 年。

田中禾研究著作索引

陈继会主编：《文学的星群——南阳作家群论》，河南文艺出版社，1999 年。

王遂河主编：《走近南阳作家群》，海燕出版社，2001 年。

李振邦等：《河南籍著名文学家评传》，大众文艺出版社，2005 年。

徐洪军编著：《田中禾研究》，河南大学出版社，2015 年。

孙方友

　　孙方友（1949—2013），当代文学家、文体家、新笔记小说的奠基人，被誉为中国当代"微型小说之王""笔记体小小说之王"。

　　孙方友出生于河南省淮阳县新站乡新站东街，并在故乡读完小学和初中；1968 年毕业后务农，曾拉架车搞运输、挑担卖豆腐、到公路段当临时工，其间进公社豫剧团演戏，饰演过《红灯记》中的鸠山、《白毛女》中的穆仁智等角色；因生活所迫，1972 年去新疆"盲流"，干过打土坯、卖冰棍、老林伐木、深山采药等多种活计；1978 年 10 月，任新站文化站文化专干，并开始发表文学作品；1985 年被破格录用为国家干部，到淮阳县文联工作；1997 年 10 月调入《传奇故事》编辑部，任编辑部主任；2002 年 10 月调入河南省文学院从事专业创作；2010 年退休后仍致力于文学创作，直至逝世。

　　自 1978 年起，孙方友在《收获》《人民文学》《花城》《钟山》《当代》《十月》等刊发表中篇小说《虚幻构成》《艺术皇冠》《白家酒馆》等 39 部；短篇小说《颍河风情录》《罗汉床》等百余篇；微型小说《霸王别姬》《豹尾》等百余篇；百字小说百余篇；新笔记体小说《陈州笔记》350 余篇、《小镇人物》400 余篇；创作出版长篇小说《女匪》《乐神葛天》《濮家班》等 6 部；出版中短篇小说集《小镇奇人》等 40 余部；创作电视剧《鬼谷子》《衙门口》等近百集，总计 700 多万字。作品曾获第 20 届"飞天奖"、《小小说选刊》全国小小说优秀作品奖、首届吴承恩文学艺术奖、首届杜甫文学奖、首届小小说金麻雀奖等文学奖 70 余次；获得"小小说创作终生成就奖""中国当代小小说风云人物·小小说星座""新世纪小小说风云人物·金牌作家"等荣誉。

孙方友著作索引

《女匪》（小小说集），广西民族出版社，1991 年。

《刺客》（小小说集），河南人民出版社，1994 年。

《孙方友小小说》（小小说集），湖南文艺出版社，1997 年。

《水妓》（中短篇小说集），长江文艺出版社，2001 年。

《鬼谷子》（长篇小说），河南文艺出版社，2002 年。

《衙门口儿》（长篇小说），现代出版社，2003 年。

《贪兽》（中短篇小说集），群众出版社，2004 年。

《虚幻构成》（中短篇小说集），云南人民出版社，2005 年。

《女票——孙方友传奇小说》（小小说集），花山文艺出版社，2005 年。

《美人展》（小小说集），河南文艺出版社，2006 年。

《各色人等：孙方友精短小说》（短篇小说集），群众出版社，2007 年。

《墨庄·花船》（短篇小说集），河南文艺出版社，2008 年。

《仙乐·青灯》（短篇小说集），河南文艺出版社，2008 年。

《鬼屁·穷相》（短篇小说集），河南文艺出版社，2008 年。

《雅盗·神偷》（短篇小说集），河南文艺出版社，2008 年。

《蚊刑·媚药》（短篇小说集），河南文艺出版社，2008 年。

《刀笔·绝响》（短篇小说集），河南文艺出版社，2008 年。

《血灯·追魂》（短篇小说集），河南文艺出版社，2008 年。

《花杀·狩猎》（短篇小说集），河南文艺出版社，2008 年。

《名伶》（短篇小说集），河南文艺出版社，2009 年。

《巫女》（短篇小说集），河南文艺出版社，2009 年。

《重逢》（短篇小说集），河南文艺出版社，2009 年。

《打手》（短篇小说集），河南文艺出版社，2009 年。

《鞋铺》（短篇小说集），河南文艺出版社，2009 年。

《白狗》（短篇小说集），河南文艺出版社，2009 年。

《冷面杀手》（小小说集），吉林出版集团有限责任公司，2010 年。

《乐神葛天》（长篇小说），中国工人出版社，2010 年。

《金麻雀获奖作家文丛·孙方友卷》（小小说集），世界图书出版广东有限公司，2011 年。

《奸细》（小小说集），河南文艺出版社，2011 年。

《探监》（小小说集），四川文艺出版社，2012 年。

《黑谷》（中篇小说集），河南文艺出版社，2012 年。

《谎释》（中篇小说集），河南文艺出版社，2012 年。

《瑞竹堂》（小小说集），江西高校出版社，2012 年。

《俗世达人》（笔记小说集），河南文艺出版社，2013 年。

《打工男女》（长篇小说），中国工人出版社，2013 年。

《小镇奇人》（小小说集），作家出版社，2014 年。

《心灵的虹》（小小说集），江西高校出版社，2014 年。

《孙方友新笔记体小说全集·陈州笔记卷》（4 卷），河南文艺出版社，2014 年。

《孙方友新笔记体小说全集·小镇人物卷》（4 卷），河南文艺出版社，2014 年。

《陈州银号》（中短篇小说集），四川人民出版社，2014 年。

《陈州笔记》（短篇小说集），文化发展出版社有限公司，2016 年。

《老店铺传奇》（短篇小说集），人民文学出版社，2018 年。

《濮家班》（长篇小说），郑州大学出版社，2021 年。

孙方友研究著作索引

杨文臣:《孙方友小说艺术研究》,武汉大学出版社,2017年。

杨文臣编著:《孙方友研究》,河南大学出版社,2017年。

刘庆邦

　　刘庆邦，1951年12月生于河南省沈丘县，1967年毕业于沈丘第四中学。当过农民、矿工、记者、编辑等，曾任中国煤矿作家协会主席、北京作家协会副主席，享受国务院政府特殊津贴专家。北京市第十、第十一、第十二届政协委员，中国作家协会第五、第六、第七、第八、第九届全国委员会委员。

　　著有长篇小说《断层》《平原上的歌谣》《红煤》《黑白男女》《家长》《女工绘》等，中短篇小说集、散文集《走窑汉》《梅妞放羊》《遍地白花》《响器》等二十余种。短篇小说《鞋》获第二届鲁迅文学奖全国优秀短篇小说奖。中篇小说《神木》和《哑炮》分别获第二、第四届老舍文学奖。中篇小说《到城里去》获第四届北京市政府奖。长篇小说中，《红煤》获第五届北京市政府奖，《黑白男女》获首届吴承恩长篇小说奖，《家长》获第二届南丁文学奖。据其小说《神木》改编的电影《盲井》获第五十三届柏林国际电影节银熊奖杰出艺术成就。多部作品被译成英、法、日、俄、德、意等国文字，出版有六部外文作品集。

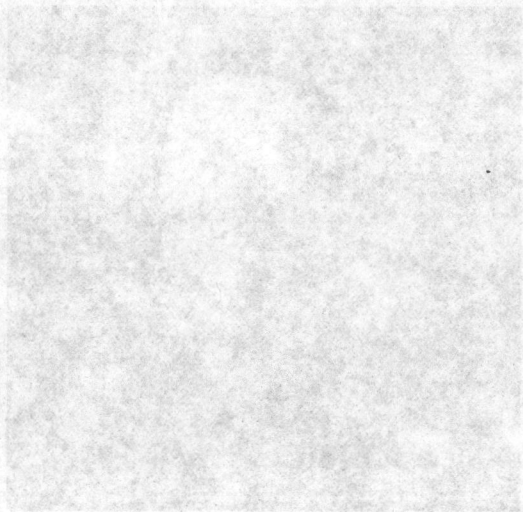

刘庆邦著作索引

《断层》（长篇小说），中国文联出版公司，1986 年。

《走窑汉》（中短篇小说集），文化艺术出版社，1991 年。

《心疼初恋——刘庆邦小说选》（中短篇小说集），京华出版社，1995 年。

《高高的河堤》（长篇小说），河北少年儿童出版社，1998 年。

《刘庆邦小说自选集》，河南文艺出版社，1999 年。

《神木》（中篇小说集），北岳文艺出版社，2000 年

《落英》（长篇小说），花山文艺出版社，2000 年。

《梅妞放羊》（短篇小说集），长江文艺出版社，2001 年。

《刘庆邦中短篇小说精选》，花山文艺出版社，2002 年。

《远方诗意》（长篇小说），长江文艺出版社，2002 年。

《女儿家》（短篇小说集），中国文联出版社，2003 年。

《家园何处》《响器》《别让我再哭了》（中短篇小说集），上海文艺出版社，2003 年。

《无望岁月》（中篇小说集），中国工人出版社，2004 年。

《到城里去——刘庆邦中篇小说新作》（中篇小说集），中国广播电视出版社，2005 年。

《红围巾》（短篇小说集），春风文艺出版社，2005 年。

《红煤》（长篇小说），北京十月文艺出版社，2006 年。

《卧底》（中短篇小说集），四川文艺出版社，2007 年。

《平原上的歌谣》（长篇小说），北京十月文艺出版社，2009 年。

《遍地月光》（长篇小说），北京十月文艺出版社，2009 年。

《黄花绣》（中短篇小说集），作家出版社，2009 年。

《到城里去》（中篇小说集），花城出版社，2010 年。

《神木》（长篇小说），电子工业出版社，2010 年。

《闺女儿》（短篇小说集），黄山书社，2010 年。

《麦子》（短篇小说集），上海文艺出版社，2012 年。

《我们的村庄》（中篇小说集），春风文艺出版社，2012 年。

《找不着北：保姆在北京》（中篇小说集），北京十月文艺出版社，2014 年。

《清汤面》（短篇小说集），上海文艺出版社，2015 年。

《黑白男女》（长篇小说），上海文艺出版社，2015 年。

《幸福票：刘庆邦短篇小说选》，华东师范大学出版社，2017 年。

《杏花雨》（短篇小说集），人民文学出版社，2018 年。

《刘庆邦短篇小说编年》（全六卷），上海文艺出版社，2018 年。

《刘庆邦短篇小说编年（2003—2018）》（全六卷），河南文艺出版社，2019 年。

《小呀小姐姐》（短篇小说集），中国言实出版社，2019 年。

《家长》（长篇小说），北京十月文艺出版社，2019 年。

《心事》（短篇小说集），人民文学出版社，2020 年。

《女工绘》（长篇小说），作家出版社，2020 年。

刘庆邦研究著作索引

北乔：《刘庆邦的女儿国》，社会科学文献出版社，2006 年。

杜昆编著：《刘庆邦研究》，河南大学出版社，2015 年。

左亚男：《刘庆邦小说创作论》，知识产权出版社，2020 年。

周大新

　　周大新，1952 年 2 月生于河南邓州。1970 年从军，1979 年开始发表作品。曾任原总后勤部创作室主任，少将军衔。中国作家协会第五、第六、第七、第八、第九届全国委员会委员。已发表、出版长篇小说《第二十幕》《21 大厦》《战争传说》《预警》《曲终人在》等 10 部，其《湖光山色》获第七届茅盾文学奖，入选"新中国 70 年 70 部长篇小说典藏"；其《安魂》因写给早逝的儿子而备受关注，被称为"一个失独父亲的泣血之书"，后由日向寺太郎执导，改编为同名电影上映。创作中篇小说《向上的台阶》《银饰》等 33 部，根据《香魂塘畔的香油坊》改编的电影《香魂女》曾获第 43 届柏林电影节金熊奖。创作短篇小说《"黄埔"五期》等 70 余篇，其《汉家女》获 1985—1986 年度全国短篇小说奖，《小诊所》获 1987—1988 年度全国短篇小说奖。出版《周大新文集》（全 20 册）。曾获冯牧文学奖、《人民文学》奖、解放军新作品奖一等奖、老舍散文奖等荣誉。其多部作品被译成英文、法文、德文、日文、阿拉伯文、西班牙文、捷克文等；多部作品被改编为戏剧、电影、广播剧和电视剧。

周大新著作索引

《走出盆地——一个女人的生活和精神简历》（长篇小说），百花文艺出版社，1990年。

《第二十幕》（长篇小说），人民文学出版社，1998年。

《21大厦》（长篇小说），昆仑出版社，2001年。

《战争传说》（长篇小说），长江文艺出版社，2003年。

《湖光山色》（长篇小说），作家出版社，2006年。

《预警》（长篇小说），北京十月文艺出版社，2009年。

《安魂》（长篇小说），作家出版社，2012年。

《曲终人在》（长篇小说），人民文学出版社，2015年。

《周大新文集》［全20册：包括八部十册长篇小说（其中《第二十幕》三册），四部中篇小说，两部短篇小说，三部散文和一部电影剧本］人民文学出版社，2016年。

《天黑得很慢》（长篇小说），人民文学出版社，2018年。

《洛城花落》（长篇小说），人民文学出版社，2021年。

周大新研究著作索引

陈继会主编：《文学的星群——南阳作家群论》，河南文艺出版社，1999年。

武新军、袁盛勇主编：《聚焦二十世纪：周大新〈第二十幕〉评论选》，人民文学出版社，2003 年。

张建永、林铁：《乡土守望与文化突围——周大新创作研究》，作家出版社，2009 年。

沈文慧编著：《周大新研究》，河南大学出版社，2015 年。

刘钦荣主编：《周大新作品研究》，河南大学出版社，2018 年。

张 宇

  张宇，1952 年生于河南省洛宁县大阳村。读过高中。1970 年 7 月到洛阳地区柴油机厂参加工作，这个工厂后来并入洛阳第一拖拉机厂。在工厂当过电工和车间统计员等。1979 年调回洛宁县广播站当编辑。1980 年调洛宁县文化局创作组当组长。1984 年调洛阳地区文联当主席，同时兼任中共洛宁县委副书记。1986 年年初调三门峡市文联当主席。1986 年末调河南省文联当专业作家。这以后，历任河南省作家协会副主席、河南青联副主席、《莽原》主编、河南省作家协会主席、建业集团副总裁、建业足球俱乐部董事长兼总经理等。

  1979 年开始发表作品，主要作品有中篇小说《活鬼》《没有孤独》《乡村情感》等；长篇小说《晒太阳》《疼痛与抚摸》《软弱》《检察长》《足球门》等；散文随笔集《南街村话语》《张宇散文》《与自己和平共处》等；电视剧本《黑槐树》等；曾出版《张宇文集》（七卷）等。

  曾获庄重文文学奖、河南省政府奖、《人民文学》小说

奖、人民文学出版社长篇小说奖、上海文艺出版社长篇小说
奖、《小说月报》百花奖、《中篇小说选刊》奖等。

张宇著作索引

《张宇小说选》，黄河文艺出版社，1985 年。

《活鬼》（中短篇小说集），百花文艺出版社，1987 年。

《苦吻》（中短篇小说集），上海文艺出版社，1989 年。

《张宇小说自选集》，河南文艺出版社，1999 年。

《晒太阳》（长篇小说），上海文艺出版社，1991 年。

《流水落花》（长篇小说），河南文艺出版社，1999 年。

《疼痛与抚摸》（长篇小说），人民文学出版社，1995 年。

《软弱》（长篇小说），人民文学出版社，2000 年。

《张宇文集》（七卷），时代文艺出版社，2001 年。

《表演爱情》（长篇小说），长江文艺出版社，2003 年。

《足球门》（长篇小说），人民文学出版社，2010 年。

《呼吸》（长篇小说），河南文艺出版社，2023 年。

张宇研究著作索引

杨文臣编著：《张宇研究》，河南大学出版社，2015 年。

李佩甫

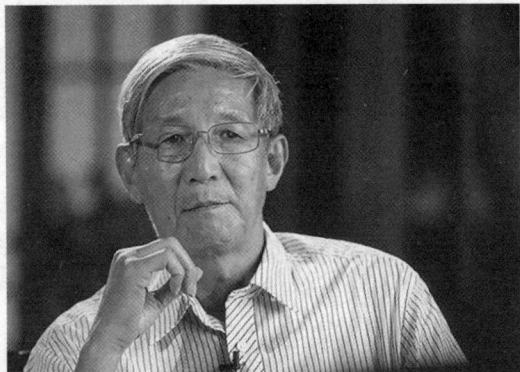

　　李佩甫，1953 年生于河南许昌。1984 年毕业于河南广播电视大学汉语言文学专业。历任许昌市文化局创作员、《莽原》杂志社副主编、河南省文学院院长、河南省文联副主席、河南省作家协会主席。

　　自 1978 年发表处女作开始，至今笔耕不辍，作品曾荣获茅盾文学奖、中宣部"五个一工程"奖、庄重文文学奖、"中国好书"、人民文学优秀长篇小说奖等 20 多种文学奖项，部分作品被翻译到美国、日本、韩国等国家。

　　2020 年 8 月出版的《李佩甫文集》，共 15 卷，490 余万字。其中长篇小说 12 卷，包括获得茅盾文学奖的《生命册》、2017 年"中国好书"《平原客》、入选"中国改革开放四十周年最有影响力小说"《羊的门》以及《李氏家族》《城市白皮书》《城的灯》《等等灵魂》《河洛图》等，中篇小说卷收入《无边无际的早晨》《学习微笑》等，短篇小说卷收入《红蚂蚱，绿蚂蚱》《画匠王》等。除小说外另有电视连续剧、电影剧本《颍河故事》《平平常常的故事》《难忘岁月——红旗渠故事》《红旗渠的儿女们》《挺立潮头》等。

李佩甫著作索引

《城市白皮书》（长篇小说），人民文学出版社，1995 年。

《李佩甫》（中篇小说集），人民文学出版社，1996 年。

《无边无际的早晨——李佩甫中短篇小说自选集》，华夏出版社，1997 年。

《李氏家族》（长篇小说），百花文艺出版社，1999 年。

《羊的门》（长篇小说），华夏出版社，1999 年。

《金屋》（长篇小说），长江文艺出版社，2000 年。

《非正常的正当关系》（小说集），春风文艺出版社，2000 年。

《黑蜻蜓》（小说集），长江文艺出版社，2001 年。

《申凤梅》（长篇小说），长江文艺出版社，2001 年。

《城的灯》（长篇小说），长江文艺出版社，2003 年。

《钢婚》（小说集），江苏文艺出版社，2005 年。

《等等灵魂》（长篇小说），花城出版社，2007 年。

《生命册》（长篇小说），作家出版社，2012 年。

《平原客》（长篇小说），花城出版社，2017 年。

《河洛图》（长篇小说），河南文艺出版社，2019 年。

《离我们很近》（中短篇小说集），人民文学出版社，2020 年。

《李佩甫文集》（全 15 册），河南文艺出版社，2020 年。

李佩甫研究著作索引

樊会芹编著：《李佩甫研究》，河南大学出版社，2015 年。

孔会侠：《李佩甫评传》，河南文艺出版社，2018 年。

朱秀海

朱秀海，1954年生于河南省周口市鹿邑县王皮溜镇，满族，1972年入伍，在武汉军区、第二炮兵、海军服役，两次参加边境作战。毕业于武汉大学中文系，曾任海军政治部创作室主任。中国作家协会第八、第九届全国委员会委员。

1978年开始文学创作，主要作品有长篇小说《痴情》《穿越死亡》《波涛汹涌》《音乐会》《乔家大院》《天地民心》《客家人》《远去的白马》等，长篇纪实文学《黑的土，红的雪》《赤土狂飙》，中短篇小说集《在密密的森林中》《出征夜》，散文集《行色匆匆》《山在山的深处》，旧体诗集《升虚邑诗存》《升虚邑诗存续编》；创作电视剧剧本《客家人》《百姓》《天地民心》《乔家大院》《军歌嘹亮》《波涛汹涌》《诚忠堂》等。作品获第一、第五、第九、第十一届中国人民解放军文艺奖，第二届全国优秀报告文学奖，冯牧文学奖；长篇小说《远去的白马》获第十届北京市文学艺术奖、第十八届十月文学奖长篇小说奖，入围第十一届茅盾文学奖。电视剧剧本《乔家大院》获第三届电视剧风云盛典最佳编剧奖、中国电视艺术五十周年全国优秀电视剧编剧奖。

朱秀海著作索引

《在密密的森林中》（中短篇小说集），昆仑出版社，1987 年。

《痴情》（长篇小说），解放军文艺出版社，1989 年。

《穿越死亡》（长篇小说），中国工人出版社，1995 年。

《黑的土，红的雪》（报告文学），解放军文艺出版社，1995 年。

《东北抗联征战纪实》（纪实文学），解放军文艺出版社，1995 年。

《赤土狂飙：红四方面军征战纪实》（纪实文学），解放军文艺出版社，1996 年。

《波涛汹涌》（长篇小说），中国电影出版社，2000 年。

《军歌嘹亮》（与石钟山合著）（高大山生平事迹），漓江出版社，2002 年。

《音乐会》（长篇小说），解放军文艺出版社，2002 年。

《乔家大院》（长篇小说），上海辞书出版社，2005 年。

《出征夜》（短篇小说集），中国社会出版社，2007 年。

《天地民心》（长篇小说），南海出版公司，2009 年。

《客家人》（长篇小说），百花洲文艺出版社，2016 年。

《赤水河》（电视文学剧本），团结出版社，2016 年。

《兵临碛口》（长篇小说），湖南文艺出版社，2021 年。

《远去的白马》（长篇小说），北京十月文艺出版社，2021 年。

《第十一维度空间》（中短篇小说集），长江文艺出版社，2022 年。

朱秀海研究论文索引

一、期刊论文

张鹰：《人性的搏击与心灵的悲歌——评朱秀海的长篇小说新作〈音乐会〉》，《全国新书目》2002 年第 1 期。

陈会丽：《枪林弹雨中的人性——朱秀海〈音乐会〉简评》，《河南机电高等专科学校学报》2009 年第 1 期。

张倩：《当代军旅文学创作的另一种可能——读朱秀海〈音乐会〉有感》，《中国人才》2010 年第 4 期。

张湘东：《朱秀海军事题材长篇小说中对人性的认识与表现》，《解放军艺术学院学报》2013 年第 3 期。

阮德胜：《走向世界战争文学的金英子——读朱秀海长篇小说〈音乐会〉》，《名作欣赏》2013 年第 24 期。

储冬叶、朱倩：《再现战争的残酷和人性的残忍与高贵——读朱秀海的〈音乐会〉》，《天中学刊》2014 年第 5 期。

傅逸尘：《革命历史元叙事与现代性想象——朱秀海长篇小说〈远去的白马〉读记》，《中国当代文学研究》2021 年第 5 期。

二、学位论文

王恬：《意蕴·生成·价值——〈乔家大院〉文化分析》，硕士学位论文，陕西师范大学，2007 年。

田宝梅：《德莱塞的〈金融家〉与朱秀海的〈乔家大院〉商业伦理比较》，硕士学位论文，山西大学，2008 年。

邹敬文：《朱秀海小说〈乔家大院〉的叙事策略研究》，硕士学位论文，信阳师范学院，2018年。

张喜超：《论当代小说中的晋商形象》，硕士学位论文，云南师范大学，2018年。

段永建：《当代"中原作家群"灾难母题研究》，博士学位论文，山东师范大学，2019年。

行　者

　　行者，1954 年 12 月生，原名王遂河，河南镇平人。1970
年入伍，1981 年毕业于郑州大学中文系。1982 年调入南阳地
委宣传部，1982 年开始发表作品，1990 年 11 月加入河南省作
家协会，1997 年加入中国作家协会。曾任河南省作家协会副
主席。

　　曾在《花城》《人民文学》《十月》《中国作家》《收获》
《山花》《莽原》《长江文艺》等杂志发表短、中、长篇小说。
作品结集有《行者小说自选集》《浪游者》《大化之书》《美
人市场》等，出版有长篇小说《忏悔录：一个青年艺术家的
自画像》《非斯》等，其中《非斯》获河南省文学艺术优秀成
果奖。

行者著作索引

《浪游者》（短篇小说集），河南人民出版社，1994 年。

《行者小说自选集》，河南文艺出版社，1998 年。

《大化之书》（中短篇小说集），中国文联出版社，2000 年。

《美人市场》（中短篇小说集），中国文联出版社，2002 年。

《非斯》（又名《开端》《伏羲根女娲洞》）（长篇小说），河南文艺出版社，2013 年。

《食物链：我妻子的故事》（中篇小说集），江苏凤凰美术出版社，2014 年。

《忏悔录：一个青年艺术家的自画像》（又名《爱谁是谁：一个青年艺术家的成长史）（长篇小说），江苏凤凰美术出版社，2014 年。

行者研究著作索引

陈继会主编：《文学的星群——南阳作家群论》，河南文艺出版社，1999 年。

王遂河主编：《走近南阳作家群》，海燕出版社，2001 年。

墨 白

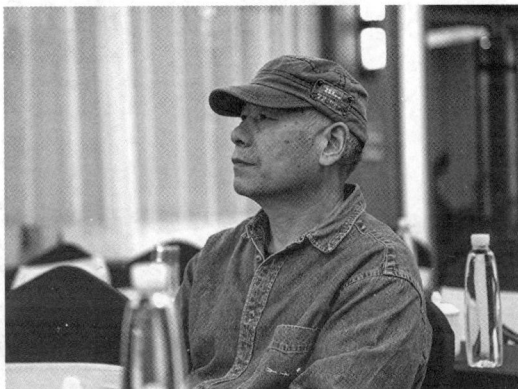

  墨白，本名孙郁，1956 年出生于河南省淮阳县新站中心乡新站集东街。1978 年 10 月考入淮阳师范学校，毕业后分配到新站镇小学任教，其间业余从事文学创作；1991 年年底调入周口地区文联任《颍水》杂志编辑、副主编；1998 年调入河南省文学院从事专业创作。历任河南省文学院影视部主任、副院长，河南省作家协会副主席等。

  自 1984 年以来先后发表中篇小说《同胞》《风车》《母亲的信仰》等 40 余部，短篇小说《失踪》《一个做梦的人》等40 余篇，微型小说（小小说）《洗产包的老人》《风景》等 80余篇，散文、随笔、访谈录《博尔赫斯的宫殿》《有一个叫颍河镇的地方》等近百篇；出版长篇小说《梦游症患者》、《映在镜子里的时光》、《来访的陌生人》、"欲望三部曲"等多部；出版小说集、微型小说集、散文、随笔集《爱情的面孔》《重访锦城》《事实真相》《霍乱》《墨白小说精选集》《鸟与梦飞行》《光荣院》《告密者》等 20 多种；创作电影、电视剧本《船家现代情仇录》《当家人》《家园》《天河之恋》等 10 余部。作品曾获《清明》文学奖，《小小说选刊》全国小小说第二届、第三届、第四届优秀作品奖，第六届小小说金麻雀奖，杜甫文学奖，河南省第四届、第六届文学艺术优秀成果奖，第二十五届电视剧"飞天奖"优秀中篇奖、优秀编剧奖。多篇作品被翻译成英文、俄文、日文等。

墨白著作索引

《孤独者》（短篇小说集），河南人民出版社，1994 年。

《手的十种语言——孙方友、墨白、梁辛、张华中作品集》（短篇小说集），河南人民出版社，1994 年。

《寻找外景地》（长篇小说），长江文艺出版社，1999 年。

《爱情的面孔》（中短篇小说集），花山文艺出版社，2000 年。

《重访锦城》（短篇小说集），长江文艺出版社，2000 年。

《事实真相》（中短篇小说集），四川文艺出版社，2001 年。

《欲望与恐惧》（长篇小说），长江文艺出版社，2002 年。

《梦游症患者》（长篇小说），河南文艺出版社，2002 年。

《来访的陌生人》（长篇小说），河南文艺出版社，2003 年。

《映在镜子里的时光》（长篇小说），群众出版社，2004 年。

《霍乱》（中短篇小说集），群众出版社，2004 年。

《怀念拥有阳光的日子》（小小说集），河南文艺出版社，2006 年。

《墨白作品精选》（中短篇小说集），长江文艺出版社，2007 年。

《裸奔的年代》（长篇小说），花城出版社，2009 年。

《神秘电话》（小小说集），吉林出版集团有限责任公司，2010 年。

《手的十种语言》（长篇小说），作家出版社，2012 年。

《六十年间》（小小说集），四川文艺出版社，2012 年。

《欲望》（长篇小说），湖南文艺出版社，2013 年。

《梦境、幻想与记忆：墨白自选集》，河南大学出版社，2013 年。

《癫狂艺术家》（小小说集），河南文艺出版社，2013 年。

《光荣院》（中篇小说集），文化发展出版社有限公司，2016 年。

《记忆是蓝色的》（中短篇小说集），北岳文艺出版社，2017 年。

《告密者》（中短篇小说集），河南文艺出版社，2018 年。

墨白研究著作索引

刘海燕编：《墨白研究》，大象出版社，2013 年。

刘宏志：《墨白小说研究》，河南大学出版社，2013 年。

杨文臣编著：《墨白研究》，河南大学出版社，2015 年。

孟庆澍编著：《小说的多维镜像——墨白访谈录》，云南人民出版社，2016 年。

江媛：《精神诊断书：墨白小说世界的切片分析》，文化发展出版社，2016 年。

杨文臣：《墨白小说关键词》，中国社会科学出版社，2016 年。

张延文、马新亚编：《欲望之源——墨白〈欲望〉三部曲研究》，河南文艺出版社，2016 年。

龚奎林：《文学与人生：墨白小说研究与教学》，文化发展出版社，2018 年。

杨文臣：《墨白小说的本土性与世界性》，武汉大学出版社，2021 年。

李伟昉主编：《印象·现场：我所认识的墨白》，广西师范大学出版社，2024 年。

刘震云

　　刘震云，1958 年生于河南省新乡市延津县，当代小说家、剧作家。1973 年参军，1978 年复员后担任中学民办老师，并以河南省高考文科状元的身份考入了北京大学中文系。1982 年毕业后到《农民日报》工作并开始文学创作，1987 年开始在《人民文学》发表小说，1988 年考入北京师范大学鲁迅文学院读研究生。现任中国人民大学文学院教授、中国作家协会主席团委员、中国作家协会第十届小说委员会副主任。

　　主要代表作有：长篇小说《故乡天下黄花》《故乡相处流传》《故乡面和花朵》《一腔废话》《手机》《我叫刘跃进》《一句顶一万句》《我不是潘金莲》《吃瓜时代的儿女们》等；中短篇小说《塔铺》《新兵连》《单位》《一地鸡毛》《温故一九四二》等。其长篇小说《一句顶一万句》获得第八届茅盾文学奖。根据其作品改编的电影有《手机》《我叫刘跃进》《一九四二》《我不是潘金莲》《一句顶一万句》，电视剧《一地鸡毛》《我叫刘跃进》等。其作品被翻译成英语、法语、德语、意大利语、西班牙语、瑞典语、捷克语、荷兰语、俄语、匈牙利语、塞尔维亚语、土耳其语、罗马尼亚语、波兰语、希伯来语、波斯语、阿拉伯语、日语、韩语、越南语、泰语等多种文字。2018 年，获法国文化部授予"法兰西共和国文学与艺术骑士勋章"，以表彰其作品在法文世界产生的影响。

刘震云著作索引

《塔铺》（中短篇小说集），作家出版社，1989 年。

《故乡天下黄花》（长篇小说），中国青年出版社，1991 年。

《官场》（中篇小说集），华艺出版社，1992 年。

《一地鸡毛》（中篇小说集），中国青年出版社，1992 年。

《故乡相处流传》（长篇小说），华艺出版社，1993 年。

《刘震云文集》（四卷），江苏文艺出版社，1996 年。

《故乡面和花朵》（长篇小说），华艺出版社，1998 年。

《一腔废话》（长篇小说），中国工人出版社，2002 年。

《手机》（长篇小说），长江文艺出版社，2003 年。

《刘震云精选集》（中短篇小说集），北京燕山出版社，2006 年。

《我叫刘跃进》（长篇小说），长江文艺出版社，2007 年。

《一句顶一万句》（长篇小说），长江文艺出版社，2009 年。

《我不是潘金莲》（长篇小说），长江文艺出版社，2012 年。

《刘震云作品集（典藏版）》（全 12 册），长江文艺出版社，2016 年。

《吃瓜时代的儿女们》（长篇小说），长江文艺出版社，2017 年。

《一日三秋》（长篇小说），花城出版社，2021 年。

刘震云研究著作索引

李建军：《是大象，还是甲虫——莫言及当代中国作家作品析疑》，北岳文艺出版社，2013 年。

禹权恒编著：《刘震云研究》，河南大学出版社，2015 年。

冯庆华：《刘震云小说思想论稿》，中国社会科学出版社，2018 年。

吴义勤主编：《刘震云研究资料》，百花洲文艺出版社，2019 年。

阎连科

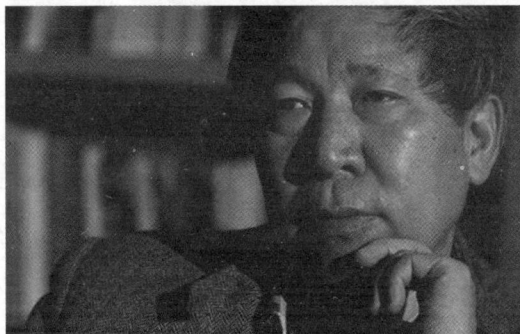

阎连科，1958 年生于河南嵩县，1978 年应征入伍，1985 年毕业于河南大学政教系，1991 年毕业于解放军艺术学院文学系，2004 年转业。曾任第二炮兵电视艺术中心编剧，现为中国人民大学文学院教授。

出版长篇小说《日光流年》《坚硬如水》《受活》《丁庄梦》《风雅颂》《四书》《炸裂志》《日熄》《中原》等。作品曾获第一届、第二届鲁迅文学奖，第三届老舍文学奖，第十二届马来西亚花踪世界华文文学大奖，卡夫卡文学奖，日本推特文学奖，第六届世界华文长篇小说奖"红楼梦奖"，英国皇家文学学会国际作家终身荣誉奖等奖项。作品入围 2012 年度法国费米娜文学奖短名单，2013 年、2016 年、2017 年三次入围国际布克奖短名单和长名单，已被译为日、韩、越、法、英、德、意、荷、瑞典、挪威、西班牙、葡萄牙等 30 多种语言。

阎连科著作索引

《情感狱》（长篇小说），解放军文艺出版社，1991年。

《和平寓言》（中篇小说集），长江文艺出版社，1994年。

《乡里故事》（中篇小说集），百花文艺出版社，1995年。

《最后一名女知青》（长篇小说），百花文艺出版社，1995年。

《朝着天堂走》（中短篇小说集），中国青年出版社，1996年。

《生死晶黄》（长篇小说），明天出版社，1996年。

《阎连科文集》（5卷），吉林人民出版社，1996年。

《欢乐家园》（中短篇小说集），北京出版社，1998年。

《黄金洞》（中篇小说），中国文学出版社，1998年。

《日光流年》（长篇小说），花城出版社，1998年。

《阴晴圆缺：重说千古淫妇潘金莲》（长篇小说），中国文学出版社，
1999年。

《阎连科小说自选集》，河南文艺出版社，1999年。

《朝着东南走》（中短篇小说集），作家出版社，2000年。

《耙耧天歌》（中短篇小说集），北岳文艺出版社，2001年。

《坚硬如水》（长篇小说），长江文艺出版社，2001年。

《年月日》（中篇小说集），新疆人民出版社，2002年。

《乡村岁月》（中篇小说集），新疆人民出版社，2002年。

《阎连科》（文学作品综合集），人民文学出版社，2004年。

《受活》（长篇小说），春风文艺出版社，2004年。

《革命浪漫主义》（短篇小说），春风文艺出版社，2006年。

《丁庄梦》（长篇小说），上海文艺出版社，2006年。

《瑶沟人的梦》（中篇小说集），春风文艺出版社，2007 年。

《风雅颂》（长篇小说），江苏人民出版社，2008 年。

《炸裂志》（长篇小说），上海文艺出版社，2013 年。

阎连科研究著作索引

陈国和：《1990 年代以来乡村小说的当代性：以贾平凹、阎连科和陈应松为个案》，中国社会科学出版社，2008 年。

梁鸿：《外省笔记——20 世纪河南文学》，社会科学文献出版社，2008 年。

陈英群：《阎连科小说创作论》，郑州大学出版社，2010 年。

梁鸿：《新启蒙话语建构：〈受活〉与 1990 年代以来的文学和社会》，中国社会科学出版社，2012 年。

林建法主编：《阎连科文学研究》，云南人民出版社，2013 年。

梁鸿：《黄花苔与皂角树：中原五作家论》，北京大学出版社，2013 年。

林源编选、中国人民大学文学院组编：《说阎连科》，辽宁人民出版社，2014 年。

方志红编著：《阎连科研究》，河南大学出版社，2015 年。

梁鸿编著：《阎连科文学年谱》，复旦大学出版社，2015 年。

柳建伟

　　柳建伟，1963 年生，河南镇平人，作家、编剧。1979 年 9 月就读于解放军信息工程学院。曾任八一电影制片厂厂长，大校军衔，正师级；曾任中国作家协会第九届、第十届全国委员会委员，中国作家协会军事文学委员会副主任。创作电影剧本《惊涛骇浪》《惊天动地》《飞天》《渡江！渡江！》、电视剧剧本《突出重围》《英雄时代》《石破天惊》《桐柏英雄》等，主要著作有长篇小说"时代三部曲"《北方城郭》《突出重围》《英雄时代》，其中《英雄时代》获得第六届茅盾文学奖，《突出重围》入选"新中国 70 年 70 部长篇小说典藏"。

柳建伟著作索引

《北方城郭》（长篇小说），人民文学出版社，1997 年。

《突出重围》（长篇小说），人民文学出版社，1998 年。

《苍茫冬日》（中篇小说集），长征出版社，2000 年。

《英雄时代》（长篇小说），人民文学出版社，2001 年。

《惊涛骇浪》（长篇小说），人民文学出版社，2003 年。

《SARS 危机》（长篇小说），作家出版社，2003 年。

《上校的婚姻》（中篇小说集），中国社会出版社，2007 年。

《爱在战火纷飞时》（长篇小说），南海出版公司，2007 年。

《寂寞英雄》（长篇小说），河南文艺出版社，2009 年。

《一个老兵的黄昏情绪》（中短篇小说集），江苏文艺出版社，2012 年。

《洁白的罪恶》（中篇小说集），湖南文艺出版社，2013 年。

《战争游戏或一种状态素描》（中篇小说集），湖南文艺出版社，2013 年。

柳建伟研究著作索引

陈继会主编：《文学的星群——南阳作家群论》，河南文艺出版社，1999 年。

王遂河主编：《走近南阳作家群》，海燕出版社，2001 年。

王丹编著：《柳建伟研究》，河南大学出版社，2017 年。

邵 丽

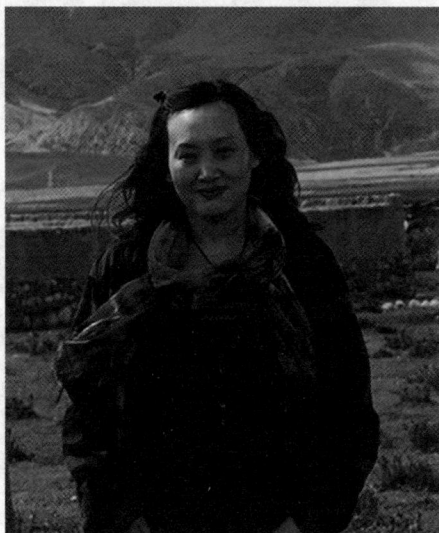

　　邵丽，1965 年生，当代女作家。作品发表于《人民文学》《收获》《当代》《十月》《作家》等刊，多次被《小说月报》《小说选刊》《新华文摘》等选载。著有长篇小说《我的生活质量》《我的生存质量》《黄河故事》《金枝》等。作品先后获《人民文学》《收获》《十月》《当代》《北京文学》《小说月报》《小说选刊》等年度中、短篇小说奖。短篇小说《明惠的圣诞》获第四届鲁迅文学奖，长篇小说《我的生活质量》入围第七届茅盾文学奖，多部作品被译介到国外。现任河南省文联主席、河南省作家协会主席。

邵丽著作索引

《我的生活质量》（长篇小说），人民文学出版社，2004 年。

《腾空的屋子》（短篇小说集），中国文联出版社，2004 年。

《细软》（诗集），河南文艺出版社，2010 年。

《寂寞的汤丹》（中篇小说集），春风文艺出版社，2012 年。

《玉碎》（散文随笔集），河南文艺出版社，2013 年。

《她说》（诗集），河南文艺出版社，2013 年。

《我的生存质量》（长篇小说），人民文学出版社，2013 年。

《迷离》（中短篇小说集），河南文艺出版社，2013 年。

《糖果》（中短篇小说集），河南文艺出版社，2014 年。

《明惠的圣诞》（中短篇小说集），江苏文艺出版社，2016 年。

《花间事》（散文随笔集），时代文艺出版社，2017 年。

《北地爱情》（中篇小说集），上海文艺出版社，2017 年。

《礼拜六的快行列车》（中短篇小说集），太白文艺出版社，2017 年。

《挂职笔记》（中短篇小说集），北京十月文艺出版社，2017 年。

《物质女人》（散文集），河南文艺出版社，2019 年。

《黄河故事》（长篇小说），河南文艺出版社，2020 年。

《金枝》（长篇小说），人民文学出版社，2021 年。

《黄河岸上的父亲》（中篇小说），百花文艺出版社，2021 年。

《定制幸福》（散文集），中国文史出版社，2021 年。

《天台上的父亲》（中短篇小说集），北京十月文艺出版社，2021 年。

邵丽研究著作索引

李群编著：《邵丽、乔叶、计文君研究》，河南大学出版社，2015 年。

刘宏志：《邵丽小说研究》，河南文艺出版社，2017 年。

张莉、杨毅主编：《当代河南女作家研究资料汇编　邵丽卷》，北京十月文艺出版社，2021 年。

李　洱

　　李洱，本名李荣飞，1966 年生于河南济源。毕业于华东师范大学中文系。曾任教于郑州教育学院中文系。曾任河南省文学院专业作家、大型文学双月刊《莽原》杂志副主编。2011 年起进入中国现代文学馆工作，先后任研究部副主任、主任兼馆长助理、副馆长。2015 年起，先后任华东师范大学中文系客座教授、北京师范大学客座教授、郑州师范学院客座教授、香港科技大学客座教授等。2019 年当选"文化名家暨'四个一批人才'"。2022 年 5 月，入职北京大学文学讲习所。

　　著有《饶舌的哑巴》《遗忘》等小说集多部，长篇小说《花腔》获首届 21 世纪鼎钧双年文学奖；长篇小说《石榴树上结樱桃》获首届华语传媒图书奖；长篇小说《应物兄》获得第十届茅盾文学奖。作品被译为英语、德语、法语、西班牙语、意大利语、韩语等在海外出版。

李洱著作索引

《饶舌的哑巴》（中短篇小说集），湖北教育出版社，2000 年。

《破镜而出》（中短篇小说集），中国社会科学出版社，2001 年。

《花腔》（长篇小说），人民文学出版社，2002 年。

《夜游图书馆》（中短篇小说集），浙江文艺出版社，2002 年。

《遗忘》（长中篇小说集），漓江出版社，2002 年。

《午后的诗学》（中短篇小说集），山东文艺出版社，2004 年。

《石榴树上结樱桃》（长篇小说），江苏文艺出版社，2007 年。

《光与影：李洱文学作品自选集》（作品集），华东师范大学出版社，2009 年。

《白色的乌鸦》（中短篇小说集），新星出版社，2011 年。

《李洱作品系列》（八卷），上海文艺出版社，2013 年。

《李洱六短篇》，海豚出版社，2014 年。

《平安夜》（中短篇小说集），华东师范大学出版社，2016 年。

《二马路上的天使》（中短篇小说集），上海文艺出版社，2017 年。

《应物兄》（长篇小说），人民文学出版社，2018 年。

李洱研究著作索引

魏天真：《我读李洱：求真的愉悦》，武汉大学出版社，2007 年。

王雨海编著：《李洱研究》，河南大学出版社，2015 年。

敬文东：《李洱诗学问题》，人民文学出版社，2021 年。

乔 叶

　　乔叶，本名李巧艳，1972 年生于河南省修武县。曾任河南省文学院专业作家、河南省作家协会副主席，现任北京老舍文学院专业作家、北京作家协会驻会副主席。出版有小说《最慢的是活着》《认罪书》《藏珠记》《宝水》，散文集《深夜醒来》《走神》等。曾获鲁迅文学奖、庄重文文学奖、华语文学传媒大奖、北京文学奖、《人民文学》奖、《小说选刊》年度大奖、郁达夫小说奖、第十一届茅盾文学奖等多个文学奖项。

乔叶著作索引

《坐在我的左边：乔叶青春美文》（散文集），中国青年出版社，1998 年。

《我是真的热爱你》（长篇小说），长江文艺出版社，2004 年。

《虽然·但是》（长篇小说），河南文艺出版社，2007 年。

《我承认我最怕天黑》（中短篇小说集），山东文艺出版社，2007 年。

《结婚互助组》（长篇小说），江苏文艺出版社，2007 年。

《底片》（长篇小说），群众出版社，2008 年。

《最慢的是活着》（中篇小说集），万卷出版公司，2009 年。

《拆楼记》（纪实文学），河南文艺出版社，2012 年。

《认罪书》（长篇小说），北京十月文艺出版社，2013 年。

《深夜醒来》（散文集），当代中国出版社，2015 年。

《走神》（散文集），河南文艺出版社，2015 年。

《旦角》（中篇小说集），安徽文艺出版社，2015 年。

《藏珠记》（长篇小说），作家出版社，2017 年。

《天气晴朗，做什么都可以》（散文集），北京联合出版公司，2018 年。

《像天堂在放小小的焰火》（中篇小说集），四川文艺出版社，2018 年。

《她》（短篇小说集），广西师范大学出版社，2019 年。

《无数梅花落野桥》（散文集），作家出版社，2021 年。

《七粒扣》（中短篇小说集），译林出版社，2021 年。

《宝水》（长篇小说），北京十月文艺出版社，2022 年。

乔叶研究著作索引

李群编著：《邵丽、乔叶、计文君研究》，河南大学出版社，2015 年。

张莉、李馨主编：《当代河南女作家研究资料汇编　乔叶卷》，北京十月文艺出版社，2021 年。

梁　鸿

梁鸿，1973年生，河南邓州人，文学博士，中国人民大学中文系教授，美国杜克大学访问学者，中国现代文学馆客座研究员。长期以来致力于中国现当代文学研究、乡土文学与乡土中国关系研究。已出版纪实文学作品《梁庄十年》《出梁庄记》和《中国在梁庄》，短篇小说集《神圣家族》，长篇小说《梁光正的光》《四象》。其作品被翻译为英语、日语、法语等多种语言。曾获2013年度中国好书、第七届文津图书奖、第二届朱自清散文奖、第十一届华语文学传媒大奖年度散文家、2010年度《人民文学》奖、2010年度《亚洲周刊》非虚构类十大好书等多个奖项。

梁鸿著作索引

《中国在梁庄》（非虚构），江苏人民出版社，2010 年。

《出梁庄记》（非虚构），花城出版社，2013 年。

《神圣家族》（随笔集），中信出版社，2016 年。

《梁光正的光》（长篇小说），人民文学出版社，2017 年。

《四象》（长篇小说），花城出版社，2020 年。

《梁庄十年》（非虚构），上海三联书店，2021 年。

梁鸿研究著作索引

张莉、行超主编：《当代河南女作家研究资料汇编 梁鸿卷》，北京十月文艺出版社，2021 年。

计文君

计文君，1973 年生于河南省周口市。2003 年通过公务员考试，进入许昌市文联工作，先后任许昌市文联创编部副主任、主任，许昌市作家协会副主席，许昌市政协委员。2006 年起在河南大学文学院攻读现当代文学专业硕士学位，2008 年获文学硕士学位。2009 年至 2012 年，在中国艺术研究院攻读艺术学博士学位，研究方向为"《红楼梦》与中国古代小说艺术"，并出版有研究专著《曹雪芹的遗产——作为方法与镜像的世界》《曹雪芹的疆域——〈红楼梦〉阅读接受史》。现为中国现代文学馆研究员。

2001 年开始发表小说作品，出版长篇小说《化城喻》《问津变》以及小说集《帅旦》《剔红》《窑变》《白头吟》等，作品被《小说选刊》《中华文学选刊》《作家文摘》《小说月报》《新华文摘》等选载，曾获《人民文学》奖、杜甫文学奖、第五届郁达夫小说奖。

计文君著作索引

《天河》（中短篇小说集），作家出版社，2009 年。

《剔红》（中短篇小说集），上海文艺出版社，2013 年。

《器·剔红》（中短篇小说集），文化艺术出版社，2013 年。

《窑变》（中短篇小说集），太白文艺出版社，2014 年。

《帅旦》（中短篇小说集），山东文艺出版社，2014 年。

《化城喻》（长篇小说），广西师范大学出版社，2018 年。

《问津变》（长篇小说），广西师范大学出版社，2019 年。

《你我》（中短篇小说集），长江文艺出版社，2019 年。

计文君研究著作索引

李群编著：《邵丽、乔叶、计文君研究》，河南大学出版社，2015 年。

张莉、张天宇主编：《当代河南女作家研究资料汇编　计文君卷》，北京十月文艺出版社，2021 年。